本书受教育部人文社会科学研究项目

"东北工业融入新发展格局研究:基于价值链重构视角"(22YJC790116)和

河北经贸大学学术著作出版基金资助。

价值链重构与
东北工业振兴

仝文涛 著

上海三联书店

内容提要

中华人民共和国成立之初,在国家"合理利用、扩建与改建东北、上海及其他城市已有工业基础,发挥它们作用"的战略指导下,东北地区快速建立起以重工业为主体的完备工业体系,也被称为"共和国的总装备部"。改革开放以来,东北经济一路走低,从20世纪90年代的"东北现象",到新发展阶段的"新东北现象",东北经济屡现衰退。在出现衰退问题后,党中央和政府及时实施"东北振兴"战略,为东北经济带来一度发展的"黄金十年",但是未能从根本上解决东北问题。东北地区形成了顽固的路径依赖,使其陷入难以自救的困局。

学界对这一问题提出了多种解释理论,如轻重工业比例失调、工业技术水平滞后、市场机制不够健全、国有企业占比过高等为东北工业发展存在的真实问题。这些探讨揭示了东北衰退的一些原因,但是大多停留在就东北工业发展困境而论东北的层面,缺乏从国家和全球经济体系的内在关联和产业动态发展角度的分析,未能就价值链重构视角深刻地剖析东北工业发展的真正困境。从这些年东北经济调整的实践来看,东北经济"振而不兴"问题和经济增长的颓势蔓延,与理论上没有彻底揭示经济衰退的内在逻辑有直接关系。把东北经济衰退问题放在我国加入国际经济大循环背景下考察,地区间的不平衡改革导致区域间的不平衡开放,使国内价值链被重构。沿海发展战略的成功实施,带动中国经济实现起飞,然而东南沿海地区以加工贸易的形式率先融入全球价值链,"两头在外,大进大出"的工业模式,强化了外生性的全球经济联系,同时弱化了内生性的国内工业关联,对东北工业形成替代,切断了沿海地区与东北地区的工业价值,弱化了东北工业在国内的关联,使其陷入市场份额缩减与技术衰退的恶性循环。东北经济振兴的关键在于工业振兴,因此把研究聚焦于东北工业,认为东北工业价值链变动背后,可能掩藏着解释东北工业衰退的理论逻辑和解决东北问题的政策抓手,是在研究东北工业衰退问题上被忽视的重要角度。

本书从价值链重构视角切入,研究东北工业振兴问题,篇章结构如下:第一部分从价值链视角探究东北工业的崛起和衰落,包含第二章"国内经济循环视角下东北工业的崛起"、第三章"价值链重构视角下东北工业的衰退"。第二部分从价值链角度实证研究东北工业的脱节问题与衰退事实,包含第四章"东北工业价值链脱节的实证研究"。第三部分研究国内价值链脱节造成东北衰退的理论机制和经验研究,包含第五章"价值链脱节造成东北工业衰退的理论机制"、第六章"价值链脱节造成东北工业衰退的实证研究"。第四部分总结全书,包含第七章"东北工业价值链重构的产业选择"、第八章"结论、政策建议与展望"。

本书有三点可能的贡献:(1)研究视角。跳出就东北而论东北的研究窠臼,在中国加入国际经济大循环的背景下,以价值链重构视角探究东北工业的衰退困境,这是研究东北问题被忽视的重要角度,具有一定研究视角创新性。(2)理论贡献。在BBJ模型基础上,建立多区域、多产业的价值生产贸易模型,使用模型论证价值链脱节造成东北工业衰退的理论机制,市场缩减与技术衰退在其中的中介作用,以及两者的循环累积因果的理论机制,具有一定的理论创新性。(3)现实贡献。结合东北区际贸易和工业产值的增加值分解方法,从区域价值链联动与空间价值依存角度,构建多层次、多角度的测度指标,使用1987—2015年超长时间跨度的中国区域间投入产出数据,全面分解东北的区际贸易和工业产值,从价值链视角深入探究东北工业的脱节事实和衰退真相。从经济循环和东北工业价值链变动背后提炼出东北经济衰退和"振而不兴"的逻辑,以全新视角为振兴东北工业提供政策抓手。

本书的主要结论包括:(1)通过历史考察,发现在计划经济时期,东北地区凭借较高的资源禀赋和较好的工业基础,在中央的指令支持下迅速建立起工业体系,成为我国最重要的工业基地。正是中华人民共和国建设的需要,东北地区在国内建立了紧密的工业关联,支撑了东北工业繁荣。然而,在统一调拨、配置商品和生产要素的计划经济背景下,东北地区与其他地区的工业关联并不牢固,易于受到改革开放以来中国融入全球经济循环导致国内区域间价值链重构的冲击,从而脱节国内价值链。(2)工业流动角度,通过测度国内区域间工业流动系数,纵向看,东北工业在国内区域间的流动系数表现出弱化趋势;横向看,东北的国内工业联系强度在八大区域中处于较低水平,尤其是重工业;同时,与国内其他区域工业关联逐渐弱化,甚至有脱节的趋势。此外,东北工业的国内和国际价值链参与度保持"双低"。

（3）区域联动角度，详尽分解区际贸易的增加值，发现：其一，流出东北地区的工业区际贸易包含的国内其他区域增加值和国外增加值远低于东部沿海，说明东北地区在国内和全球价值链上的工业增加值互动弱于东部沿海，且表现出进一步弱化的趋势。其二，从增加值被吸收情况看，在我国融入全球价值链后，东北地区与东部沿海的区域贸易中的增加值被吸收、增加值再流出和流动产品形式份额发生"逆转"，说明随着东部沿海深度嵌入全球价值链，工业能力得到显著提升的同时，东北工业逐渐在国内价值链上被边缘化，工业品在国内的市场份额逐渐缩减，工业技术不断落伍，且在全球价值链中保持低参与度。（4）空间依存角度，通过分解工业产值，对乘数效应、反馈效应和溢出效应进行研究，发现：其一，东北工业生产规模在缩减，生产能力在衰退，且表现出增强的工业"生产—消费"自循环特征。其二，利用外部的中间品比例在降低，生产中区域联动在减弱。其三，东北地区在工业生产上与国内其他地区呈现出"溢出不对称"及"高敏感低分散"特征，说明东北工业易于受到其他地区的影响，而没有能力去影响其他地区，在国内价值链上处于劣势地位和严重衰退的状态。（5）理论机制部分在 BBJ 模型基础上，建立多区域生产贸易模型，经过一系列推演，证明工业生产中本地增加值占据主要地位时（存在数据支撑），东北工业国内价值链脱节是导致东北工业衰退的原因。同时，证明了技术衰退和市场缩减在国内价值链脱节导致东北工业衰退中的作用机制，以及二者循环因果累积导致东北工业衰退的理论逻辑。（6）经验研究中，使用大样本量的面板数据，发现国内价值链脱节解释了东北工业衰退现象和"振而不兴"问题，并通过了内生性、稳健性、异质性等检验。从地区和行业角度进一步分析，通过对辽宁、吉林和黑龙江三省，以及资本、技术、劳动密集型工业数据的实证和工具变量检验、异质性检验、滞后项检验和交互项分析，总体上支持了国内价值链脱节对东北工业衰退的解释，证实了所得结论的稳健性和可靠性。（7）测度国内与全球的影响力和感应力系数，为东北工业价值链重构选择产业门类提供一个思路。东北的国内价值链重构应该选择机械工业、交通运输设备制造业、金属冶炼及制品业、化学工业等工业门类，而东北工业缺乏在全球范围内的影响力和感应力，其全球价值链重构应该发挥其装备制造等产业的比较优势。（8）在本书得到结论的基础上提出振兴东北工业的政策建议：以重构价值链促进东北工业振兴；以扩大开放促进东北工业振兴；以整合市场促进东北工业振兴；以提升技术促进东北工业振兴；以改善风气促进东北工业振兴。

关键词：价值链脱节　市场缩减　技术衰退　价值链重构　东北工业振兴

目　　录

图表索引

第一章 绪 论

1.1 研究背景与意义

1.1.1 研究背景

中华人民共和国成立以来,东北地区借助丰富的矿藏资源和较为完备的工业基础,通过 1949—1952 年三年国家经济恢复时期的建设,使战争中被损毁超过 80％的工业生产能力得到恢复。"一五"和"二五"期间,在国家"合理利用、扩建与改建东北、上海及其他城市已有工业基础,发挥它们作用"的战略指导下,苏联对中国的 42 个援建项目中,东北占比 71.4％。"一五"期间,全国安排 156 个重点建设项目,东北占比 34.6％,建成阜新煤矿、抚顺煤矿、本溪钢铁公司、沈阳第一和第二机床厂、长春第一汽车制造厂、吉林铁合金厂、哈尔滨电机厂、哈尔滨轴承厂、鹤岗煤矿、齐齐哈尔钢厂等一大批对国家建设起到重要作用的国有工业企业。东北地区也被称为"共和国的总装备部",其重工业产值一度占全国的 1/5,工业企业实现利润税金总额占全国的 1/6,工业固定资产原值、重工业产值、铁路货物运输量、原油、天然气等十多种工业指标居全国各地区的首位。"一五"时期,东北原煤产量占全国产量的 30％以上,原油产量占全国 50％左右,钢产量占全国 60％,甚至在 1982 年占据全国产量 82.4％,成品钢材占全国 50％以上等,为国家的建设作出了重要贡献。

改革开放以来,以经济增速持续下降为主要特征的"东北现象",一直是中国经济起飞中的一个独特问题,也是中国经济运行中迫切需要解决的重大理论和现实问题。20 世纪 90 年代每年超过 1/5 的规模以上工业企业(以下简称规上工企)出现亏损,东北地区超过 2.6％的规上工企亏损率,是长三角的 2.1 倍。然而,20 世纪 90 年代东北规上工企的利润率仅为长三角地区的 1/2 左右。此外,1987 年东北规上工业从业人数 1 176.02 万,1999 年东北规上工业从业人数较 1987 年减少一半以上,工业从业人数大量流失,工业企业大量亏损,反映出东北经济全面"铁锈化"的趋势。2003 年以来,党中央、国务院及时实施"东北振兴"战略,使东北经济获得一度发展,然而未能从根本上解决东北地区产业发展的深层次问题。继而,东北老工业基地的"振而不兴",以及经济进入新常态后,东北经济增速出现断崖式下跌的"新东北问题"等,不断刺痛人们的神经,严重影响我国区域协调发展战略的实施。

自东北经济衰退问题出现以来,学界对这一问题提出了多种解释理论,有制度说、文化说、结构说、技术水平说、项目怪圈说、人口外流说和发展环境说等,这些理论从一定角度解释了东北经济衰退现象,作出了有益的研究探索。然而,这些理论所揭示的原因大多停留在就东北工业发展困境而论东北的层面,缺乏从国家和全球经济体系的内在关联和产业动态发展角度的分析,本书就价值链重构视角对东北工业衰退的理论和实证进行补充研究。

从这些年东北经济调整的实践来看,东北经济"振而不兴"问题和经济增长的颓势蔓延,与理论上没有彻底揭示经济衰退的内在逻辑有直接的关系。把东北经济衰退问题放在我国加入国际经济大循环背景下考察,地区间的不平衡改革导致区域间的不平衡开放,重构了国内价值链。沿海发展战略的成功实施,成功带动中国经济起飞,然而东南沿海地区以加工贸易的形式率先融入全球价值链,"两头在外,大进大出"的工业模式,强化了外生性的全球经济联系,同时弱化了内生性的国内工业关联,对东北工业形成替代,切断了沿海地区与东北地区的工业价值,弱化了东北工业在国内的关联,使其陷入市场份额缩减与技术衰退的恶性循环。东北经济振兴的关键在于工业振兴,本书把研究聚焦于东北工业,认为东北工业价值链变动背后,可能掩藏着解决东北问题的内在逻辑和政策抓手,是在研究东北工业衰退问题上被忽视的重要角度。

1.1.2 研究意义

理论意义上,从经济体系的内在关联和产业动态发展角度深刻剖析东北工业衰退的理论机制,构建多区域、多产业的生产贸易模型,证明国内价值链脱节造成东北工业衰退的理论逻辑和作用途径,从价值链重构视角为东北工业衰退提出了新的解释理论。实践价值上,利用价值链方法研究产业衰退问题,使用翔实的经验数据论证东北工业的价值链脱节和衰退事实,分解东北区际贸易和工业产值的增加值信息,得到一系列有价值的结论,明晰市场缩减和技术衰退及二者的循环因果效应为东北工业衰退的重要机制等,使用价值链方法研究区域产业发展问题具有一定实践价值。政策启示上,使用价值链理论解释东北工业困局,探究其中的作用机制,能够为东北工业振兴提供新的视角和操作抓手。

1.2　文献评述

本部分主要评述东北问题和价值链影响工业发展的两类研究文献。第一类文献评述,根据"东北现象""新东北现象"和"东北振兴"的顺序分类依次进行,有助于厘清相关文献的研究逻辑和进展。第二类价值链影响工业发展的相关文献评述,根据全球价值链影响工业发展、国内价值链影响工业发展和二者互动演进对工业发展影响的递进顺序进行,以期厘清与本书相关的已有文献的重要成果和研究进展。

1.2.1　"东北现象"的文献评述

东北工业振兴问题的相关研究浩如烟海,根据东北问题的发展阶段,文献评述分为两部分,即"东北现象"[①]和"新东北现象"[②]。首先评述"东北现象"的相关文献,为清晰评述各种解释理论,将研究文献分类为结构说、体制说、国企占比过大说、项目怪圈说、人才流失说、技术衰退说、文化说等,依次进行评述。实施"东北振兴"战略后,东北经济一度获得增长,而进入新常态以来,再次发生东北经济衰退,学者对"新东北现象"进行研究,这是后一部分评述的重点。

1.2.1.1　体制说

东北地区是我国最早实行计划经济体制的地区之一。东北地区拥有较高的资源禀赋和较好的工业基础,计划经济得到成功执行。在中央支持下,东北地区迅速建立起完备的重工业体系,成为计划经济时期的工业基地,为新中国建设作出了突出贡献。然而,成功的计划经济实施,使东北地区深受指令性经济体制的浸染。由于社会服务发展滞后,国有企业除了在中央计

---

① "东北现象"是指东北进入20世纪90年代表现出来经济增长停滞,工业经济陷入困境,大量国有企业出现债务危机,导致工厂停产,甚至倒闭,大批工人下岗失业的现象。

② "新东北现象"是指我国经济进入新常态以来,"三期"叠加导致东北深层次体制机制问题爆发,经济增速骤减,甚至出现负增长,工业发展出现迟滞现象。也有称20世纪初东北农产品外贸受阻,内销锐减和价格走低的现象为"新东北现象",但此次东北农业出现问题不具有广泛性,相关文献中使用更多的是将新常态下东北经济问题称为"新东北现象",本书亦采用这一提法。

划委员会的指令下执行生产功能外,还要承担职工养老、医疗、幼儿教育等非企业职能,劳动力深度依附于企业单位。企业对政府形成依赖,员工对单位形成依赖,在整个社会中形成"等、靠、要"的不良风气,这深度影响了我国经济转向市场体制后的东北工业发展。林木西(2003)认为"东北现象"的原因首先是东北老工业基地的体制问题,他指出东北是中国执行计划经济时间最长和最为成功的地区之一,对计划经济体制的路径依赖较为严重,这是改革开放以来经济失败的重要原因。王胜今(2004)总结使东北老工业基地陷入发展滞后困境的原因,首先是赖以成长的制度环境发生了根本变化,其次为资源禀赋和社会发展所需的驱动要素的重大变化,还有其区位优势发生了逆转。张可云(2016)认为体制刚性、结构惯性、创新乏力、收入徘徊是东北老工业基地存在的主要问题。此外还有,李怀(2000)通过分析认为东北工业深受计划经济观念浸染,难以形成市场经济观念,是"东北现象"形成的主体根源。吴艳玲(2008)将东北问题归结为制度变迁缓慢,制约了东北生产力的发展。

体制说是"东北现象"文献中出现频率最高的解释理论。笔者认为总结出来的其他学说均可以囊括进体制说的体系,如结构说,正是由于东北地区成功的计划经济体制背景,才形成了"重重轻轻"的工业结构体系。此外,国企占比过大说、市场环境说、文化说等都能进行类似的囊括分析。可以说,体制说是现有解释东北问题的理论中最具解释力的学说之一。然而,2003年"东北振兴"战略的提出就意味着国家已认识到东北老工业基地存在深层次的体制机制矛盾。接下来,在国家发改委出台的《东北振兴规划》(2007年),中共中央、国务院制定的《关于进一步实施东北地区等老工业基地振兴战略的若干意见》(2009年)和《关于全面振兴东北地区等老工业基地的若干意见》(2016年)中,均提出东北老工业基地的体制性、机制性等深层次矛盾。这说明经过十多年的振兴探索,东北经济实力得到显著提升,城乡居民获得感增强,但体制性问题却没有得到根本解决。分析其原因,根植于东北经济之中的体制问题,已形成严重的路径依赖,很难通过自身变革加以彻底解决。想要解决东北工业发展困局,除研究东北工业自身存在的问题外,还应该从全国的区域产业关联角度加以研究。在我国加入国际经济循环背景下,从国内区域间产业动态联动和价值链重构角度,探究东北工业衰退的理论逻辑和作用机制,以此为切入点,成为研究振兴东北工业的现实途径。

1.2.1.2 结构说

中华人民共和国成立之初,对东北地区进行优先发展重工业的大规模投资建设,要素资源重点调拨给东北重工业,产业结构跳过了农业和轻工业为主导的发展阶段,形成"重重轻轻"的工业结构(衣保中等,2000),即东北的重工业过重,轻工业过轻。多位学者从这一角度进行了研究。林毅夫和刘培林(2004)认为东北老工业基地衰退的主要原因是受累于计划经济时期的赶超战略遗留下来的、在市场经济中缺乏竞争力的技术结构、产品和产业。他们认为计划经济时期形成的国有企业过度依赖于体制,生产和销售都需要接受中央政府的指令,造成其在市场经济中缺乏自生能力,赶超战略造成的这种困局,应该靠扭转赶超战略做起,以顺应东北老工业基地的比较优势战略振兴东北。丁四保(2003)总结"东北现象"形成的因素有几个变化:资源禀赋数量的消长和结构变化、区位条件的变化、经济体制作用的变化和工业部门生命力结构的变化。李诚固和李振泉(1996)、李诚固(1996)分析了"东北现象"的特征,认为工业结构转换滞缓是其形成的主要原因。衣保中和马伟(2015)认为东北老工业基地的问题主要在于产业结构失衡,跨越式发展形成的早熟性产业结构,依赖于资源和政府权力的深度介入,使东北产业发展随着资源枯竭和价格下行,出现不同程度的衰退现象。

综述结构说的相关文献,主要是由于计划经济时期形成的重工业为主体的工业体系,难以随着经济体制的变化而顺利调整,不能适应市场经济体制的经济结构,导致了东北经济衰退。诚然,结构说有其合理的一面,这是东北经济发展过程中出现的现实问题,但就经济结构失衡解释东北工业衰退是不够的,因为产业结构失衡问题可以通过区际贸易等渠道进行弥补,并不能成为东北工业衰退的有效解释理论。此外,东北并不是国内唯一偏向重工业发展的地区,计划经济初期国内大多数工业区均以重工业为发展重点,但在改革开放以后全国范围内的地区发展中,并没有出现如此严重、持久的产业结构失衡现象。由此可见,在东北地区表现较为严重的结构失衡问题是切断了其与其他地区产业关联的原因所致,在自身无力解决产业结构失衡问题的同时,也难以通过区际贸易进行弥补。

1.2.1.3 项目怪圈说

在东北振兴过程中,投入项目的振兴方式出现了项目怪圈说。也就是说,一些地方部分热于上大项目,但项目投产后直接出现企业倒闭,工人下岗,继而再接着上项目,形成项目怪圈,不仅浪费大量专项资金,耽搁东北振兴机遇,同时也会进一步加深东北工业的衰退。2003年振兴东北老工业基地第一批100个项目,共610亿元,其中辽宁获批52个,黑龙江和吉林各占20余个,主要分布在装备制造、原材料工业和农产品加工上。2004年实施第二批国债基金 197 个项目,共 479 亿元。此外,2003 年,国家启动了高新技术产业发展专项 60 个项目,共投资 56 亿元。2005 年,东北等老工业基地调整改造和重点行业结构调整专项(第一批)国家预算内转型资金(国债)投资计划的 63 个项目中,东北占比 63.5%;总投资 68.97 亿元和 5.8 亿元国债资金,东北分别占比 63.9% 和 73.8%。多位学者研究了项目怪圈问题,王利国(2003)研究认为东北振兴中上项目是必要的,但在项目怪圈说里这成为捞取政治资本、谋取个人私利、某些政府官员"拍脑袋"的结果和手段,这主要是因为计划经济的"等、靠、要"思维惯性、产权结构政府一家独大、管理机制不健全和政府干预决策过多。持类似观点的还有孙少岩(2004)。高光志等(2003)调研东北三省的一些"天字号"项目企业,如桦林集团的子午胎项目、吉化的阿尔法-高碳醇项目和吉林省的大液晶项目等,最后均以失败收场,项目怪圈暴露出体制机制问题和振兴手段的单一。

项目怪圈说揭示了东北"振而不兴"的部分原因,"东北振兴"战略实施过程中有些手段简单粗暴,没有作出更加全面和深远的考虑,浪费了资金,延误了时机,应该进行深刻反思,为下一阶段的振兴计划吸取教训。然而,以项目怪圈说来解释东北工业衰退,则是没有弄清楚问题关键所在,这是东北振兴的手段和方式问题,短期看可能会缓解衰退,长期看将加速衰退,而非东北工业衰落的真正原因。

1.2.1.4 其他解释

关于东北问题的其他解释理论还有人才流失说、国企占比过大说、市场环境说、技术衰退说、文化说等。"振兴老工业基地研究"课题组(2000)概括我国老工业基地衰退的原因,其一是老工业基地的技术和产业的落后,其二是高度集中的计划经济体制,因此振兴老工业基地也应该从这两方面入手。康锦江等(2000)认为"东北现象"中,国有经济发展乏力的主要原因在于国企占比过大,造成结构不均衡、生产组织形式单一、历史负担过重、技术装备老化、经济收益降低等问题。Xiao Geng 和 John Weiss(2005)发现,即使考虑了工业结构和所有制问题,东北工业的绩效依然低于国内其他地区,这主要归因于东北的投资环境。邴正(2004)认为东北社会缺乏自主内生性的发展潜力文化是东北经济几度衰落的真正根源,因此必须在改造客观世界的同时,努力改造主观世界,改造传统的地域文化,追寻适应持续性发展需要的文化精神。此外,还有从产业技术体系生命周期理论解释东北工业衰退(杨振凯,2008)、认为政府管理体制机制缺失造成东北产业生态环境恶化(阎宇,2018)、认为"典型单位制"制约东北老工业基地(田毅鹏,2004)等。

这些解释东北经济衰退的理论确实从某些角度解释了"东北现象",如国企占比过大,国有企业是中国社会主义市场经济中的主导力量,我国有很多发展很好、对社会经济起到重要推动作用的国有企业,国有企业占比过大并不必然导致产业衰退。这些解释理论或者表现为东北经济衰退的结果,如人力资本流失、产业技术衰退,是因为东北严重的工业衰退,才导致其产业工人大量外流,以及企业无力投入研发,技术出现不断落后。

任何一种现象的出现,尤其是长期存在且难以解决的"东北现象",不可能是单一原因所致,必定为多种原因共同作用的结果。综合以上解释"东北现象"文献的各种理论,通过十多年的振兴实践,并未从根本上解决东北问题。究其原因,现阶段的解释理论均局限于东北本身,当东北深陷衰退的路径依赖时,从其自身着手的解释理论就缺乏了原有的解释力。因此,应该跳脱出东北问题本身,从一个更加广阔的角度重新思考东北问题。

1.2.2 "新东北现象"的文献评述

进入经济新常态以来,增长速度换档期、结构调整阵痛期和前期刺激政策消化期"三期"叠加,我国经济转向高质量发展阶段。此时,东北积累的深层次矛盾再次爆发,经济增速骤减,2015 年辽宁、黑龙江和吉林经济增速分别位列全国倒数第 1、3、4 位。工业增加值出现负增长,工业企业出现高亏损和低利润问题,称为"新东北现象"。张占斌(2015)分析了经济新常态下"新东北现象",他认为东北相比其他经济区域更易受到我国经济换档的影响,还有东北经济结构积累问题的爆发、国企改革缓慢、人才流失严重、领导干部的经济发展动机减弱等原因造成的"新东北现象"的发生。陈耀(2017)认为东北困局的主要原因在于结构性、制度性等既有问题和新常态外部因素催化作用的共同结果。靳继东、杨盈竹(2016)认为"新东北现象"的直接原因在于产业结构的失衡,深层原因在于投资驱动的振兴政策。李政(2015)认为"新东北现象"表面原因是经济结构失衡,深层次原因是创新创业问题,是创新水平不高、创新活力不足、创新环境欠缺等,以及经济结构升级所需要的体制机制不完善。赵儒煜和杨彬彬(2016)分析"新东北现象"主要是资源性衰退、结构性衰退、体制性衰退的拖累,此外还有经济发展依靠投资驱动等原因造成。

众多学者对"新东北现象"的解释,除加入我国进入"三期"叠加时期等发展阶段特征因素外,多与"东北现象"的解释类似,如结构性、制度性问题,国企改革进展缓慢,人才流失,技术衰退等原因,说明东北地区研究已久的经济发展问题依旧没有得到有效解决。东北地区产业发展已经陷入技术衰退与市场缩减的恶性循环的衰退进程,很难通过自身的部分变革而得到根本改善,这方面"东北振兴"战略的体制变革部分提供了证据。因此,解决东北工业发展困局应该寻找新的理论支撑和政策抓手。

1.2.3 振兴东北的政策评述

2003 年"东北振兴"战略实施后,中共中央和国务院又制定多轮的东北振兴计划。2007 年国家发改委出台了《东北振兴规划》,2009 年中共中央、国务院制定了《关于进一步实施东北地区等老工业基地振兴战略的若干意见》,2016 年中共中央、国务院制定了《关于全面振兴东北地区等老工业基地的若干意见》,2021 年国务院通过《东北全面振兴"十四五"实施方案》。许多学者对"振兴东北"战略进行了研究,王洛林和魏后凯(2006)评价了"东北振兴"战略中的国家援助计划,他们认为尽管国家实施东北老工业基地振兴战略已初见成效,但国家援助侧重于项目投资,实施政策的区域没有体现出分类指导的思想。魏后凯(2008)评价东北振兴政策效果指出,振兴政策的实施使得东北地区经济增速加快,开放水平提升,然而还存在政策实施不够细化,国企改制和开放进度缓慢等问题。董香书和肖翔(2017)利用中国工业企业数据评估了"东北振兴"战略,结果发现振兴战略有利于工业企业的产值提高,而没有提高利润水平,即战略只提升了东北工业资本的数量,但没有提高东北工业的发展质量。Jae Ho Chung 等(2009)评估了"东北振兴"战略,他们认为该战略相对积极的评价是带动东北经济在 2004—2006 年的快速发展,未来的挑战在于东北地区的可持续发展问题。Ren Wanxia 等(2020)综合评价"东北振兴"战略,认为战略显著提升东北经济发展速度和人均收入水平,但恶化了第二产业的就业状况,没有显著提高基础道路、教育投资和社会保障,同时对地区差异的扩大没有太大影响。

综述这些研究,首先肯定了"东北振兴"战略对东北经济的正向作用,实施东北地区等老工业基地振兴战略以来,东北地区经济社会发展加快,经济实力不断提高。国有企业改革取得一系列进展,结构调整加快,对外开放水平显著提高,资源枯竭型城市转型稳健推进,基础设施不断完善,生态保护初见成效,社会保障体系初步建立,就业形势好转等。但也普遍认为东北深层次问题并未得到彻底解决,工业企业发展的质量并不高,振兴中未体现出分类指导思想,不够精细化和科学化。此外,反思将近 20 年的东北振兴实践,要想从根本上振兴东北经济,除了从自身入手外,更应该开放视野。全球化的快速发展和国内价值链的不断完善对区域产业的影响越来越深入，应该站在这一角度，认真研究东北工业发展中存在的问题。

1.2.4 价值链与工业发展的相关文献评述

价值链角度研究东北产业衰退的文献相对比较匮乏，除刘志彪（2019）、刘志彪和徐宁（2019）、刘志彪和全文涛（2021）等少数从经济循环角度论述东北工业衰退外，其他相关的文献评述主要包含三个方面：其一，全球价值链与工业发展的相关研究文献评述；其二，国内价值链与工业发展的相关研究评述；其三，全球价值链与国内价值链互动对工业发展影响的相关研究文献评述。

1.2.4.1 全球价值链与工业发展的文献评述

全球价值链与区域工业发展的相关文献很丰富，从三个递进的关联层次进行评述：其一，全球价值链与发展中国家工业发展的文献评述；其二，全球价值链与中国工业发展的文献评述；其三，全球价值链与中国各区域工业发展的文献评述。本书关注的有以下几点：第一，嵌入全球价值链是否有益于国家或地区的工业发展；第二，中国（各区域）工业在全球价值链中的表现。

1.2.4.1.1 全球价值链与发展中国家工业发展

相关研究文献有两种对立的观点。一方面，嵌入全球价值链有利于发展中国家工业发展。从三个机制层面综述相关文献：首先，融入全球价值链有助于实现规模效应。规模效应能够降低企业生产成本、提高企业盈利能力，从而有助于提高发展中国家企业的研发创新能力。Bøler 等（2015）认为国际外包中实现发展中国家工业发展的规模经济效应，有利于实现企业的利润目标，进而有能力投入研发，促成企业创新发展。Baldwin 和 Lopez-Gonzalez（2013）研究发现全球供应链从北美和欧洲向亚洲转移，发展中国家尤其是中国在工业中间品和资源要素供应上规模效应形成。从不同角度论证该观点的文献有 Humphreyh 和 Schmitz（2002）、Grossman 和 Helpman（1994）、Eaton 和 Kortum（2001）、Atkeson 和 Burstein（2011）、Costantini 和 Melitz（2008）。其次是发展中国家在全球价值链中享受到的溢出效应。"链主型"跨国企业通过在发展中国家设立分公司或将某些环节外包，建立垂直一体化全球价值链或市场交易型全球价值链，将发展中国家的企业纳入全球价值链体系，形成技术关联和溢出，促进本土企业的技术进步。Amiti 等（2014）研究发现从发达经济体进口中间品，通过"进口/出口中学习"效应,促进发展中国家提升效率。持类似观点的文献还有 Pietrobelli 和 Rabellotti(2011)、Hovhannisyan 和 Keller(2011)、Glass 和 Saggi(2001)、Kelly(2002、2004)。再者是嵌入全球价值链,有助于加强发展中国家的竞争效应。Peretto(2003)通过理论研究发现世界经济一体化中,国内企业退出市场由国外企业进入所补偿,一体化产生更大、更有竞争力的市场,企业获得更大的技术溢出,有助于经济增长和福利提高。持类似观点的文献还有 Chiarvesio 等(2010)、Goldberg 等(2009)。

另一方观点认为,发展中国家嵌入全球价值链会被锁定在低端环节。Schmitz(2004)和 Gereffi 等(2005)在其论文中提出全球价值链中的"俘获网络型"理论(Captive value chains or Captive network),认为生产网络被领导型企业定义和控制,建立供应链企业的依赖关系。从发展中国家角度看,嵌入全球价值链可能会陷入"低端锁定"。从三个角度分析相关文献:首先,嵌入全球价值链,造成发展中国家的下游企业对"链主型"企业的过度依赖。Eaton 和 Kortum(2001)的研究发现通过进口新的外国中间投入来吸收新的外国技术,可能会降低引进中间产品的本土创新动力。Humphrey 和 Schmitz(2000)认为发展中国家的下游企业与发达国家的"链主型"企业具有较大技术差距,立足于资源禀赋优势,进行低附加值、低技术含量的加工组装活动,形成对"链主型"企业关键核心技术的依赖关系。持类似观点的还有 Gereffi(2001)、Felice 和 Tajoli(2015)。其次是发展中国家人力资本水平低,难以有效吸收技术溢出。Tilron(1971)以导体行业的研究为例,认为研发的一个重要原因是可以提供一种内部技术能力,可以使企业跟上产业发展的最新进展,吸收"链主型"企业开发的新技术,也就是说,东道国的吸收能力达到一定水平,才能吸收技术溢出。持类似观点的有 Allen(1977)、Mowery(1983)、Spence(1981)、Lieberman(1984)、Cohen 和 Levinthal(1989)、Sutton(2012)等。再者是发达经济体为保持在全球价值链中的竞争优势,借助该优势地位,对下游环节试图攀升价值链的企业进行压制和封锁,以"俘获"下游企业在不威胁其地位的价值链低端环节。Gibbon 等(2008)通过研究价值链治理,发现发展中国家企业在全球价值链中乐意实现工艺升级和产品升级,一旦进入更高一级的价值链条升级,会被发达经济体的"链主型"企业所打压。持类似观点的还有 Perez-Aleman 和 Sandilands(2008)、Schmitz(2004)、Humphrey 和 Schmitz(2004)、Pietrobelli 和 Saliola(2008)、Aghion 和 Griffith(2009)等。

全球价值链对发展中国家工业发展影响的相关文献应该一分为二看,

既有积极的一面,又存在消极的一面。从发展阶段看,可以将两种对立的观点进行整合,"链主型"跨国企业在全球范围内构建产业链的过程中,依据比较优势将生产环节在全球布局,发展中国家借助其比较优势融入全球价值链低端环节。此时,二者为互利共赢关系,"链主型"企业享受到发展中国家生产、组装等低附加值环节的低成本,发展中国家的工业发展也获得了规模经济和技术溢出。随着发展中国家在价值链中工业流程的成熟,其必然会出现工业升级需求,这将会对"链主型"企业的地位提出挑战,同时也必然会受到打压,产生消极层面的影响。

以上文献就全球价值链对发展中国家工业发展的影响和作用机制展开了一系列有益的探讨,相关文献对嵌入全球价值链对发展中国家工业企业创新、技术进步、吸收溢出、被"俘获"等问题的兴趣浓厚,进行了很多研究,而缺乏全球价值链背景下对发展中国家具体产业发展问题的关注。

1.2.4.1.2 全球价值链与中国工业发展

相关文献得到的一致结论认为中国嵌入全球价值链程度不断深入,且已经深度融入。樊茂清和黄薇(2014)计算的数据显示,随着中国工业嵌入全球价值链的不断深入,世界各国对中国的国际贸易占中国总贸易由1995年的19.1%上升到2009年的28.1%。中国最终需求诱发的全球价值链占全球总量由1995年的2.5%增加到2009年的8.4%。程大中(2015)研究发现中国工业已经深度嵌入全球价值链,以国外增加值比重衡量与世界经济的关联程度不断上升。同时,王岚和李宏艳(2015)、董有德和唐云龙(2017)、王玉燕等(2014)、李平等(2019)也得到同样的结论。

全球价值链对中国的工业发展的影响存在不同的观点,多数研究认为嵌入全球价值链有益于中国工业发展。吕越和吕云龙(2016)采用工业企业数据研究全球价值链嵌入对中国制造业生产效率的作用,发现参与全球价值链显著提高了企业生产效率,对技术密集型制造业提升效果更好。刘维林等(2014)研究发现中国制造业通过嵌入全球价值链,获取国外中间品投入的分工地位,有效提升了贸易工业品的技术复杂度。持类似观点的还有张杰和郑文平(2017)、田巍和余淼杰(2014)、王玉燕等(2014)、邱斌等(2012)、文嫣和曾刚(2004)等。

此外,也有一些持消极观点的文献。吕越等(2018)研究发现加入全球价值链抑制了中国企业的研发创新行为,对加工贸易企业、外资企业和高技术企业的抑制作用尤为明显。王岚(2014)的研究发现嵌入全球价值链对中高技术工业的国际分工地位的提升作用不明显。同时,也存在"综合论"的研究文献,吕越等(2017,2015)实证研究发现嵌入全球价值链能够有效提升中国企业的生产效率,二者存在倒 U 形关系。也就是说,中国工业嵌入全球价值链的前期,二者具有正向促进关系;随着价值链嵌入深化,中国企业开始向价值链上游攀升,威胁到先发国家的上游企业,于是将会受到"链主型"企业的打压和控制,这一阶段二者呈现负向影响特征。

综述全球价值链对中国工业发展影响的文献,得到中国工业发展已经深度嵌入全球价值链的结论。此外,多数文献认为嵌入全球价值链有益于中国工业发展。因为中国在全球价值链中正处于获取规模效应、溢出效应等产生积极影响的阶段,并在这一阶段取得巨大的发展成就和工业能力提升,我国工业的生产效率、出口增加值、技术复杂度等得到较大幅度提高。然而,这种工业能力的提高主要体现在局部的沿海地区,而非全国范围,这对中国区域产业发展产生了影响。

1.2.4.1.3 全球价值链与中国区域工业发展

苏庆义(2016)测算发现沿海省份工业具有较高的国际垂直专业化水平,即参与全球价值链的程度较深,内陆省份拥有较高的本地增加值水平。潘文卿和李根强(2018)分解区际贸易的增加值发现中国各区域存在增加值地域上的"向极性",沿海地区对全球价值链中美、日等发达经济体的经济关联强于国内价值链,而内陆地区对国内价值链中临近区域的经济关联强于全球价值链,同时在增加值收益规模和收益率上也表现出类似的区域特征。刘瑞翔等(2020)实证发现加入世界贸易组织后中国各地区的专业化分工水平有所上升,参与全球价值链和国内价值链是各区域经济增长的重要驱动力。此外,内陆地区通过沿海地区贸易资源间接参与全球价值链。综述相关文献得到结论:沿海地区的工业已经深度嵌入全球价值链,其对全球价值链中的增加值偏好超过国内,内陆地区的工业则偏好于国内价值链。

以上文献从国内区域工业在全球价值链中的关联强度和增加值偏好的层面进行研究,进行了较为科学的测度,为中国的区域工业在全球价值链中的表现提供了一系列客观有效的结论。然而,缺乏从全球价值链来解释区域产业发展问题的文献,这是有待进一步扩展的研究方向。

1.2.4.2 国内价值链与工业发展的文献评述

根据国内价值链的关联特征,其主要与区域产业协调发展结合研究。部分研究认为,国内价值链有助于区域经济(产业)协调发展。邵朝对和苏丹妮(2019)的研究发现国内价值链贸易有助于缩小区域产业的技术差距,其中促进资源配置效率的空间缩减是重要的作用机制。同类研究还有苏丹妮等(2019)、邵朝对等(2018)。

如果考虑国家价值链中国际贸易的影响,则会出现不同的结论。黎峰(2017)研究发现进口贸易在推进嵌入全球价值链的国内价值链(NVC1)发展的同时,不利于基于内需的国内价值链(NVC2)的培育。此外,进口贸易影响沿海与内陆地区的专业化分工,在推动沿海与内陆地区发展 NVC1 的同时,切断了沿海与内陆地区在 NVC2 方面的上下游联系。刘志彪(2017)认为沿海地区率先嵌入全球价值链是东西部地区发展差距拉大的主要原因,应该以内需为基础建立本土企业主导的国内价值链,实现区域协调发展。类似的研究还有高煜和杨晓(2012)、张少军和刘志彪(2010)、吕越和包雅楠(2019)等。

在测度各区域国内价值链的相关文献中,潘文卿(2012、2015)使用投入产出分解方法,发现 1997—2007 年中国区域间经济联系在加强,国内溢出效应主要体现在北部沿海、东部沿海和南部沿海,其中东南沿海区域的溢出具有较大的提升空间,而东北、西北、西南受到其他地区不断加强的带动作用。倪红福和夏杰长(2016)研究发现中国内陆地区通过向沿海地区贸易中间产品间接实现增加值出口,沿海地区的垂直专业化程度高于内陆地区,内陆和沿海地区的垂直专业化分别由于国内和国际产业关联而加强。沈剑飞(2018)测算发现中国国内价值链中区域间分工程度在不断深化,但在次贷危机后有所降低。

综述以上文献,国内价值链有助于区域产业协调发展,但考虑国际贸易对国内价值链的影响,可能产生不同的结论,因为中国国际贸易的加工贸易特征,"两头在外,大进大出"的贸易模式不利于国内价值链发挥协调区域产业的作用。此外,相关测度发现国内价值链在不断完善,沿海地区的溢出表现更好,而内陆地区处于被带动的地位。

现有文献从国内价值链角度对中国的产业发展进行了很好的测度和研究,然而,由于我国开展国内价值链的研究比较晚,相关研究仍处于测度性和整体性的初探阶段,还未有就国内价值链重构条件下区域出现的具体问题进行的针对性研究。

1.2.4.3 全球价值链与国内价值链联动对工业发展的文献评述

中国的国内价值链是否与全球价值链形成有效联动,多数研究的结论是否定的。刘志彪和于明超(2009)认为嵌入全球价值链对中国区域间产业联系产生弱化效应,对长三角地区经济一体化产生负向影响,应该积极构建国内价值链,实现产业升级与区域一体化发展。黎峰(2017b)的研究发现外资进入阻碍了国内价值链的形成,外资进入及其兼并行为产生对国内分工的替代,打击国内价值链的上游环节,不利于沿海和内陆地区间价值链的形成。李根强和潘文卿(2016)从增加值视角考察国内价值链嵌入全球价值链,发现中国国内各区域由国内垂直一体化转向全球垂直一体化,沿海地区的增加值供给偏好于全球,而内陆地区则偏好于近邻区域。持同样观点的文献还有张少军和刘志彪(2013a)、张少军和刘志彪(2013b)、黎峰(2017a)、徐宁等(2014)、刘景维和车维汉(2019)等。也有少数不同的观点,李善同等(2018)发现国内价值链与全球价值链具有较强的正相关关系。此外,黎峰(2020)研究发现中国多数省份嵌入全球价值链的程度高于国内价值链,国内价值链的分工和资源整合效应是攀升全球价值链的重要机制。张少军(2009)研究发现广东和江苏的全球价值链嵌入度高于国内价值链嵌入度,同时与其他省份的产业联系主要集中在资源密集型中间产品。

综述以上文献得到一些结论:中国的国内价值链没有很好地对接全球价值链;同时,沿海地区偏向于全球价值链,而内陆地区却偏向国内临近地区的增加值。而现阶段的相关研究限于二者关系的探究,基于全球价值链与国内价值链互动演变对区域产业的具体发展问题的研究并不多,这正是本书要做的工作。

1.3 本书框架与研究方法

1.3.1 本书框架

本书主要分为四个部分八个章节。第一部分主要关注东北问题的历史考察,从价值链视角探究东北工业的崛起和衰落,包含第二章"国内经济循环视角下东北工业的崛起"、第三章"价值链重构视角下东北工业的衰落"。第二部分为从价值链角度研究东北工业的脱节问题与衰退事实,包含第四章"东北工业价值链脱节的实证研究"。第三部分主要研究脱节国内价值链造成东北衰退的理论机制和经验研究,包含第五章"价值链脱节造成东北工业衰退的理论机制"、第六章"价值链脱节造成东北工业衰退的实证研究"。第四部分为从价值链视角振兴东北工业,包含第七章"东北工业价值链重构的产业选择"和第八章"结论、政策建议与展望"。更加清晰的框架,请参见图 1-1。

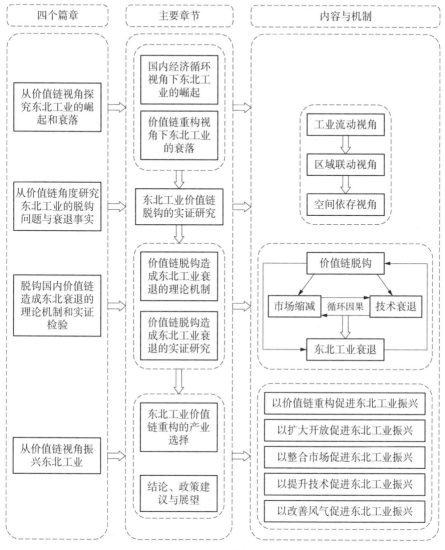

图 1-1　结构框架图

1.3.2　研究方法

本书的研究主要用到的研究方法有历史考察与现实研究相结合、理论与实证相结合、定性分析与定量分析相结合。

第一,历史考察与现实研究相结合。历史考察中,价值链视角探究东北工业的崛起与衰落,明晰东北工业价值链的发展历史,以及其在东北工业崛起和衰落过程中所起到的作用和存在的问题。在此基础上,使用工业流动性测度、区际贸易和工业产值的增加值分解方法,研究现实的东北工业价值链脱节问题和衰退事实,以及其对东北工业衰退的影响。

第二,理论与实证相结合。使用模型证明脱节国内价值链导致东北工业衰退的理论逻辑及其作用机制。同时,进行相应的经验研究,理论逻辑对应全样本、地区、行业层面的经验论证,作用机制对应技术、市场及二者循环因果效应的实证分析。此外,实证东北工业国内价值链与全球价值链重构应该选择的工业门类。

第三,定性分析与定量分析相结合。通过对现有文献的研究和东北工业价值链的历史考察,发现东北工业脱节国内价值链的逻辑,结合使用1987—2015 年的中国区域间投入产出数据,结合工业流动性测度、区际贸易和工业产值的增加值分解方法等手段,对脱节问题进行定量研究。进一步,通过理论模型推演证明东北工业脱节国内价值链造成工业衰退的逻辑和机制,结合使用翔实的东北工业样本数据对此进行定量分析。

1.4 可能的创新与不足

1.4.1 可能的创新

第一,研究角度的创新。本书跳出就东北而论东北的研究窠臼,在中国加入国际经济大循环的背景下,以价值链重构视角探究东北工业的衰退困境,这是研究东北问题上被忽视的重要角度,具有一定的研究视角创新性。

第二,分析框架的创新。本书构建了区域产业问题的价值链研究框架。在厘清区域产业价值链发展历史的基础上,使用恰当的价值链研究方法探究区域产业发展中存在的问题,提炼出相关理论解释,并明确其中的作用机制,提出解决问题的建议和启示。在考察东北工业价值链发展历史的基础上,从区域价值联动与空间价值依存角度,构建多层次、多角度的测度指标,全面分解东北的区际贸易和工业产值,深入探究东北工业的脱节事实和衰退真相,进而从价值链重构角度解释了东北工业发展困局。

第三,理论和实践的创新。理论层面,在 BBJ 模型的基础上,建立多区域、多产业的价值生产贸易模型,使用模型论证价值链脱节造成东北工业衰退的理论机制,市场缩减与技术衰退在其中的中介作用,以及两者的循环累积因果的理论机制,具有一定的理论创新性。实践层面,从经济循环和东北工业价值链变动背后提炼出东北经济衰退和"振而不兴"的逻辑,以全新视角为振兴东北工业提供政策抓手。

1.4.2 不足之处

本书从价值链重构角度比较深入地研究了东北工业衰退问题,但仍存在一些不足,主要有以下几点:

其一,对于东北工业脱节国内价值链的原因,可能涉及政治环境、区位条件、体制惯性、历史文化、近邻国际形势等,需要研究的内容庞大复杂。本书对该问题进行了简要探讨,但未作深入的理论和实证分析,这是值得未来继续研究的方向。

其二,东北工业衰退问题的研究还可以进一步细化,如对东北的装备制造业的专门研究,有利于对东北具体产业发展提出针对性建议。

第二章 国内经济循环视角下东北工业的崛起

针对东北工业崛起的原因,多数研究认为是政府集中投资、丰富资源禀赋和较好工业基础。除以上原因外,大规模建设和经济发展对工业的巨大需求,形成东北的国内工业关联,也是其工业崛起的关键因素。本章从国内经济循环视角研究东北工业崛起,厘清计划经济时期东北工业的国内经济循环,是从价值链重构视角探究东北工业衰退的前提,有助于溯源东北工业发展困境的历史因素,为振兴东北工业找准方向和政策着力点。首先回顾计划经济时期的国内经济循环,明确东北工业在国内经济循环中的地位,在这一视角下探究东北工业的崛起及其原因。

2.1 计划经济时期的国内工业循环

中华人民共和国成立初期,新生的社会主义国家受到资本主义国家的封锁和打压,虽然与苏联等有经济和人员交流,但仅限于经济援助和设备购买等层次,国家总体上处于封闭的经济状态,因此经济循环也限于国内,这一状态持续到改革开放。本部分着重研究计划经济时期以时序为线索的国内经济循环,首先是这一时期国内区域间混乱的工业经济关系,接着是国内经济循环的初步建立,以及一些社会运动带来的区域协作关系的紊乱。

1949 年至改革开放期间,我国实行计划经济体制。计划经济是对生产、资源分配以及产品消费事先进行计划的经济体制,由于几乎所有经济主体的经济活动都依赖于计划指令,因此计划经济也被称为指令性经济。这一时期,在国内区域间和产业间形成的经济循环带有强烈的计划特征。

2.1.1 中华人民共和国成立初国内区域间混乱的工业经济关系

经过帝国主义、封建主义和官僚资本主义"三座大山"将近一百年的压榨掠夺,以及连续十多年的战争破坏,我国面临的是一副满目疮痍、百废待兴的国家现状,生产力布局极不平衡,区域生产协作关系极不科学,国内产业生产网络杂乱无章。

第一,工业生产力水平低下,且分布极不平衡。中国的近代工业在帝国资本主义、官僚资本主义和封建主义的夹缝中缓慢生长,经受多年战争破坏,其发展不够充分,水平低下。同时,生产力在国内区域间布局极不平衡。帝国主义为方便掠夺中国的资源,将工厂建设在具有港口、对外贸易便利的东北和东南沿海地区的若干大城市,以便于进行控制和转移。因此,中华人民共和国成立初,生产力主要布局在东北和东南沿海地区,内陆地区特别是边疆少数民族集聚区几乎没有近代工业。更加详细地看,东北地区的工业生产力较为发达,布局高度集中在关外的沈阳、大连、抚顺、本溪、鞍山五个城市;关内的工业生产能力主要集中在东南沿海七个城市,分别是上海、南京、无锡、北平、青岛、天津和广州,其工业产值占据关内八成以上。除重庆、武汉等几个沿江城市外,内陆地区基础设施缺失,没有铁路,公路里程也很短,保持与世隔绝的封闭区域状态,其工业布局几乎处于空白状态。例如,西北地区占据国土面积的45%,其工业产值仅为全国约3%;包含云贵川藏等地区的西南地区占据国土面积的25%,其工业产值也仅为全国的6%。

第二,区域生产协作关系极不科学。中华人民共和国成立初期,区域间的经济合作和协作关系尚未建立,主要表现在资源禀赋富集地与工业生产能力富集地的错配和脱节。上海是当时国内最大加工工业中心,但上海及其周边既无矿产资源,也没有丰富的棉纺等轻工业原料。江苏地区虽然拥有较为丰富的农业原料,但其加工所需要的原料也是严重不足,多数是从国外进口,如小电器制造业需要的元器件、面粉加工需要的小麦玉米等农产品原料、轻纺加工业需要的棉花羊毛等,以及造纸工业需要的木浆。与此同时,我国多数资源禀赋富集地区却缺乏加工能力,成为单一的采矿中心,如煤炭资源富集的山西、锑矿资源富集的湖南、钨矿资源富集的江西、铝土矿资源富集的河北、盐矿资源富集的山东,以及铁矿资源富集的广东、安徽和湖北等,缺乏进一步生产加工能力,付出了巨大的机会成本,区域生产协作关系不够科学,错失发展良机。

第三,区域间成熟的产业链仍未形成。由于中华人民共和国成立前,工业总体水平落后,重工业极不发达,轻工业多以初级农产品加工为主,产业链条短,经济效益差,再加上交通运输业极度落后,生产力布局大多呈离散点状布局,各区域间缺乏必要的产业联系和产业关联,经济网络和体系始终没有形成,表现在:(1)原盐工业以海滩晒盐为主,集中在天津、江浙一带,内地的井盐和矿盐工业十分落后。(2)卷烟工业集中在上海、青岛等沿海城市,而烤烟的种植、收购和复烤集中在山东潍坊、安徽凤阳和河南许昌三地。(3)纺织工业中的70%左右的棉纺锭集中在上海、青岛和天津三个大城市,毛纺锭的75%左右集中在上海。(4)石油工业零星存在,仅有甘肃玉门老君庙、新疆独山子和陕西延长等三个小油田和四川圣灯山石油沟两个小气田以及辽宁抚顺的两个岩页油厂。(5)煤炭工业绝大多数为帝国主义所遗留,主要是英美资本经营多年的开滦煤矿和日本经营多年的为鞍钢服务的东北几个中型煤矿。(6)电力工业主要集中在上海等沿海城市,东北只有几条15.4万伏与一条22万伏的输电线组成的低等级电网。(7)化学工业尚处于手工作坊阶段,全国仅有八个中型化工厂,分别在上海、南京、天津、青岛、大连等城市,上海等城市虽然能生产少量的橡胶制品,但是橡胶原料全部依赖进口。(8)机械工业主要分布在上海、天津、青岛、沈阳、大连等城市,大部分都是中小型机器厂,只能生产小型电机、电扇、老式机床等落后产品。(9)钢铁工业在全国仅有两个较大生产点,一个是1890年张之洞为修建铁路而兴建的汉阳铁厂发展成的汉冶萍公司,钢铁年产量从未超过四万吨;另一个是日本南满铁路株式会社留下来的鞍钢。此外,太原、重庆还有些小厂,但是产量极小且生产不稳定,对社会影响不大。工业发展呈点状分布,区域产业联动几乎没有。[①]

中华人民共和国成立前,百废待兴,生产力分散落后,区域生产关系缺乏科学布局,导致地区之间、产业之间缺乏有机互动和支撑,区域间成熟的产业链仍未形成。中华人民共和国成立后,在党中央和政府的统一领导下,国家建设步入正轨,国内经济循环得以初步建立。

2.1.2　国内工业经济循环的建立

国民经济恢复和"一五"计划时期,逐渐恢复了国民经济,完成了农业、手工业和资本主义工商业的社会主义改造。确立社会主义制度后,"一五"计划的重点放在加强重工业的建设上,同时兼顾人民生活必需品所需要的

---

① 本部分参考文献如下:

　刘再兴:中国生产力总体布局研究[M],中国物价出版社,1995。

　聂华林、马洪翰:中国区域经济格局和发展战略[M],中国社会科学出版社,2009。

　赵凌云:1979—1991年间中国区域经济格局变化原因及其效应[J],中国经济史研究,2001(2)。

　白雪梅:中国区域经济发展的比较研究[M],中国财政经济出版社,1998。

　刘树成:中国地区经济发展研究[M],中国统计出版社,1994。

农业和轻工业建设。国民经济恢复时期,国内的工业建设主要侧重东北地区,接下来依次是华东和华北。但出于国防安全和备战考虑,"一五"时期的工业建设重点开始向内陆①转移,对全国经济布局进行大规模调整。苏联援建的156个重点项目,约76%安排在内陆;我国自主进行的694个重点项目,68%安排在内陆;基本建设投资资金上,沿海仅占了46.7%,大部分分配在内陆地区。在倾向内陆的重点支持计划的布局下,沿海地区的工业建设随之减少。这一时期,重点形成以沈阳、鞍山为中心的东北工业区,以北京、天津和唐山为中心的华北工业区,以太原为中心的山西工业区,以郑州、洛阳为中心的郑洛工业区,以武汉为中心的湖北工业区,以兰州为中心的甘肃工业区,以西安为中心的陕西工业区,以重庆为中心的川南工业区。沿海与内地的工业差距得以缩小,生产力得到提升,产业布局趋于均衡,煤炭、电力、有色金属开采、轻纺工业得到较快发展,国内经济循环初步建立。

产业布局集中,简单的生产协作关系得以形成。在充分考虑发挥东北、上海等已有工业基础作用和国防安全的前提下,工业主要集中在全国的大中型城市,如东北的沈阳、鞍山、抚顺、大连、吉林、长春、哈尔滨、齐齐哈尔等,华北的北京、天津、石家庄、郑州、洛阳、太原、包头等,西北的西安、兰州等,西南的成都、重庆等。通过综合考察厂址选定、成组布局,与城市建设相配套,逐渐建成了拥有协调生产能力的工业区。坚持集中与分散相结合,初步形成了生产关联和区域协作的生产关系网络。②

工业生产力配置与资源分布相契合,形成各具优势的区域工业发展方式。煤、铁、石油、电力、有色金属工业主要集中在东北和华北地区,从"一五"初期国家对东北和华北的工业布局看,1953—1955年,东北和华北的全部工业投资占据了全国70%,其中煤炭、电力投资分别为83.7%和59%。③黑色金属工业主要布局在东北三省,1953—1955年,以鞍钢为重点的东北三省黑色工业投资约占全国81.7%。产量上看,1953—1985年,东北原油产量年均占全国六成以上,钢和成品钢产量占全国三成左右。④ 1994年和

---

① 内陆地区包含黑龙江、吉林、内蒙古、新疆、甘肃、青海、宁夏、陕西、山西、河南、安徽、江西、湖北、湖南、西藏、贵州、四川、云南、广西,剩余的七省两市为沿海地区,包含广东、福建、浙江、江苏、山东、河北、辽宁、上海、北京。

② 参见陆大道:中国工业布局的理论与实践[M],科学出版社,1990。

③ 数据来源为中国社科院和中央档案馆编制:中华人民共和国经济档案资料选编:1953年—1957年工业卷[M],中国物价出版社出版,1998。

④ 数据来源为国家统计局:新中国五十年统计资料汇编[M],中国统计出版社,1999。

1995 年,东北和华北的煤炭、电力产值占全国的比重分别为 84.4% 和 66%。据 1955 年末的统计,辽宁集中了全国 A+B+C1 级铁矿储量的 44.5%,锰矿储量的 23.2%。轻纺工业主要集中在以上海为中心的华东地区,棉纺锭 70% 左右集中在上海、青岛和天津三个大城市,毛纺锭的 75% 左右集中在上海。然而,1953—1955 年,河北、陕西、河南等主要产棉区棉花产量接近全国半数,原有的纺织企业产值却不足全国的 1/6。随着偏向内陆的投资重点转变,"一五"时期将大量轻纺工业投资投向产棉区,投资额达 5.7 亿,占全国棉纺织行业总投资的 71.3%,大量纺织企业的建成,使其产量也快速提升至全国的 1/3 左右,华东、华中成为轻纺工业的主产区。[①] 在区域各具优势工业产品的情况下,工业集中区生产中的规模效应得到一定释放,各地比较优势趋于形成。同时,为满足各区域人民的生产生活需要,自然形成了区域间的工业产品调拨和经济循环。然而,应该清楚地认识到,这种由中央计划委员会主导工业产品调拨而形成的经济循环缺乏韧性,易于被外部冲击所打破。

2.1.3 区域工业协作关系的紊乱

三年调整时期和"二五"计划期间的社会主义建设总路线实行了"赶英超美"的思想,这一时期,区域协作战略被转变,把全国划分成协作区,开始强调自成体系,导致区域间产业严重同质化,造成巨大的建设资源和时间浪费。

"三五"和"四五"时期,特别强调建立各个区域独立的工业体系,"三五"计划的七大协作区[②]和"四五"计划的十大协作区[③]规划,都要求各个协作区建成能够各城各自为战的经济体系,要求各省(市、自治区)的成套机器设备和轻工业尽快做到自给自足,建立为农业服务的包括小煤矿、小钢铁厂、小有色金属矿、小化肥厂、小机械厂在内的地方工业体系。甚至无视自然规律和经济规律,批判"江南无煤论",要求实现江南煤炭自给,扭转北煤南运的格局。对一些以农产品为原料的轻工业,忽视农作物受气候、土壤等自然条件的限制,省省建厂,以求自给。[④] 这种漠视经济分工与区域协作要求的区域经济格局,追求大而全、小而全的生产力布局战略,引发区域产业结构趋

---

① 数据来源为聂华林、马洪翰:中国区域经济格局和发展战略[M],中国社会科学出版社,2009。

② 七大协作区包括东北、华北、华东、华南、华中、西南、西北。

③ 十大协作区包括西北、西南、中原、华南、华东、华北、东北、山东、闽赣、新疆。

④ 参见陆大道:中国工业布局的理论与实践[M],科学出版社,1990。

同,造成了各区域重复建设和重复投入,丧失了本应有的区域分工协作经济效益,阻碍了区域产业结构的合理化进程,给国民经济发展带来了持久的不利影响。

2.2　东北工业的国内循环

计划经济时期国内生产力在区域间的不平衡分布,生产资料和生活资料非均衡布局,为国内经济循环的发生创造了条件。东北作为我国重要的装备制造业生产基地和工业原料富集地区,向全国各区域输送了大量机器装备和工业原料。同时,由于东北地区"重重轻轻"的工业结构,偏重重工业的发展方式导致其轻工业产值占比较低,因此接受国内其他地区的轻工业产品的调拨,从而建立国内工业经济循环。

2.2.1　东北工业国内循环形成的条件

首先,区域产业的不平衡布局为东北工业提供了贸易条件。工业发展对区域资源禀赋的依赖性较大,因为运输条件不完善的计划经济时期,依靠长距离运输发展起来的工业很容易引发能源和原材料供应不足等问题。煤炭、石油、铁、铜等工业最需要的矿产资源主要分布在北方,尤其在东北地区最为丰富。1953—1980 年,北方 11 省(市、自治区)的工业总投资量为南方的 1.63 倍。[①] 北方重工业发达,产值占北方工业总产值的 55.9%,而南方则轻工业发达,占南方工业总产值的 56.9%,其纺织工业总产值超过北方35%,各具优势的产业布局为南北方工业贸易提供了基础。随着东北地区工业体系的完善,1952 年和 1957 年东北区生产资料占全国的产值比重为38% 和 36.2%,如表 2 - 1 所示,远高于国内其他区。形成对比的是,1952年和 1957 年东北区的生活资料占全国的产值比重仅为 12.6% 和 11.5%,如表 2 - 2 所示,其生产资料与生活资料的生产严重失衡。同时,发现华东区的生活资料占全国的产值比重为 48.7% 和 43.5%,几乎占据全国生活资料总产值的一半。如此不平衡的区域间和区域内产业布局,自然引发区域间的工业贸易的发生。当然,这种贸易主要是以国家中央计划委员会调拨的形式完成的。

---

① 数据来源为陆大道:中国工业布局的理论与实践[M],科学出版社,1990。

表 2-1　1952 年与 1957 年东北、华东生产资料总产值及其比重

	生产资料总产值(亿元)		比重(%)	
	1952 年	1957 年	1952 年	1957 年
全国总计	122.2	379.4	100.0	100.0
东北区	46.4	137.4	38.0	36.2
辽宁省	28.8	93.5	23.6	24.6
吉林省	6.6	16.5	5.4	4.4
黑龙江省	11.0	27.4	9.0	7.2
华东区	34.1	105.6	27.9	27.8
上海市	16.5	51.6	13.5	13.6
江苏省	4.1	13.5	3.4	3.6
浙江省	3.2	7.2	2.6	1.9
安徽省	1.5	5.6	1.2	1.5
江西省	2.4	5.5	2.0	1.4
福建省	1.2	3.8	1.0	1.0
山东省	5.2	18.4	4.2	4.8

数据来源为中国社科院和中央档案馆编制:中华人民共和国经济档案资料选编:1953 年—1957 年工业卷[M],中国物价出版社,1998,下表同。

表 2-2　1952 年与 1957 年东北、华东生活资料总产值及其比重

	消费资料总产值(亿元)		比重(%)	
	1952 年	1957 年	1952 年	1957 年
全国总计	221.1	404.5	100.0	100.0
东北区	27.9	46.4	12.6	11.5
辽宁省	15.9	26.5	7.2	6.6
吉林省	4.1	7.6	1.8	1.9
黑龙江省	7.9	12.3	3.6	3.0
华东区	107.7	175.8	48.7	43.5
上海市	49.7	77.8	22.5	19.2
江苏省	23.8	32.9	10.7	8.1
浙江省	8.2	17.2	3.7	4.3

续　表

	消费资料总产值(亿元)		比重(%)	
安徽省	3.6	10.0	1.6	2.5
江西省	3.5	7.4	1.6	1.8
福建省	2.8	8.0	1.3	2.0
山东省	16.1	22.5	7.3	5.6

其次,国内大规模建设和经济发展需要为东北工业产品提供了贸易需求。东北作为中华人民共和国成立初最为重要的重工业基地,被称为"共和国的总装备部",其生产的工业装备、工业原料在国内市场上占绝对份额。同一时期中华人民共和国经济和社会发展已相对落后,亟需建设被战争严重破坏的家园,迫切的国家建设和经济发展要求对东北生产的装备制造业提出巨大市场需求。同时,我国疆域辽阔,满足东北工业进行区际贸易的地理条件。此外,中华人民共和国刚刚成立,与世界部分国家(地区)关系还很不稳定,国际形势也不明朗,随时有可能爆发战争,"一五"时期以来,国家侧重内陆和"三线"建设,这为东北工业区际贸易的发生提供了现实条件。

2.2.2　东北工业的国内循环

计划经济时期,在中央统一计划和调拨下,区域协作分工主要为产品间分工。在此基础上,形成国内经济循环,东北地区作为我国的重工业基地,在国内循环中的角色主要表现在工业设备和工业原料的输出。

随着东北工业的崛起,强化了东北在国内的工业联系。计划经济时期,各区域的生产资料和产品由中央统一在国内调配,东北的工业产品、工业装备和技术管理人员被调配到国内其他地区。

辽宁省1952年到1985年全省净调出生铁3738万吨,钢材5485万吨,纯碱814万吨,水泥3998万吨,各种有色金属178万吨[1],输出的工业产品占到全省产量的90%以上,在石油工业上调出的主要是石油制品,仅1981年到1988年,就净调出269.9亿元的石油加工产品。同时,辽宁省还向全国各地输送了数十万的工程技术人员和管理人员,仅鞍山钢铁公司就向武汉钢铁公司、包头钢铁公司、酒泉钢铁公司等单位输送各类人才11万人,代培实习11万人。本溪钢铁公司为援建青海省西宁钢厂、西北耐火材料一厂

---

[1] 数据来源为国家统计局:新中国60年[M],中国统计出版社,2009。

和宁夏五四厂,输送管理干部和技术骨干 3.8 万人,搬迁设备 1086 台(套)。在改革开放后的较长时间里,辽宁省承担的指令性计划仍然高于全国平均水平一倍以上,每年平价调出千余种工业产品,其中钢材、油品等原材料占同期产量的 3/4 左右。①

在 1953 年到 1987 年的 34 年间,黑龙江省贡献省外调出煤炭 3.06 亿吨②,木材 2.69 亿立方米,原油 7.25 亿吨,粮食 6475 万吨,发电设备 2398 万千瓦,此外还有大量的冶金设备、矿山设备、机床、货车、钢材、铝材、轴承、仪表、工具等重工业产品,以及糖、纸、乳、麻等轻纺工业品和羊毛、油料、烤烟等农副产品。根据黑龙江省 1981 年投入产出表计算,当年全省调出产品 119.3 亿元,调入产品 91.3 亿元,相当于净调出了 28 亿元的产品。此外,工业的繁荣发展使黑龙江经济快速增长,"一五"计划时期,黑龙江省向国家上缴利润是国家向其工业投资的 3 倍多。1952 年到 2002 年,黑龙江省由于初级产品低价调出和加工制成品高价调入而贡献了约 7000 亿的价格差。黑龙江省总计直接上交和间接支援其他省份达 1.4 万亿元左右,超过同期全省国内生产总值总量的 1/4,约为同期国家对黑龙江省预算内投资的 4 倍,有力支持了中华人民共和国成立初期的国家经济建设,以及沿海和"三线"地区的工业发展。

吉林省在汽车制造、石油化工、能源工业、煤炭工业、冶金工业等方面均有长足的发展,不但拥有一批国家级的大型重点企业,而且为国家提供大量的相关物资和设备。③ 此外,通过发展工业,创造了大量经济收益,1950 年到 1952 年,吉林省财政总收入为 7.54 亿元,3 年共向国家上缴 5.69 亿元,上缴额占全省总收入的 75.5%,为国家实现财政经济状况的根本好转作出了重要贡献。"一五"计划时期,吉林省财政总收入达到 27.53 亿元,向中央财政上缴 16.55 亿元,上缴额占全省总收入的 60.1%。

研究以上数据发现,在计划经济时期,东北三省生产了大量工业装备产品和工业原料,其中绝大多数流向了国内其他区域,为国家的建设作出重要贡献,"共和国的总装备部"的称号名副其实。同时,在中央统一计划和调拨下,国内形成广泛的工业联系,支撑了东北工业的崛起。然而,还应注意,这种在计划经济体制下形成的区域间工业关联并不稳固。

① 数据来源为《当代中国》丛书编辑部:当代中国的辽宁(上)[M],当代中国出版社,1994。
② 数据来源为《当代中国》丛书编辑部:当代中国的黑龙江(上)[M],中国社会科学出版社,1991。
③ 数据来源为《当代中国》丛书编辑部:当代中国的吉林(上)[M],当代中国出版社,1991。

2.3　东北工业的崛起及其原因分析

东北工业在抗日战争末期和解放战争时期,曾遭受大量破坏。1948 年末解放东北全境时,其工业实际生产能力仅为 1943 年的 20%。[①] 工业的恢复和崛起主要在国民经济恢复时期和"一五"计划建设时期,从而奠定了东北的工业基地地位。在"二五"计划及之后的一段时期,出于国防安全和备战考虑,经济建设重点转向"三线"地区,但东北工业依然在国民经济发展中发挥了重要作用,向全国输出了大量工业装备产品,甚至工业技术人员,在国家建设和国内产业经济循环中作出重要贡献。

2.3.1　东北工业崛起

国民经济恢复时期,为给国家的建设打下基础,中央的投资侧重于国内工业恢复和建设,在区域非平衡发展思想的指导下,将投资重点放在东北地区,接下来依次是华东与华北,西部地区获得的投资占比很少。对于这样做的原因,陈云同志这样指出:"搞工业要有战略眼光。选择地点要注意资源条件,摆在什么地方,不能不慎重……东北跟关内有很大不同。东北工厂有了,机器有了,工人有了,再加上资金,生产就可以恢复了。关内就不是这样,开一个工厂需要相当的时间,一般来说,从开始订机器到安装好,没有三五年时间是不行的。"[②]1951 年的工业基本建设工作量,东北地区占比 40.2%,其中生产资料生产部门占比 44.6%,如表 2-3 所示。1952 年的基本建设投资中,东北地区占比接近全国的 1/4,如表 2-4 所示,为六大协作区之首。东北的建设重点为辽宁,占东北建设投资的 66%。在中央支持的大力建设下,东北的工业经济在较短时间内得以恢复。到 1952 年底,东北工业和农业的总产值超过历史最高值的 62%[③],工业占东北国民经济比重达到55.9%。主要工业产品中,1952 年,东北的原煤产量占全国比重 33.5%[④],原油产量占全国比重 54.5%,钢材产量占全国比重 70%,成品钢产量占全国比重 55.7%,发电量占全国比重 47.8%,经济恢复在东北取得成功。

[①] 数据来源为中国社会科学院和中国档案馆合编:1949—1952 中华人民共和国经济档案资料选编:工业卷[M],中国物资出版社,1996。

[②] 数据来源为中国社会科学院和中国档案馆合编:1949—1952 中华人民共和国经济档案资料选编:基本建设投资和建筑业卷[M],中国城市经济出版社,1989。

[③] 数据来源为吴承明、董志凯:中华人民共和国经济史[M],社会科学文献出版社,2010。

[④] 数据来源为国家统计局:新中国五十年统计资料汇编[M],中国统计出版社,1999。

表2-3 1951年工业基本建设工作总量区域分布比重(单位:%)

部门	全国	东北	华北	华东	中南	西南	西北
工业:总计	100	40.2	21.2	3.3	11.1	7	17.2
生产资料生产部门	100	44.6	20.3	3.9	8.3	8.8	14.1
生活资料生产部门	100	27.9	23.5	1.7	19.2	19.2	25.8

资料来源为中国社会科学院和中国档案馆合编:1949—1952中华人民共和国经济档案资料选编.基本建设投资和建筑业卷[M],中国城市经济出版社,1989,下表同。

表2-4 1952年基本建设投资的地区分布

地区	绝对值(亿元)	比重(%)
东北区	10.8	24.8
辽宁	7.1	16.3
吉林	1.4	3.2
黑龙江	2.3	5.3

为平衡国内的区域发展,"一五"计划时期逐渐开始重视内陆地区的发展。从投资布局上发现,1953年内地基本建设投资额占全国比重为38.6%,沿海则为45%,如表2-5所示,内地的投资比重逐年增加,到1957年,内地基本建设投资占比为47.8%,高于沿海地区的41.6%。从"一五"时期苏联援建的重大项目中也可以发现同样的趋势,尤其是东北地区的发展得到充分的重视,156个重大援建项目,56个布局在东北地区,占比37.3%,投资额占比22.49%,两项占比均为全国最大,建成阜新煤矿、抚顺煤矿、本溪钢铁公司、沈阳第一和第二机床厂、长春第一汽车制造厂、吉林铁合金厂、哈尔滨电机厂、哈尔滨轴承厂、鹤岗煤矿、齐齐哈尔钢厂等一大批对国家建设起到重要作用的国有工业企业。从原煤、原油、钢材、成品钢、发电量等东北产出的工业品占比看,如图2-1所示,东北的重工业在这一时期得到长足发展,对国家各项事业起到重要推动作用。

表2-5 "一五"时期苏联援建重点项目大区分布及各大区基本建设投资占比

地区	项目数(个)	占全部项目比重(%)	占全国投资比重(%)
东北区	56	37.3	22.49
西北区	33	22	12.33

续　表

地区	项目数（个）	占全部项目比重（％）	占全国投资比重（％）
华北区	27	18	11.66
中南区	18	12	16.88
西南区	11	7.3	6.18
华东区	5	3.4	5.53
不分区	—	—	22.68

资料来源为陆大道：中国工业布局的理论与实践［M］，科学出版社，1990。

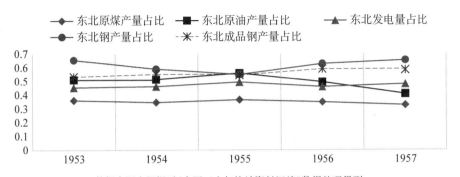

数据来源为根据《新中国五十年统计资料汇编》数据整理得到。

图 2-1　"一五"时期东北工业产品占全国比例

　　"二五"计划到改革开放前的这一时期，受到一系列内外部情势的影响，我国经济建设受到影响，工业发展迟缓，区域建设重点逐渐转向内地、"三线"地区。中央对东北的支持力度较国民经济时期和"一五"时期有所降低，"二五""三五""四五""五五""六五"时期，东北基本建设投资占全国总投资比重分别为 15.52％、10.25％、13.29％、14.16％和 12.6％，如表 2-6 所示，较其他地区，下降明显。由于东北的工业基础较为雄厚，以及前期中央将东北作为投资重心，投入了大量资金，因此其已经建立起较为完备的重工业体系。此外，1973—1980 年以引进项目为中心的工业建设中，在辽宁中部布局了多个成套项目，如辽阳化纤总厂、辽河化肥厂、清河电厂等，进一步加强了东北的工业实力。"二五"至改革开放前，东北主要工业品在全国仍占有较大比重。1958—1985 年，东北年均原油产量占全国比重六成以上，原煤占 1/5 以上，发电量占 1/4 以上，钢材和成品钢占 1/3 以上，如图 2-2 所示。

表2-6 各大区域基本建设投资占全国总投资比重(%)

	"一五" (1953—1957)	"二五" (1958—1965)	"三五" (1966—1970)	"四五" (1971—1975)	"五五" (1976—1980)	"六五" (1981—1985)
东北	22.49	15.52	10.25	13.29	14.16	12.60
华北	11.66	21.59	16.85	19.84	24.43	22.20
华中	11.35	14.46	15.33	15.84	15.80	11.90
华东	7.78	11.85	8.08	10.22	12.69	15.50
华南	5.53	7.62	6.40	7.39	8.46	11.70
西北	12.33	10.44	13.03	11.15	10.53	8.50
西南	6.18	10.58	16.20	11.71	10.23	8.40
不分地区	22.68	7.94	13.86	10.56	3.70	9.20

注:东北区包含辽宁,吉林,黑龙江;华北区包含内蒙古、河北、山西、山东、北京、天津;华东区包含江苏、浙江、安徽、上海;华中区包含河南、湖南、湖北、江西;华南区包含广东、福建、广西、海南;西北区包含陕西、甘肃、青海、宁夏、新疆;西南区包含四川、贵州、云南、西藏。

数据来源为陆大道:中国工业布局的理论与实践[M],科学出版社,1990。

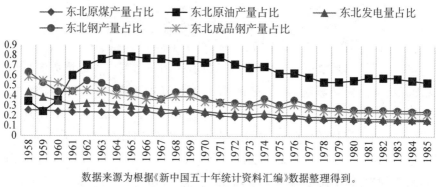

数据来源为根据《新中国五十年统计资料汇编》数据整理得到。

图2-2 1958—1985年东北主要工业品产量占全国比重

经过几个五年计划的发展,到1978年,东北工业基地地位得到加强,在经济发展的辉煌时期,重工业产值一度占全国的1/5,工业企业实现利润税金总额占全国的1/6,工业固定资产原值、重工业产值、铁路货物运输量、原油、天然气等十多种工业产品指标居全国各地区的首位,东北工业在计划经济时期实现了崛起和繁荣发展。

2.3.2　东北工业崛起的原因分析

东北工业的崛起是多个因素共同成就的,除了我们所熟知的东北拥有丰富的资源禀赋和较好工业基础、国家计划建设的重点支持外,大规模的国家建设和产业发展,建立的紧密的国内工业关联,有效支撑了东北工业的崛起和繁荣。下面对所有原因进行逐一分析。

2.3.2.1　较好的基础是东北工业崛起的先决条件

东北工业的开发最早始于 20 世纪初,清政府即将走向灭亡,国民政府忙于军阀混战,无力顾及东北,俄国和日本入侵中国东北,为了满足他们占领、维护统治和掠夺资源的需要,分别开始了东北工业建设。尤其是建立在日本控制下的日伪满洲国政府时期,为了更加高效地掠夺东北资源,日本侵略者建立了比较发达的铁路系统、煤炭和铁矿采选业、钢铁初步加工冶炼业,以及化工、电力等工业部门,这使得东北工业,尤其是重工业得到初步的建立和发展。中华人民共和国成立后,面临的是经受战争破坏、日本侵略者的蓄意损坏和苏联将大量价值较高的机器设备搬运回国后的残损严重的东北工业,但相比于几乎没有工业发展的内陆地区来说,东北仍具有工业发展比较优势,尤其是重工业发展在国内优势更加明显。因此,在已有工业基础的东北地区重建国家的工业体系,将节省大量厂房建设、设备引进和工人的培训成本,于是便有了国民经济恢复时期和"一五"计划时期对东北的大规模工业投资。

2.3.2.2　国家大力支持是东北工业崛起的关键因素

中华人民共和国成立之初,我国严格实行的是计划经济体制,国民经济计划由中央各部和各省(市、自治区)两个系统的经济计划所组成,实行国务院管理、中央部管理和省市管理的计划体制。所有的计划程序和编制办法,一律按计划体制进行。在这样的体制下,任何一个地区产业的成长壮大都离不开国家的支持计划。国民经济恢复时期和"一五"计划时期,考虑到建设国家和稳固国防需要大量工业产品,尤其是重工业产品,因此在"支持东北、上海等已有工业基础的地区进行扩建、改建,发挥他们作用"等思想的指导下,中央对东北地区进行大规模投资。正是这一阶段的工业投资奠定了东北在国内的重工业基地地位。虽然在接下来的国民经济调整时期到"五五"计划期间,中央出于战略布局调整和均衡发展的考虑,对东北地区的投资比重有所降低,但并没有削弱其重工业优势地位,东北的主要工业产品产量仍位居全国首位。

2.3.2.3　国内工业循环是东北工业崛起的重要支撑

面对百废待兴的局面,地域广阔、基础薄弱、区域发展严重不平衡、国际环境不稳定,对建立我国的工业体系提出迫切要求。同时,铁路运输体系的建立、武器装备的制造、工厂厂房的建设、机器设备的生产等都对我国工业能力提出了较高要求,但也为东北工业发展提供了机遇。大量工业产品需求为东北工业生产提供了巨大的市场空间,为全国提供工业产品有力支撑了东北的工业繁荣。"二五"计划开始后,建设重点转向内地,以及集中到"三线"地区,由于这些地区深居内陆,交通不便,原有的工业基础相对薄弱,重点建设这些地区就需要大量工业设备、铁路运输设备,甚至是管理人员和熟练工人,这就需要依靠具备较为完善工业体系和生产能力的东北地区。这一时期,东北向国内其他地区输出其生产的九成以上的工业装备,以及数十万计的产业工人,有效支援内地和"三线"建设,这也使东北工业获得繁荣发展。

2.3.3 东北工业的发展隐患

以上从经济循环角度分析了东北工业崛起的原因,然而在东北工业崛起的背后隐藏着发展隐患,尤其是从价值链和产业关联角度的东北工业发展问题,以下从几个方面进行分析:

2.3.3.1 东北工业价值链的脆弱性隐患

计划经济时期,东北在国内具有显著的重工业优势,在国内建立了广泛的工业关联,也正是与其他地区紧密的工业关联,支撑了东北的工业繁荣。然而,在指令性经济体制下,生产要素由中央计划委员会统一配置,工业产品由中央计划委员会统一调拨,各地区的生产计划也是由中央和地方计划委员会统一安排。在这样高度集中的经济体制下,地区间的工业关联并不是自发形成的有机关联,而是依靠计划经济体制形成的机械关联,缺乏韧性,容易受到外部冲击影响。因此,改革开放以来,尤其是 20 世纪 90 年代我国明确提出建设社会主义市场经济后,东北在国内的工业关联也随之破裂,从而为东北工业的衰退埋下伏笔。

2.3.3.2 东北重工业的赶超发展隐患

侧重重工业的发展模式,为日后东北工业埋下了发展的隐患。中华人民共和国成立初期,东北地区生产力水平不高,1952 年三产占比为 39.4∶38.6∶21.9[①],农业占主导地位。国民经济调整时期和"一五"时期,在国家优先发展的战略指导下,对东北工业进行大规模投资建设,使东北工

---

① 数据来源为国家统计局:新中国 60 年[M],中国统计出版社,2009。

业得到快速发展，东北的工业产值比重保持在 60％左右，如图 2-3 所示，产业结构跳过了农业和轻工业为主导的发展阶段。这种"畸形"的产业发展模式，使其三大产业之间、工业内部的轻重工业之间难以形成有机关联，产业之间不能相互支撑，造成东北重工业的内生性和根植性弱，形成对计划经济体制过强的依赖性。

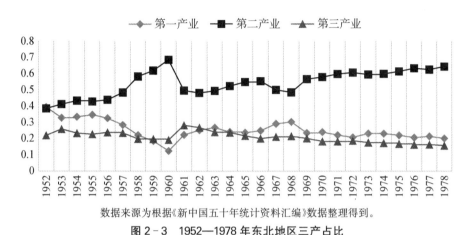

数据来源为根据《新中国五十年统计资料汇编》数据整理得到。

图 2-3　1952—1978 年东北地区三产占比

2.3.3.3　东北轻重工业比例失调隐患

1949 年，东北国营工业产值中重工业占比 71.59％，轻工业仅占比 28.41％。同时，中华人民共和国成立后的东北工业发展中，要素资源重点调拨给东北重工业，如"一五"时期布局在东北的 56 个国家重大项目中，除有一个轻工业项目外，剩余 55 个均为重工业项目。1949—1953 年，国家对东北的工业投资中，重工业投资占比 92％，轻工业占比仅 8％，这样的工业投资方式必然导致东北轻重工业比例失调。此外，1953—1985 年，东北重工业产值增长 28 倍，年均增长 10.2％，而轻工业产值仅增长约 14 倍，年均增长 8.6％。东北轻重工业比例严重失调，产业间难以形成有机互动和支撑，溢出效应、范围经济被抑制，造成东北工业转型升级困难，缺乏内生增长动力，导致后来的工业衰落。[①]

2.4　本章小结

本章使用历史考察方法，从国内经济循环视角探究了东北工业的崛起

---

① 数据来源为衣保中、富燕妮、赵儒煜、廉晓梅：中国东北区域经济[M]，吉林大学出版社，2000。

过程。多数研究认为东北丰富的资源禀赋、较好的工业基础和国家的大力支持是东北工业崛起的主要原因。除以上原因外，本书发现大规模建设和经济发展形成的东北在国内市场上广泛的工业联系，为东北工业崛起提供了重要支撑。经过国民经济恢复时期和"一五"时期的重点发展，东北工业迅速崛起，成为当时"共和国的总装备部"。然而，在计划经济体制下，东北建立的这种工业联系具有脆弱性，易于受到中国融入全球价值链造成国内价值链重构的冲击而被破坏，从而为东北工业衰退埋下了伏笔。

第三章 价值链重构视角下东北工业的衰落

改革开放后,尤其是实施以沿海发展战略为标志的开放政策以来,中国真正开始融入全球经济循环,沿海地区率先融入全球价值链,助力中国经济实现起飞。同时,渐进的改革开放开启国内区域间的不平衡开放,使国内工业价值链被重构,这在东北工业衰落的历史演进过程起到了关键性作用。本章在中国融入全球价值链背景下,试图以价值链重构视角描述东北工业的衰落。

3.1 中国的区域间价值链重构

中国国内区域间的价值链重构发生在融入全球价值链背景下,也正是改革开放以来渐进融入全球经济秩序,深刻改变了国内区域间的价值链地位,对区域产业发展产生深远影响。本部分首先回顾中国融入全球经济循环的进程,明确国内各区域参与这一过程的次序和演进,进而使用国内各区域的工业价值链参与度和工业流动系数等测度指标,研究中国国内区域的价值链重构问题。

3.1.1 中国融入全球价值链的进程

中国融入全球价值链的进程主要分为四个阶段:启动阶段(1978—1987)、初步融入(1988—1992)、进程加快(1993—2000)、深度融入(2001—)。启动阶段以改革开放为标志,改革开放初期开放经济特区,开启了中国融入全球价值链的阶段。初步融入阶段以沿海发展战略的提出和实施为标志,沿海发展战略的提出真正开启了融入全球经济秩序的进程。进程加快阶段以邓小平同志南方谈话为标志,1992 年邓小平同志南巡视察,肯定了改革开放的成果,加快中国融入世界经济的步伐。深度融入阶段以中国加入世界贸易组织为标志,直到 21 世纪初,我国加入世界贸易组织,恰逢全球化的全盛发展期,开始深度融入全球价值链。

融入全球价值链的过程中,我国实施非均衡区域开放策略,即在具有开展贸易比较优势的地区率先进行开放,这样有助于带动国内经济发展,起到良性示范作用。事实也正是如此,我国沿海地区率先开放取得巨大成功,带动中国经济顺利实现腾飞,在世界上被称为"中国奇迹"。不平衡的区域开放战略,通过开设特区、自贸区等政策倾斜手段,借助廉价劳动力和土地等要素优势,吸引大量外资进驻,开展以加工贸易为主要形式的生产模式,使我国沿海地区逐渐深度融入全球价值链,并取得巨大贸易利益和长足技术进步。在次序的开放中,东北和内陆地区也逐渐得到开放的机会。然而,较沿海地区,东北和内陆的区位、市场和制度等并不具备开放的有利条件,其开放效果远不及沿海地区。因此,国内区域间的不平衡开放对国内价值链、区域经济发展和产业成长带来了深刻影响。

从中国融入全球价值链和东北工业衰退的对应阶段看,改革开放初期,通过在广东和福建试办经济特区、开放沿海城市、开放沿海区域的渐进改革开放方式,为中国经济试探出一条可行发展路径。1988 年沿海发展战略的提出,在沿海地区大力引进"三资企业",发展加工贸易,使中国初步融入全球价值链;1992 年邓小平同志南方谈话,肯定改革开放的成果,加快加入全球经济秩序的步伐;2001 年中国正式加入世界贸易组织(WTO),大大降低关税和非关税壁垒,消除行业进入限制,中国的对外贸易迎来爆发式增长,开始深度融入全球价值链。融入全球价值链,实现了中国经济的腾飞,然而对应的时期,东北工业却快速衰落。自改革开放以来,东北经济占全国比重一路下滑,生产的工业装备国内市场份额不断降低。20 世纪 90 年代以来,出现"东北现象",东北经济出现断崖式下跌,工业企业表现出高亏损率和低利润率,表现出严重的"铁锈化"趋势。

下面逐阶段探究中国区域渐进融入全球价值链的进程,以及对国内区域—产业发展的影响。

3.1.1.1　启动阶段(1978—1987)

中国融入全球价值链的启动阶段主要经历了三个时期,从试办经济特区,到开放沿海城市,再到开放沿海区域,依次进行分析。

试办经济特区。1978 年十一届三中全会的召开,将以"阶级斗争为纲"转向以经济建设为中心。作为改革开放的起点,中国逐渐开启开放大门,允许外资的进入。1979 年 7 月,党中央、国务院依据粤、闽距离港澳较近,有利于投资的优势条件,放开两省的对外经济政策限制,给予自主权。1980

年 5 月,国务院批示了《广东、福建两省会议纪要》;1980 年 8 月,第五届全国人大常委会第十五次会议批准设立深圳、珠海、厦门和汕头 4 个经济特区(田纪云,2015);1988 年 8 月 26 日,第七届全国人大一次会议批准海南岛建省,并全域设立经济特区。设立经济特区是我国改革开放走出的实质性关键一步,由此开启了利用外国的资金、技术和管理来发展社会主义经济的新阶段,同时也开始国内区域间的不平衡改革开放进程。这一时期,经济特区作为中国对外开放的窗口,虽然招商引资的条件还不完善,但利用自身区位优势、毗邻发达地区、便利多元的交通网络、廉价的劳动力、优惠的土地资源及国家的政策倾斜等条件,着力发展外向型经济,积极参与国际合作,逐渐吸引了大批客商投资和外企落户。作为我国先行改革开放区,经济特区率先实施了多项改革政策,如土地使用权有偿使用和转让、机关干部聘任制、劳动用工合同制、国有企业股份制改造等,为国内市场成功对接国际作出了有益尝试,并在全国起到示范作用。

开放沿海城市。经济特区取得较大发展成果后,1984 年 2 月邓小平同志视察深圳、珠海等经济特区,他指出:"深圳的发展和经验证明,我们建立经济特区的政策是正确的。"回到北京后,他又说:"除现在特区外,可以考虑再开放几个点,增加几个港口城市,这些地方不叫特区,但可以实行特区的某些政策。"[①]根据邓小平同志的建议,中央政府扩大了沿海城市的开放范围。1984 年 5 月,国务院批准《沿海部分城市座谈会纪要》,决定开放 14 个沿海港口城市[②],国家给予这些城市发展对外经济的自主性,给出了如放宽利用外资建设项目的审批权限、增加外汇使用额度和外汇贷款、积极支持利用外资、引进先进技术改造老企业等十条放权政策。针对这些城市基础设施不足以对外商形成吸引力的问题,国家给出了解决方案,即"可以划定一个有明确地域界限的区域,兴办新的经济特区",先形成一个有较好投资环境的"小气候",加快招商引资的步伐,将这些开放的沿海城市作为引进对外经济和带动周边经济发展两个扇面的结合点。

开放沿海地区。在之前试办经济特区和开放沿海城市取得积极成果的基础之上,扩大开放区域,推进沿海地区开放。1985 年 2 月 18 日,中共中央、国务院批准《长江、珠江三角洲和闽南厦漳泉三角地区座谈会纪要》,开辟长江(小)三角洲、珠江(小)三角洲和闽南厦漳泉(小)三角地区为沿海经

---

① 国务院:沿海部分城市座谈会纪要[R],1984 年 4 月 30 日。

② 14 个沿海港口城市包含天津、上海、大连、秦皇岛、烟台、青岛、连云港、南通、宁波、温州、福州、广州、湛江和北海。

济开放区,如表3-1所示,开放这些区域的沿海县域,逐步形成贸—工—农的生产结构。此时,对外经济发展更加强调对外贸易的发展,以引进外商直接投资为重点,这样既可以节省和创造外汇,又可以引进国外的先进技术和管理经验,带动沿海开放区的技术进步和产品升级迭代。《长江、珠江三角洲和闽南厦漳泉三角地区座谈会纪要》还指出:"以进入国际市场为目标,从出口需要出发安排生产。不是生产什么就加工什么,加工什么就出口什么,而是看国际市场需要什么就安排加工什么、种养什么,由出口的最终产品往前推。"由此可以看出,沿海开放区正在积极转向外向型经济,主动对接和融入发达经济体主导的全球价值链,这为中国日后的经济腾飞打下了基础,也为国内价值链的区域重构埋下了伏笔。

表3-1 长江、珠江三角洲和闽南厦漳泉三角区开放情况

长江三角洲	江苏省	苏州市	常熟市	吴县	沙洲县		
			太仓县	昆山县	吴江县张家港区		
		无锡市	无锡县	江阴县	宜兴县		
		常州市	武进县	金坛县	溧阳县		
	浙江省	嘉兴市	嘉善县	桐乡县	海宁县		
		湖州市	清德县				
	上海市	上海市	上海县	嘉定县	宝山县	川沙县	南汇县
			奉贤县	松江县	金山县	青浦县	崇明县
珠江三角洲	广东省	佛山市	中山市	南海县	顺德县	高明县	
		江门市	开平县	新会县	台山县	鹤山县	恩平县
		广州市	番禺县	增城县			
		深圳市	宝安县				
		珠海市	斗门县				
		惠阳地区	东莞县				
闽南三角地区	福建省	厦门市	同安县				
		龙溪地区	漳州市	龙海县	漳浦县	东山县	
		晋江地区	泉州市	惠安县	南安县		
				晋江县	安溪县	永春县	

资料来源为根据《长江、珠江三角洲和闽南厦漳泉三角地区座谈会纪要》整理得到。

3.1.1.2　初步融入(1988—1992)

1987 年,国家计划委员会经济研究所提出"国际大循环经济发展战略"[1],引起中央决策者的注意,促成了新的沿海发展战略的提出,很快在 1988 年 3 月 15 日到 19 日十三届二中全会上讨论实施沿海发展战略的有关问题。1988 年 3 月扩大了长江和珠江三角洲及闽南三角地区的开放范围,同时增加山东半岛、辽东半岛和环渤海的一些市县及沿海开放城市所辖的市县为沿海开放区,这些区域包含 293 个县,占全国 12%,土地面积 62.6 万平方公里,占全国 4.4%,人口约 2.2 亿,占全国约 1/5。至此,初步形成了经济特区—沿海开放城市—沿海开放地区的开放格局,我国沿海地区基本上实现全部开放。此外,1990 年 6 月 2 日正式批准开放开发浦东新区,实行经济技术开发区和某些经济特区的政策,设立陆家嘴金融区等四个功能区,表明我国经济开放由增量向提质的转变。改革开放后,通过研究中国进出口额,发现 1988 年后进出口额增值速度在加速,如图 3－1 所示,出口额在 1990 年超过进口额,逐渐转变了贸易逆差和外汇短缺问题。

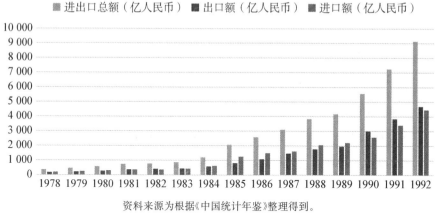

资料来源为根据《中国统计年鉴》整理得到。

图 3－1　1978—1992 年中国进出口和进出口总额

通过工业进出口数据可以看出,中国在实施沿海发展战略后,工业进出口额有了显著提升,主要表现在总出口和工业制品出口的数额上,初级产品达到一定数额后逐渐稳定或出现下降。尤其是在 1990 年后,工业制成品出口额反超进口额,如图 3－2 所示,这是中国通过加工贸易的方式融入全球价值链进程的重要特征。

---

[1] 该战略最初是由国家计划委员会经济研究所青年学者王建提出。

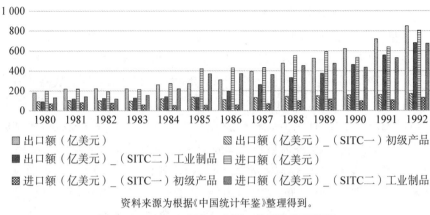

出口额（亿美元）　　　　　　　出口额（亿美元）_（SITC一）初级产品

出口额（亿美元）_（SITC二）工业制品　　进口额（亿美元）

进口额（亿美元）_（SITC一）初级产品　　进口额（亿美元）_（SITC二）工业制品

资料来源为根据《中国统计年鉴》整理得到。

图 3 - 2　1980—1992 年中国工业品进出口情况

3.1.1.3　进程加快(1993—2000)

以 1992 年邓小平同志南方谈话为标志,他肯定了沿海地区的改革开放成绩,指示要加快改革开放的步伐。紧接着,党中央、国务院先后开放了 37 个沿边、沿岸和内陆城市。深化改革开放方面,先后批准了多个国家级经济和高新技术开发区,以及保税区和口岸,形成沿海、沿江、沿边和内陆的多层次全面开放格局[①],中国改革开放进入新阶段。完整的开放体系已经形成,随着在试办经济特区、开放沿海城市和沿海区域的过程中积累了经验,管理和监管机制也逐渐形成。在中央的大力支持下,中国融入全球化的进程大为加快。

从这一时期的中国进出口和进出口总额看,如图 3 - 3 所示,1992 年后,出现了加速增长,尤其是 1994 年进出口额迈上新的台阶,其中出口额一直高

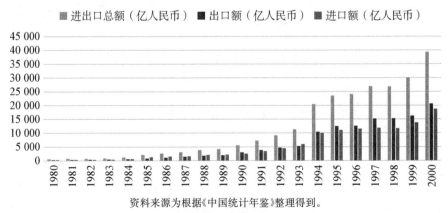

进出口总额（亿人民币）　　出口额（亿人民币）　　进口额（亿人民币）

资料来源为根据《中国统计年鉴》整理得到。

图 3 - 3　1980—2000 年中国进出口和进出口总额

① 数据来源为常健:《中国对外开放进程》[C],第六期中国现代化研究论坛论文集,2008。

于进口额,且贸易顺差在增加,说明中国的出口品得到了国际市场的认可,加工贸易模式日渐成熟,融入全球价值链的进程显著加快。

从工业品进出口角度看,如图 3 - 4 所示,表现出同样的进度加快特征,工业制品的出口在 1992 年进入上升加速的拐点,进出口额增长速度加快。初级工业产品的进出口额占比逐年降低,1994 年中国工业制成品出口额反超进口额,且顺差不断拉大,表明加工贸易成为中国融入全球价值链的重要方式。

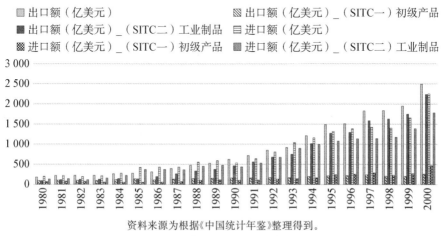

资料来源为根据《中国统计年鉴》整理得到。

图 3 - 4　1980—2000 年中国工业品进出口和进出口总额

3.1.1.4　深度融入(2001—)

经过 15 年艰难谈判,以 2001 年 9 月加入世界贸易组织为标志,中国迎来深度融入全球价值链阶段。中国沿海到内地渐次的区域开放格局已经形成,加入世界贸易组织倒逼我国深化改革开放,与全球化对接。在降低关税方面,我国承诺到 2005 年将 15％的关税降低至 10％;降低非关税壁垒方面,承诺取消数百种进口配额;农业方面,取消对美国 7 个州的 TCK 小麦出口禁令,开放美国 6 000 多家贸易企业对我国的出口;服务商业方面,允诺渐进开放银行等国内市场。一系列降低关税、降低非关税壁垒和减少市场限制等措施,使中国国内市场、交易等规则与世界对接,有力促进了我国对外贸易的发展。从进出口总额的增长趋势看,如图 3 - 5 所示,2001 年后对外贸易量获得巨量增长,且贸易顺差逐年增大,对外贸易对中国经济腾飞起到重要的推动作用。工业品进出口是中国外贸经济的重要组成部分,加入世界贸易组织以来,工业贸易呈现爆炸式增长,如图 3 - 6 所示,尤其是工业制品的出口额甚至超过工业品进口总额,中国工业品由此深度融入全球价值链。

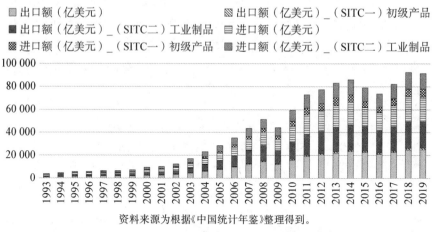

资料来源为根据《中国统计年鉴》整理得到。

图 3-5 1993—2019 年中国进出口和进出口总额

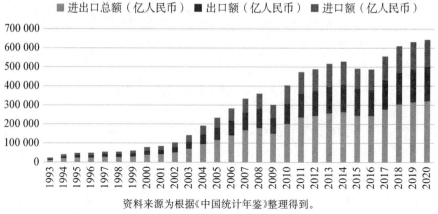

资料来源为根据《中国统计年鉴》整理得到。

图 3-6 1993—2019 年中国工业品进出口和进出口总额

3.1.1.5 小结

通过试办经济特区,开放沿海城市、沿海区域直至沿边沿江和内陆省会城市,开办经济技术开发区等,中国融入全球价值链的进程及国内区域间的渐进式开放如表 3-2 所示。中国形成了全方位、多层次的开放区域体系,这样的渐进式开放模式,使中国稳健地由计划经济过渡到社会主义市场经济,实现了经济起飞,是社会主义建设中的有益探索和成功经验。然而,在这一渐进的开放过程中,我国区域间也开启了不平衡改革开放进程,沿海地

表3-2　中国融入全球价值链的进程及国内区域间的渐进式开放

启动阶段			初步融入	进程加快	深度融入
试办经济特区(1979)	开放沿海城市(1984)	开放沿海区域(1985)	沿海发展战略(1988)	南方谈话(1992)	加入世界贸易组织(2001)
广东深圳(1979.7)	大连(1984.5)	长江(小)三角洲(1985.2)	长江(大)三角洲(1988.2)	13个沿边城市	
广东珠海(1979.7)	秦皇岛(1984.5)		珠江(大)三角洲(1988.2)	6个长江沿岸城市	
福建厦门(1980.5)	天津(1984.5)	珠江(小)三角洲(1985.2)	闽南(大)三角地区(1988.2)	18个内陆省会城市	
福建汕头(1980.5)	…	闽南(小)三角地区(1985.2)	环渤海地区(1988.2)	32个国家级经济技术开发区	
	广州(1984.5)		辽东半岛(1988.2)	52个高新技术开发区	
海南(1988.4)	湛江(1984.5)		山东半岛(1988.2)	13个保税区	
	北海(1984.5)			34个口岸	

资料来源为根据《长江三角洲、珠江三角洲和闽南厦漳泉三角地区座谈会纪要》《沿海部分城市座谈会纪要》《广东、福建两省会议纪要》等材料整理得到。

区借助优越的区位条件和较好的工业基础,在党中央、国务院倾斜政策的引导下,实现率先开放和发展,这为中国封闭的计划经济打开一个缺口。在国内物资和外汇比较短缺的条件下,支持沿海地区引进外商直接投资和发展合资企业,搞加工贸易,这样做既可以促进沿海地区发展,又可以为内地腾出国内市场,促进内地经济的发展(田纪云,2015)。但问题是,在内地缺乏工业基础的前提下,难以去占领国内市场,这样就使得沿海与内地的工业技术差距逐渐拉大,这不利于国内价值链的培育和形成。正是沿海地区全面融入全球价值链,国内工业价值链被弱化,使各区域参与国内价值链发生重构。在这样的情况下,东北工业脱节国内价值链体系,随之逐渐衰落。

总结中国渐进融入全球价值链过程中的几个重要特征:第一,国内区域融入全球价值链的不平衡性。开办经济特区、开放沿海城市、开放沿海区域、开放沿边沿江和内陆省会城市等,由沿海到内地的不平衡开放模式,产生的相应融入全球价值链结果为不平衡嵌入,沿海地区率先深度嵌入,中西部和东北地区较为滞后,浅度或间接嵌入全球经济循环。这种由不平衡嵌入带来的价值链的重构,将对区域经济和产业发展产生深刻影响。第二,加工贸易是中国融入全球价值链的主要方式。改革开放初期,在中国企业资金技术短缺的背景下,支持沿海地区引进外商直接投资和发展"三资企业",搞"两头在外,大进大出"的加工贸易,成为中国发展经济的重要手段。同时,这为破解中国经济发展困局打开了突破口,实现了中国经济腾飞。然而,"两头在外,大进大出"的加工贸易是中国借助自身丰富的劳动力资源,主动融入全球价值链的加工、制造、组装等低附加值环节,而前期的研发设计和后期的售后服务、技术支持等环节却保留在国外。因此,这样嵌入全球经济循环的模式,缺少建立促进国内区域产业形成有机关联的动力机制,难以有效促进国内价值链的成长,不利于国内区域间的生产协作和经济发展。

3.1.2 价值链重构

中国融入全球经济循环的背景下,国内区域间的不平衡开放,导致了各区域全球价值链不同的构建方式和融入程度,同时各区域的国内价值链也受到深刻影响。本部分从全球价值链和国内价值链两个角度,测度国内各区域价值链参与度、产业流动系数等指标,研究和把握国内区域间的价值链重构。

3.1.2.1 全球价值链构建

中国在实施改革开放、落实沿海发展战略、加入世界贸易组织这一系列举措的渐进开放过程中,国内各区域的全球价值链发生重构。由于国内区域间不平衡开放,东部地区率先融入全球经济循环,内陆地区次第开放。因此,东部沿海在国内形成一个开放高地,其工业深度融入全球价值链,而中西部内陆地区和东北工业开放时间滞后,其融入全球价值链的程度也较低,将对国内价值链和区域产业发展形成实质影响。接下来使用价值链嵌入度等测度指标进行研究。

首先看中国制造业的整体嵌入度。借鉴王岚(2014)等学者价值链嵌入水平测度法,加入世界贸易组织以来,使用 WIOD 数据,测度中国劳动、资本和技术密集型制造业的全球价值链参与度,如图 3-7、图 3-8、图 3-9 所示。整体看,正式加入全球经济循环以来,中国制造业嵌入全球价值链的程度不断深化。横向看,加入世界贸易组织以来,中国劳动、资本和技术密集型制造业的全球价值链参与度均有提升。其中,劳动密集型制造业的全球价值链嵌入度提升水平最为明显,资本、技术密集型制造业的全球价值链参与度的上升幅度次之。纵向看,以 2008 年世界金融危机为分界线,贸易保护主义抬头,全球化趋势减缓,中国各类制造业嵌入全球价值链的上升势头在 2008 年后开始减缓。产业层面的分析,劳动密集型制造业中,造纸及纸制品制造业、印刷和复制记录媒体业、制造木材及木材编制制品生产业、食品饮料烟草制造业等劳动密集型制造业的全球价值链嵌入度均出现明显增加的走势。虽然造纸及纸制品制造业在美国金融危机前后出现全球价值链嵌入度的快速降低,但并不影响中国劳动密集型制造业的全球价值链嵌入度整体增加的态势。这说明加入世界贸易组织后,中国开始了深度融入全球价值链的进程。

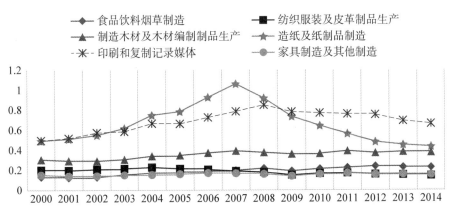

图 3-7　2000—2014 年中国劳动密集型制造业的全球价值链参与度

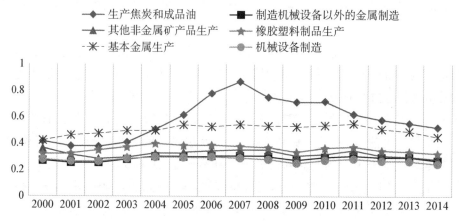

图 3-8 2000—2014 年中国资本密集型制造业的全球价值链参与度

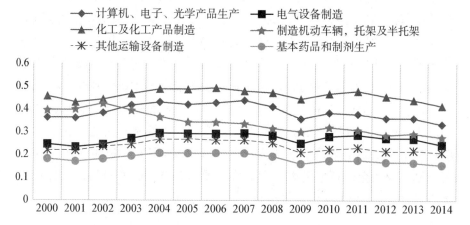

图 3-9 2000—2014 年中国技术密集型制造业的全球价值链参与度

进一步,分区域研究中国的全球价值链重构,同样借鉴王岚(2014)等学者价值链嵌入水平测度法,将该方法引申至中国的区域嵌入全球价值链层面。数据来自将中国区域间投入产出表嵌入到对应年份的 OECD(经济合作与发展组织,简称经合组织)提供的国际间投入产出表(OECD - ICIO)的国际区域投入产出表。经过测算,得到结果如图 3 - 10 所示。

中国融入全球经济的考察期间,由计划经济时期的封闭经济转向改革开放,再到沿海发展战略提出,中国成为"世界工厂",工业产能位居世界首位,以庞大的制造体量稳固中国在全球价值链中的位置。其中,国内各区域分阶段渐次加入全球经济秩序,相应构建了其全球价值链。这在 2007—2015 年中国四大区域工业的价值链嵌入度和分工地位指数中得到了数据

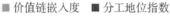

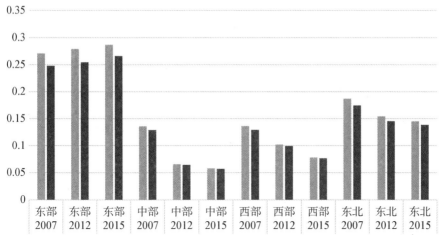

注：中国东部地区包含京、津、冀、鲁、沪、苏、浙、闽、粤、琼；中部地区包含晋、豫、鄂、湘、皖、赣；西部地区包含蒙、新、陕、甘、青、宁、藏、川、渝、贵、桂、滇；东北地区包含辽、吉、黑。

图 3-10　中国四大区域工业的价值链嵌入度和分工地位指数

佐证，如图 3-10 所示。纵向看，我国东部地区的全球价值链嵌入度不断上升，而内陆和东北地区的全球价值链嵌入度和分工地位指数却不断降低。横向看，东部沿海工业的全球价值链嵌入度远远高于内陆和东北地区。这说明了国内区域间的不平衡开放对其嵌入全球价值链程度的影响，东部沿海地区率先加入全球经济循环，其在世界上的工业关联不断加强，并处于较高水平，而中西部和东北地区在世界上的工业关联处于较低水平，并不断弱化。特别关注东部与东北的情况，全球价值链嵌入度一高一低、一强化一弱化的对比，表明东部地区深度融入全球经济循环的同时，东北逐渐弱化其在全球经济循环中的价值联动。

将中国国内区域间的全球价值链嵌入度放到世界各国（地区）中进行比较，使用上面编制的中国区域嵌入世界投入产出表的国际区域投入产出表，测算得到如图 3-11 所示的结果。横向看，中国各区域的全球价值链嵌入度相对并不高，美国、日本、俄罗斯等经济大国的全球工业价值链的嵌入度相对也不高，而卢森堡、马耳他、匈牙利等欧洲经济小国工业的全球价值链嵌入度相对较高，表明国内需求较大的经济大国的工业全球价值链嵌入度低于对外需依赖度更高的经济小国。中国东部工业全球价值链嵌入度位于澳大利亚和巴西之间，东北则低于美国，中西部等内陆地区的价值链参与度最低，显示出中国各区域融入全球价值链的显著差距。

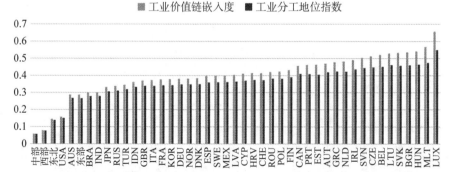

注：中国国内区域划分与上图一致；此外，其他国家（地区）中，AUS 为澳大利亚、AUT 为奥地利、BEL 为比利时、BGR 为保加利亚、BRA 为巴西、CAN 为加拿大、CHE 为瑞士、CYP 为塞浦路斯共和国、CZE 为捷克共和国、DEU 为德国、DNK 为丹麦、ESP 为西班牙、EST 为爱沙尼亚共和国、FIN 为芬兰、FRA 为法国、GBR 为英国、GRC 为希腊、HRV 为克罗地亚、HUN 为匈牙利、IDN 为印度尼西亚、IND 为印度、IRL 为爱尔兰、ITA 为意大利、JPN 为日本、KOR 为韩国、LTU 为立陶宛共和国、LUX 为卢森堡、LVA 为拉脱维亚、MEX 为墨西哥、MLT 为马耳他、NLD 为荷兰、NOR 为挪威、POL 为波兰共和国、PRT 为葡萄牙、ROU 为罗马尼亚、RUS 为俄罗斯、SVK 为斯洛伐克、SVN 为斯洛文尼亚、SWE 为瑞典、TUR 为土耳其、USA 为美国。

图 3-11　2015 年中国四大区域与世界主要国家的工业价值链嵌入度和分工地位指数

3.1.2.2　国内价值链重构

在国内各区域不平衡融入全球价值链的过程中，国内价值链受到何种影响，以及国内价值链是如何被重构的，是本部分着重研究的内容，也是本章的研究重点之一，采用价值链嵌入度和工业流动系数相结合的方法进行研究。

首先，各区域工业的国内价值链嵌入度反映的价值链重构。使用王岚（2014）等学者的价值链嵌入度测度方法，数据使用 1987—2015 年的中国区域间投入产出表。其中，包括市村真一和王慧炯编制的 1987 年中国经济区域间投入产出表，国家信息中心编制的 1997 年中国区域间投入产出表，中国科学院区域可持续发展分析与模拟重点实验室编制的 2007 和 2012 年 30（31）省市区区域间投入产出表，还有石敏俊和米志付编制的 2002 年与 2015 年 30（31）省市区区域间投入产出表。把以上纷杂的中国区域间投入产出表统一整合成八个区域，便于测算和对比分析。计算得到 1987—2015 年中国各区域的国内工业价值链参与度计算结果，如图 3-12 所示。

区域—产业参与价值链的数值越高，说明该区域—产业在价值链中的嵌入越深，与其他区域的产业关联越紧密。观察图 3-12，总体来看，1987—2015 年，中国各区域工业价值链参与度呈现出 V 形演变趋势。详细来说，国内区域工业的价值链参与度的变动趋势呈现出剧烈降低和小幅回升的路

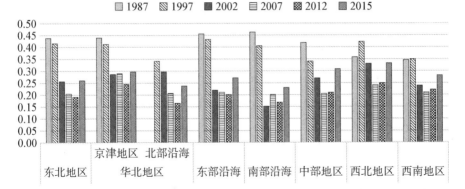

注1：区域划分，东北地区包含辽、吉、黑，京津地区包含京、津，北部沿海包含冀、鲁，东部沿海包含沪、苏、浙，南部沿海包含闽、粤、琼，中部地区包含晋、豫、皖、赣、湘、鄂，西北地区包含陕、甘、青、宁、新、蒙，西南地区包含川、贵、渝、滇、桂、藏。

注2：由于1987年国内区域间投入产出表的地区划分与之后年份不一致，因此1987年的华北地区包含京津和北部沿海，为图表展示的一致性，将华北地区1987年工业价值链参与度置于京津地区展示。

图3-12　1987—2015年中国各区域的国内工业价值链参与度

径。1988年，中国实施沿海发展战略，真正拉开了融入全球经济循环的序幕。在此之前的1987年，可用以考察中国加入国际经济大循环前的经济循环状态。纵向看，国内各区域的工业价值链参与度均处于高位。随着1992年邓小平同志南方谈话后，中国经济的全球化进程加快，1997年各区域的国内工业价值链参与度显著降低。2001年，中国在加入世界贸易组织后，迎来融入全球经济循环的高潮。随着中国深度融入全球经济循环，2002年与2007年各区域国内工业价值链参与度出现降低。2008年世界金融危机发生后，全球贸易保护主义抬头，减缓了全球化发展速度（Global value chain development report，2019）。同时，内部看，2006年后，当局注意到外贸依存度过高，可能会威胁国家经济和产业安全，有意加强国内经济建设，各区域的国内价值链嵌入度也随之有所提升。此时，中国各区域的国内工业价值链参与度出现不同程度的上升。由此发现，各区域的国内工业价值链参与度与中国融入全球经济的进程呈现出此消彼长的变动趋势，即国内工业价值链与全球工业价值链表现出替代关系。

　　横向看，从国内区域角度探究工业价值链重构。沿海发展战略开启了我国各地区的不平衡开放进程，沿海地区（北部沿海、东部沿海和南部沿海）率先融入全球经济秩序，其工业的国内价值链参与度降幅最大，由参与度最高的地区（0.45，此处为均值，下同）转变为参与度最低的地区（0.18）。中西部地区（中部、西北和西南）深居内陆，不具备率先加入国际经济循环的区位条件,其工业的国内价值链参与度变动幅度最小,由参与度最低的地区(0.38)转变为参与度最高的地区(0.31),远高于沿海地区的国内价值链参与度。东北地区虽有临海临边的区位优势,但未能抓住率先融入全球经济循环的历史性机遇,其在1987年的国内工业价值链参与度处于较高位置(0.44),略低于此时最高的沿海地区,说明东北地区凭借其老工业基地的装备制造优势,在原有的国内经济循环中享有一席之地,表现在与国内其他地区密切的价值联动。随着沿海地区逐渐融入全球价值链,东北工业的国内价值链参与度也随之快速降低,2007年后仅维持在略高于国内价值链参与度最低水平(0.19和0.26)。此时,沿海地区深度融入全球经济循环,内陆地区相对深度嵌入国内经济循环,东北地区却表现出参与国内与全球经济循环的"双低"状态。正是这样的"双低"状态,使东北工业孤立于国内和全球价值链之外,造成了其陷入难以自救的发展困局。

为稳健考虑,再从工业流动系数角度考察国内区域间的工业价值链重构。数据使用市村真一和王慧炯编制的1987年中国经济区域间投入产出表,国家信息中心编制的1997年中国8个部门区域间投入产出表,国家统计局编制的2002年中国8区域8部门区域间投入产出表、2007年中国8区域8部门区域间投入产出表、2010年中国30省区市6部门区域间投入产出简表、2012年中国31省区市8部门区域间投入产出表。区域间投入产出表的主要特点之一,是可以反映各区域产业的产品在区域间流动和使用情况,工业流动系数正是反映了区域间中间品和消费品在地区间的生产和使用关联,此指标反映东北地区与国内其他区域的产业关联。

经过测算得到1987—2012年的国内区域间工业流动系数,由于所占篇幅较大,故置于附录中。总体来看,在1987—2012年考察期间,东部地区(华南、华东和华北)在国内的工业流动系数显著弱化,由国内工业流动系数最强的地区转变为最弱的地区;西部地区(西南和西北)与东部地区相反,其工业流动系数显著强化,由国内工业流动系数最弱的地区转变为最强的地区;东北地区的国内工业流动系数表现并不像东部和西部地区,没有那么极端,但应该注意其国内工业流动系数表现出显著的弱化,甚至脱节趋势。以上结果与国内区域价值链嵌入度的测算结果基本一致,说明结果具有较好的稳健性。

详细分析,1987年,东部工业的区域流动系数为国内最强,华南、华东和华北的该系数分别为29.92、24.77和31.34。随后,1997年,东部的国内工业流动系数出现骤减,南部沿海、东部沿海、北部沿海和京津地区分别为22.64、16.86、15.06和17.06。到2012年,该系数进一步降低,南部沿海、东部沿海、北部沿海和京津地区的国内工业流动系数分别为14.24、17.61、7.13和22.92。这说明东部地区借助区位优势,在改革开放及沿海发展战略实施推动下,快速融入全球经济循环,同时与国内的工业经济联系出现弱化。1987年,西部的工业流动系数为国内最弱,西南和西北分别为20.49和23.75。1997年,西南和西北的国内区域间工业流动系数分别升至40.47和35.78,到2007年分别为30.24和44.93。2012年,西部的国内工业流动系数有所降低,但仍是国内工业联系最强的区域。以上数据说明西部地区深居内陆,缺乏发展对外贸易的区位条件,深耕国内市场,其国内工业关联随之不断增强。东北在1987年的国内工业流动系数为21.19,1997年和2002年分别降低至15.27和11.6,2007年渐升至16.75。2012年,东北的国内工业关联系数为15.49。在东部沿海逐渐深度融入全球价值链的同时,东北作为我国执行计划经济最成功的地区,虽有临海的区位条件,但缺乏率先加入国际经济秩序的体制条件。在国家执行融入全球经济循环的战略后,东北的国内工业关联迅速弱化,虽在实施"东北振兴"战略后,与国内的工业关联稍有提升,但仍处于弱联动状态。

3.2 东北工业的衰落及振兴探索

改革开放以来,在中国融入全球价值链的过程中,东北经济发展逐渐落后。1978—1987年,改革开放初期,中国试办经济特区,开放沿海城市,开启融入全球经济循环的进程,对应时期的东北经济发展开始略慢于全国平均水平,生产总值占全国比重从1978年的13.3%降低至1987年的12.2%,如图3-13所示,10年时间降低了1.1个百分点,经济增速在全国均线上下波动。1988—1992年,中国实施沿海发展战略,开放沿海区域,初步融入全球价值链,这一时期东北经济增长速度开始明显放缓,生产总值从1988年的12%降低到1992年的11.1%,5年间降低了0.9个百分点,经济增速略低于全国平均水平。1993—2000年,邓小平同志南方讲话肯定了沿海地区的改革开放成绩,中国加快了融入全球价值链的步伐,然而东北地区的经济衰退进一步加剧,经济占比从1993年的11.1%降低到2000年的9.8%,8年间降低了1.3个百分点,经济增速显著低于全国平均水平,年均低于全国2.5个百分点,出现严重的经济衰退,被称为"东北现象"。2001年以来,中国加入世界贸易组织,大幅降低关税和非关税壁垒,逐步消除市场准入限制,使我国的对外贸易得到飞速发展,开始深入融入全球价值链,这一时期东北经济表现出多方因素影响导致的波动中衰退特征。在"东北振兴"战略的刺激下,东北经济增速止跌回升,部分年份甚至超过了全国平均水平,但总产值占比没有出现明显增长趋势,稳定在 9.2% 左右。中国进入新常态阶段以来,"三期"叠加导致东北经济又一次发生严重的衰退,经济占比从 2011 年的 9.3% 降低到 2019 年的 5.1%,9 年间降低了 4.2 个百分点,经济增速一度出现负增长,这一严重的经济衰退被称为"新东北现象",这也是 2016 年新一轮"东北振兴"战略实施的重要原因。东北经济的振兴关键在于工业振兴(王胜今,2004),因为东北经济的主体和比较优势在于东北工业,这一部分将重点放在我国加入全球价值链过程,以分析东北工业的衰退和振兴探索。

3.2.1 东北工业的衰退——"东北现象"(1990—2002)

东北与全国的经济差距是在 20 世纪 90 年代逐步拉开的。进入 20 世纪 90 年代,中国加快了融入全球价值链的步伐,实施以沿海地区为开放重点的发展战略,同一时期的东北经济增长乏力,跟不上全国的经济增长步伐,占全国经济比重从 1990 年的 11.8% 降低到 1996 年的 9.6%,6 年跌落了 2.2 个百分点,如图 3-13 所示。这一时期,东北经济增长速度也与全国拉开了差距,整个 20 世纪 90 年代,东北经济增长率平均低于全国 2.5 个百分点,这一严重的衰退现象被称为"东北现象"。

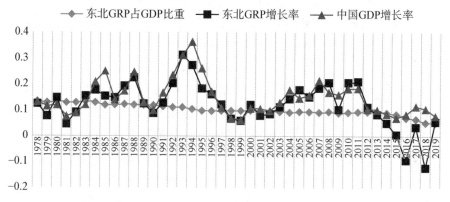

数据来源为根据《新中国 60 年》和国家统计局官网数据库数据整理得到。

图 3-13　1978—2019 年东北生产总值的全国占比及名义增长率

具体到东北工业层面,问题依然严重。改革开放初期,东北规模以上工业企业(以下简称规上工企)产值保持稳定增长,略低于全国平均水平,如图

3-14 所示。20 世纪 90 年代,东北规上工企产值增长率出现剧烈波动,在 1994 与 1998 年出现两次骤降,与全国规上工企产值增长率拉开较大差距, 1998 年甚至出现负增长,其平均增长率低于全国 4.6 个百分点。东北规上 工业产值占比也是一路走低,1999 年降至 9.2%,降幅高达 7.8 个百分点。

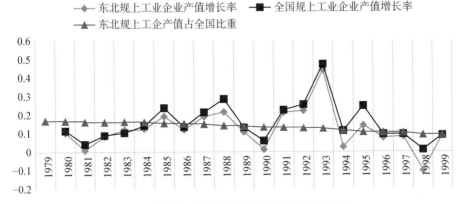

数据来源为根据国家统计局官网数据库数据整理得到。

图 3-14 1979—1999 年东北规上工企产值增长率

进一步,从规上工企的盈亏状况研究东北工业衰退,以我国工业经济较 为发达的长三角地区[①]作为对比。1978—1989 年,中国对外贸易逐渐起步, 处于融入全球价值链的启动阶段,东北工业略显疲态,规上工企的亏损企业 数均值达到 13.4%,超过长三角地区 1/5 还多,如图 3-15、图 3-16 所示。 同时,利润率逐步降低,1979—1989 年的均值为 13%,为长三角地区的 0.94 倍,而亏损率远高于长三角地区,为其 6 倍左右。进入 20 世纪 90 年代,中 国加速了融入全球价值链的进程,沿海地区重点发展加工贸易,加入全球化 生产秩序,工业加工生产效率得到提升,而东北规上工企亏损数额比例逐渐 走高。整个 20 世纪 90 年代,东北规上工企亏损比例均值高达 1/4,是长三 角地区的 1.16 倍,利润率降到了 2.4%,仅为长三角地区的 0.61 倍,亏损率 却不断增加,上升至 3.4%,是长三角地区的 3 倍。东北地区的低利润、高亏 损与长三角地区形成鲜明对比,折射出东北工业"铁锈化"之严重。

以上从东北规上工企产值增长、利润率、亏损率等指标考察了东北工业 衰退,下面再进一步从人力资本角度进行研究。东北工业全部从业人数如 图 3-17 所示,1987 年东北工业全部从业人数为 1176.02 万,缓慢增长到

———————

① 长三角地区包含上海市、江苏省和浙江省。

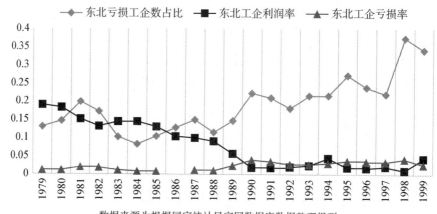

数据来源为根据国家统计局官网数据库数据整理得到。

图 3 - 15　1979—1999 年东北工业企业盈亏状况

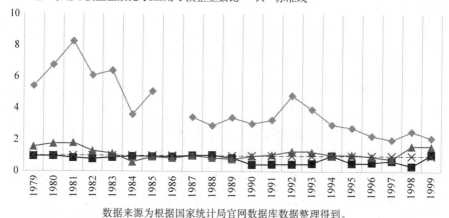

数据来源为根据国家统计局官网数据库数据整理得到。

图 3 - 16　1979—1999 年东北与长三角地区工业企业盈亏状况对比

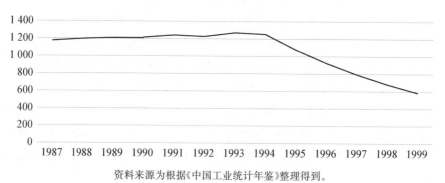

资料来源为根据《中国工业统计年鉴》整理得到。

图 3 - 17　1987—1999 年东北工业全部从业人员数(万)

1993年,达到1 269.59万,而后出现断崖式下跌。1994年,东北工业全部从业人数仅为584.19万,相较1993年减少685.4万,减少了一半还多。剔除国企改革因素的影响,东北工业衰退是造成从业人员大规模减少的另一个重要原因。

除工业视角,东北经济衰退还体现在国企占比高而效益差,企业办社会问题严重,社会负担重,大批下岗职工,就业压力大,资源型城市枯竭而缺乏接替产业,不良资产和不良贷款比例高,主体信用资质差,此外还有资源消耗高,污染严重,可持续发展问题受到挑战等。

3.2.2 振兴东北的工业探索——"东北振兴"战略(2003—2013)

东北经济的严重衰退引起中央当局的注意,为挽救东北经济的颓败趋势,2003年10月出台了《关于实施东北地区等老工业基地振兴战略的若干意见》,开始实施"东北振兴"战略。紧接着,2004年4月,国务院办公厅关于印发《2004年振兴东北地区等老工业基地工作要点》的通知,对东北振兴过程中的重点问题进行强调和细化。随后,2007年,国家发展和改革委员会推出《东北地区振兴规划》,对东北振兴问题进行中长期规划;2009年发布了《国务院关于进一步实施东北地区等老工业基地振兴战略的若干意见》,进一步充实振兴战略的内涵,及时制定新的政策措施。

党中央、国务院针对东北经济发展中的体制机制、工业结构、农业发展、第三产业发展、资源型城市转型、基础设施、对外对内开放、科技教育文化事业发展、就业保障等问题提出了切实可行的振兴建议。主要有针对东北经济发展深受计划经济影响,提出加快体制机制创新,通过解放思想、教育和宣传,转变东北地区领导干部在计划经济时期形成的指令性思维,以及国企和员工的"等、靠、要"思想,引导东北老工业基地干部、群众牢固树立依靠改革开放、市场机制和艰苦奋斗,实现企业发展、经济繁荣和东北振兴的思想观念;针对东北工业轻重比例失调、生产效率不高、结构升级缓慢等问题,提出推进工业结构优化升级;针对东北基础设施陈旧老化问题,提出加快基础设施建设;针对下岗职工和失业问题,提出切实做好就业和社会保障工作等。

国家为振兴东北在多方面给予支持和支撑,投入、减免或补贴大量资金。项目投资方面,2003年振兴东北老工业基地第一批100个项目,共610亿元,其中辽宁获批52个,黑龙江和吉林各占20余个,主要分布在装备制造、原材料工业和农产品加工上。2004年实施第二批国债基金197个项目,共479亿元。此外,2003年,国家启动了高新技术产业发展专项60个项目,共投资56

亿元。2005 年,东北等老工业基地调整改造和重点行业结构调整专项(第一批)国家预算内转型资金(国债)投资计划共 63 个项目,东北占比 63.5%;总投资 68.97 亿元和 5.8 亿元国债资金,东北分别占比 63.9%和 73.8%。财税政策方面,截至 2004 年底,税务部门核准办理抵减、退税 12.82 亿元,对工业企业固定资产(房屋、建筑物除外)按不高于 40%的比例缩短折旧年限。此外,2004 年,中央对东北三农税费改革转移支付、补贴达 53.1 亿元。[①] 同时,还有国企改革、社会保障、金融政策、沉陷区治理等多方面的支持。

实施"东北振兴"战略以来,取得了较好的阶段性成绩,东北的区域生产总值止跌回稳。2003—2012 年,东北地区生产总值(GRP)占 GDP 比重稳定在 9.2%左右,如图 3 - 18 所示。同时,东北的 GRP 增速有所提升,2003—2012 年的平均增速达到 16.1%,较前 5 年增加了 7.9 个百分点,基本赶上了全国平均增长率。

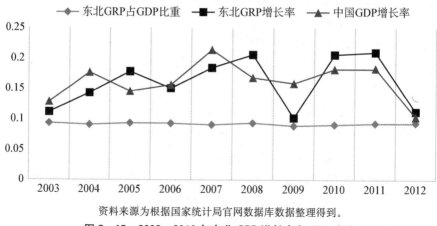

资料来源为根据国家统计局官网数据库数据整理得到。

图 3 - 18　2003—2012 年东北 GRP 增长率和 GDP 占比

东北的工业资产有较大幅度增长,止住了 2003 年之前的下跌趋势,之后保持增长。如图 3 - 19、图 3 - 20 所示,2003 年的 4%增长到 2008 年的 26.2%,超过了东部沿海的 18.1%和全国的 22.2%。同时,东北工业产值占全国比重结束了降低趋势,2000 年占全国比重 11.9%,下滑至 2004 年的 8.7%,"东北振兴"战略的实施止住了该下滑趋势,使东北工业产值占比稳定在 8.5%左右,而东部沿海稳定在 34.6%左右。东北规上工企产值同样

---

① 数据来源为王洛林、魏后凯:振兴东北地区经济的未来政策选择[J],财贸经济,2006(2)。如无特别说明,下同。

也趋稳向好。在"东北振兴"战略实施期间,东北规上工企产值增长率保持强势增长,年均23.8%。虽然受到2008年世界金融危机的影响,但东北规上工企产值仍实现了高于全国平均水平的增长率。东北规上工企产值占全国比重也于2007年触底回升,在2012年达到占全国8.7%的水平。

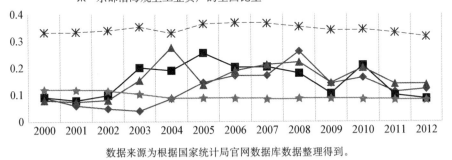

数据来源为根据国家统计局官网数据库数据整理得到。

图3‑19　2000—2012年东北和沿海地区工业资产增长率和占全国比重

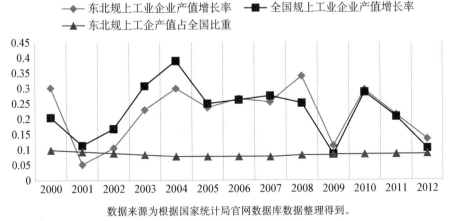

数据来源为根据国家统计局官网数据库数据整理得到。

图3‑20　2000—2012年东北工业产值增长率和占全国比重

具体考察东北工业在"东北振兴"战略实施期间的盈利和亏损情况,总体情况向好发展。21世纪初,东北规上工企亏损比例达到30.5%左右,"东北振兴"战略的实施使该比例显著降低,如图3‑21所示,从2004年30.4%的亏损比例降至2012年的10.1%。东北规上工企的亏损率也得到有效控制,从2004年1.4%的亏损率降至2012年的1%。东北规上工企的利润率虽没有得到大幅提升,但有效控制住了20世纪90年代的降低趋势,开始回稳,"东北振兴"战略实施期间保持在 7.6% 左右。以长三角地区作为参照, 横向对比出东北工业的表现在国内所处的位置,如图 3-22 所示,发现东北规上工企亏损企业比显著降低,2009 年和 2010 年与长三角地区持平,2011 年和 2012 年低于长三角地区的规上工企亏损比例。东北规上工企亏损率出现较大波动,且仍高于长三角地区,"东北振兴"战略实施期间为长三角地区的 2.4 倍;利润率表现则好于长三角地区,"东北振兴"战略实施期间的东北规上工企利润率是长三角地区规上工企的 1.38 倍,但整体趋势是下降的,从 2004 年的 1.63 倍降低至 2012 年的 1.04 倍,逐渐与长三角地区持平,可能与资金投入强度渐弱有关。

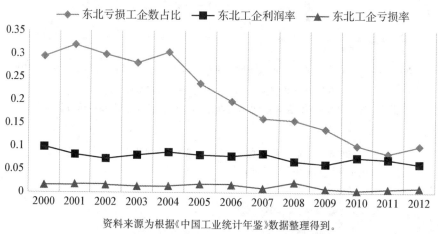

资料来源为根据《中国工业统计年鉴》数据整理得到。

图 3-21　2000—2012 年东北规上工企的利润率和亏损情况

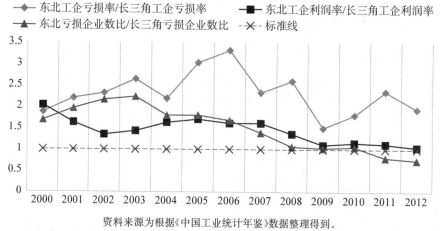

资料来源为根据《中国工业统计年鉴》数据整理得到。

图 3-22　2000—2012 年东北与长三角地区规上工企的利润和亏损对比

除工业领域，"东北振兴"战略的实施还在多个领域取得阶段性成果，以国有企业改革为重点的体制机制创新取得重大进展，多种所有制竞相发展，对外开放水平有了进一步提高，基础设施得到改善，以就业为重点的民生问题得到逐步解决，资源枯竭型改革试点城市获得阶段性成果等。

3.2.3　东北工业的衰退——"新东北现象"(2014—2015)

进入新常态，中国经济转向集约型、质量型发展阶段，进入"三期"叠加时期，经济下行压力增大，东北地区的深层次矛盾再次显现，暴露出经济增长质量不高、政策刺激针对性不强(魏后凯，2008；王洛林和魏后凯，2006)、经济增长新动力不足和旧动力减弱的结构性矛盾突出等一系列问题，因此发生新一轮的东北经济衰退。

东北 GRP 占 GDP 比重自 2012 年一路下滑，从 9.4% 降至 2019 年的 5.1%，占比近乎降低一半，如图 3-23 所示。时间再往前推进，东北 GRP 占 GDP 比重最高时接近 1/5(1960 年)，到现在缩减了约 3/4，说明东北经济衰退使其在国内经济领域的地位下降相当严重！东北 GRP 增速也是保持较低水平，与 GDP 增长速度差距不断拉大，2016 年与 2018 年东北经济出现负增长，2015 年辽宁、黑龙江、吉林 GDP 实际增速在全国分别位列倒数第 1、3、4 名。"新东北现象"再次刺痛人们的神经，严重影响到我国的区域协调发展战略。

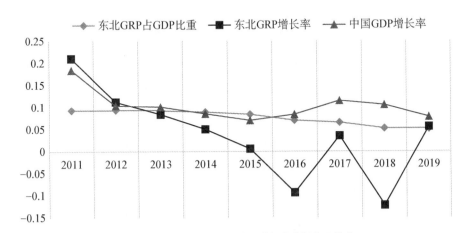

数据来源为根据国家统计局官网数据库数据整理得到。

图 3-23　2011—2019 年东北 GRP 增长率和占 GDP 比重

从东北规上工企资产和产值情况看，均发生严重衰退。东北规上工企资产增长率从 2012 年的 12.1% 降低至 2019 年的 4.9%，如图 3-24 所示，全期间低于东部沿海和全国的增长率,其中2016年和2018年出现负增长。同时,东北规上工企资产占全国比重也是逐渐降低,从2012年的8.1%降低到2018年的5.9%,远低于东部沿海的30.7%的占比水平。此外,关注东北规上工企产值的增长情况,增长率断崖式下跌,由2012年的13.4%跌至2015年的−21.3%,2014—2018年均处于负增长状态,远低于全国平均水平。同时,东北规上工企产值占全国比重也是一路下降,从2012年的8.7%降至2018年的4.7%,降低4个百分点。以上事实暴露出新一轮东北经济衰退中工业发展问题的严重性。

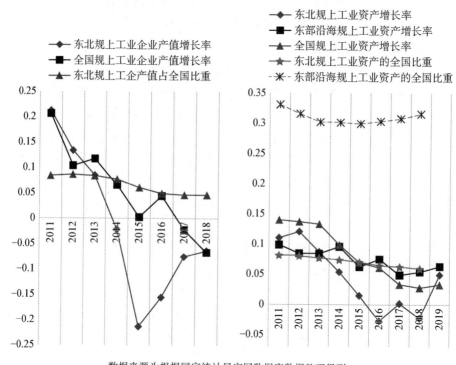

数据来源为根据国家统计局官网数据库数据整理得到。

图3-24 2011—2019年东北规上工企资产和产值增长情况

进一步,从东北工业的盈利与亏损角度分析工业衰退情况。亏损企业比例不断增加,从2012年的10.1%快速增加至2017年的20.8%,如图3-25所示,超过1/5的东北规上工企出现亏损。同样的是东北规上工企的亏损率,从2012年的1%增加到2016年的2.1%,增加了一倍以上。形成对比的是利润率不断降低,从2012年的6.2%降低至2016年3.8%,年均不足5.2%的利润率难以支撑起工业的良性循环,反映出东北规上工企经营状况的恶化。更加令人触动的数据对比是，2014 年以来，东北工业增加值连续出现负增长。2016 年，东北工业企业亏损比高达 2.2％，是长三角地区的 4.5 倍，而利润率仅为长三角地区的 0.53 倍。此外，2017 年，东北工业企业亏损企业占比达到 20.7％，是长三角地区的 1.73 倍。从更微观的个体数据看，上市企业沈阳机床在总产量不断缩减的同时，流向国内其他地区的产品也在减少。2019 年，辽宁的机床产量仅为 13.2 万台，较 2011 年减少 88.8％。2006 年，沈阳机床在国内市场销售收入（除东北）占比 75％，而 2019 年锐减到不足 50％。[①] 以上事实表明东北与国内其他地区的工业联动在降低。

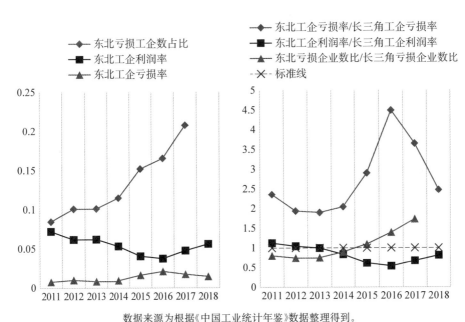

数据来源为根据《中国工业统计年鉴》数据整理得到。

图 3‑25　2011—2018 年东北规上工企盈利和亏损情况

3.2.4　振兴东北工业的探索——新一轮"东北振兴"战略（2016—　）

为挽救东北经济衰退，实现东北振兴，党中央、国务院于 2016 年 4 月审议通过了《关于全面振兴东北地区等老工业基地的若干意见》；同年，编制实施了《东北振兴"十三五"规划》。意见肯定了前一阶段东北振兴的成果，总结"新东北现象"出现的原因是市场化程度、国有企业活力、民营经济、产业结构和产品结构等方面存在问题，并从加快转变政府职能、进一步推进国资

---

① 数据来源为 WIND 数据库上市公司（沈阳机床）数据。

国企改革、大力支持民营经济发展等角度提出东北振兴意见。

然而，对比 2003 年《关于实施东北地区等老工业基地振兴战略的若干意见》和 2016 年《关于全面振兴东北地区等老工业基地的若干意见》，发现 80% 以上的政策是一致或延续的，如体制机制问题、政府职能转变问题、国资国企改革问题、发展民营经济（非公有制经济）问题、对内对外开放问题、结构调整问题、发展现代服务业问题、完善基础设施问题、创新创业问题和保障民生问题等。这些问题从根本上说均为体制机制问题，那不禁要问：多年的"东北振兴"战略为什么难以彻底解决这一问题？可以有这样的答案：东北是执行计划经济时间最长、最为成功的地区之一，深受计划经济思想浸染，顽固的路径依赖使东北地区难以通过自身力量解决这一问题，或者需要漫长的时间才能真正改善原有的体制机制问题。解决问题的过程中，中央政府需要支付大量的改造成本，企业要经受既得利益群体的阻挠和反抗，人民需要忍受失业、转换工作、生活水平降低等痛苦。为了社会稳定和尽快恢复经济健康发展，解决东北问题不应仅局限于东北，应该跳脱出东北本身，站在全国和全球经济循环视角来研究东北问题。同时，应该借助外界力量打破路径依赖，加入国内和全球经济循环，为适应先发地区的贸易和市场规则，倒逼东北地区进行体制机制的改革，这是实现东北经济振兴的有效路径。要使东北的工业产品尽快深度融入国内和全球价值链，在国内和全球市场上形成联动关系，能够分享价值链上的溢出和分工效率提升，从而带动东北工业振兴。

3.3 本章小结

中国融入全球经济循环的背景下，国内区域间的价值链被重构。沿海地区深度融入全球经济循环，内陆地区相对深度嵌入国内经济循环，东北地区却表现出参与国内与全球经济循环的"双低"状态。正是这样的"双低"状态，使东北工业孤立于国内和全球价值链之外。伴随这一过程的，是东北工业的衰落。"（新）东北现象"期间，规上工企亏损数量比例和亏损率的增加，利润率的降低，以及工业从业人数的断崖式下跌，折射出东北工业"铁锈化"之严重。为挽救东北经济的颓势，国家实施了"东北振兴"战略，为东北经济发展带来了"黄金十年"，但深层次的东北工业发展问题并未解决。因此，需要跳出就东北而论东北的研究窠臼，从价值链重构视角来研究东北工业发展困境。

第四章　东北工业价值链脱节的实证研究

本章使用 1987—2015 年中国区域间投入产出表、1995—2014 年世界投入产出表(WIOD)、2005 年泛太平洋国家区域间投入产出表等数据,时间包含本书研究的国内价值链重构过程,从计划经济时期形成的国内经济循环到价值链重构形成新的国内经济循环,实证研究这一过程中东北工业的价值链脱节问题。本章从工业流动、区域联动和空间依存三个层面递进探究东北工业的价值链脱节事实。工业流动层面,使用工业流动系数分析东北工业在国内和全球的流动情况,初步描述东北与国内其他地区工业联动弱化的动态演变过程。区域联动层面,通过分解工业层面的区际贸易,获取区际贸易的增加值组成、流向、再流出和被吸收等信息,使用价值链参与度、垂直专业化等指标,动态分析东北工业的价值链脱节事实。空间依存层面,通过分解东北和国内其他区域的工业产值,获取增加值信息,使用乘数效应、反馈效应和溢出效应及其衍生指标,动态分析东北工业在国内价值链上的弱势地位、衰退表现和脱节真相。

4.1　工业流动角度

将研究聚焦到东北工业在国内外经济循环中的弱化事实,从东北与国内其他地区和其他国家(地区)的工业联动层面进行研究,使用产业流动系数的测度方法,初步描述在国内区域间的不平衡改革开放过程中,东北工业与外界关联逐渐弱化的动态演变。

4.1.1　测度方法与数据来源

区域间投入产出表的主要特点之一,是可以反映各产业产品在区域间的价值流动和使用情况。工业流动系数正是反映了区域间中间品和消费品的生产和使用关联,使用该指标可测度东北地区与国内其他区域的产业关

联。产业流动系数公式(张亚雄和齐舒畅,2012)如下:

$$区域间产业流动系数 = \frac{\sum_j x_{ij}^{RS} + f_i^{RS}}{\sum_R \left(\sum_j x_{ij}^{RS} + f_i^{RS} \right)} \qquad (4-1)$$

公式(4-1)中,x_{ij}^{RS} 为区域间投入产出模型中 R 地区 i 产业投向 S 地区 j 产业的中间品投入量,f_i^{RS} 为 S 地区对 R 地区 i 产业最终产品需求量。

使用的主要数据有市村真一和王慧炯编制的 1987 年中国经济区域间投入产出表,国家信息中心编制的 1997 年中国 8 个部门区域间投入产出表,国家统计局编制的 2002 年中国 8 区域 8 部门区域间投入产出表、2007 年中国 8 区域 8 部门区域间投入产出表、2010 年中国 30 省区市 6 部门区域间投入产出简表(基本流量表)、2012 年中国 31 省区市 8 部门区域间投入产出表,OECD 编制的 2000—2014 年的世界投入产出表(WIOD),以及中日韩联合编著的 2005 年泛太平洋国家区域间投入产出表等。

4.1.2　东北工业的国内流动性弱化探究

测度 1987—2012 年的国内八大区域工业流动系数,动态分析东北在国内区域间的工业流动,初步描述东北工业的国内流动性弱化情况。总体看,东北在国内区域间的工业流动系数表现出弱化特征。纵向看,1987—2002 年东北与国内其他区域间的工业流动显著减弱,2003—2012 年略有增强,总体上弱于前一阶段。横向看,东北在国内区域间的工业流动系数处于较低位置。分轻、重工业考察,发现东北与国内其他地区重工业关联较轻工业更弱,区域间重工业流动系数很长时期处于全国八大区域的最低位,重工业流出量少于流入量,呈现出东北地区与国内其他区域工业关联逐渐弱化,甚至脱节的趋势。东北轻工业在国内区域间流动性相对较强,主要表现在轻工业产品流入东北,反映出弥补东北轻重工业比例失衡的补偿性流入。

对应经济循环阶段的初步分析,计划经济时期,在中央计划委员会的政策支持下,东北被建成我国的重工业基地之一,为国家建设作出重要贡献。此时,东北与国内其他区域建立了相对紧密的工业联系,如辽宁将 1953—1977 年 95% 以上的工业产品调拨到国内其他地区,黑龙江和吉林也曾调出大量工业产品,东北甚至在改革开放后的较长一段时间仍大量调出工业产品。[①] 随着沿海发展战略的提出和实施,沿海地区率先加入全球经济循环,

---

加强了与国外的工业联系,表现为国内区域间的工业流动性降低。这一过程中,东北在国内区域间的工业流动性也显著降低。虽然随着2003年中央将"东北振兴"提升为国家战略,以及2007年《东北地区振兴规划》出台,大量专项工业振兴资金流入东北,为东北工业注入一剂"强心针",东北工业一度获得发展,与国内其他地区工业关联也有所增强,但东北地区在国内的工业关联仍旧较为弱化。

详细分析东北工业在国内流动情况,重点关注东北工业流动弱化及区域间工业互动演进。表4-1展示了1987年国内区域间的工业流动系数,发现区域间的工业流动表现出如下特征:

第一,近邻效应明显,即各区域与临近区域工业中间品和最终品流动量更大。

第二,极地效应显著,工业流动系数与地区经济发展水平成正比;同时,从工业品流向看,经济先发地区工业流出量大于流入量,后发地区工业流入量大于流出量。

第三,工业流动系数与地理位置具有相关性,如中部接壤区域较多,其与国内其他地区工业品交流也较频繁。

表4-1　1987年国内区域间的工业流动系数

1987年	东北	华北	华东	华南	华中	西北	西南	合计
东北	78.81	11.72	5.57	0.26	3.00	0.25	0.41	100
华北	8.15	68.66	10.41	0.85	10.42	0.61	0.90	100
华东	2.58	8.62	75.23	5.02	6.70	0.63	1.23	100
华南	1.77	3.84	13.64	70.08	4.95	0.31	5.41	100
华中	1.22	4.40	18.89	1.20	71.77	0.63	1.88	100
西北	1.07	4.05	8.33	0.06	2.32	76.25	7.92	100
西南	0.43	1.15	9.42	3.56	2.64	3.29	79.51	100

注1:东北地区包含辽、吉、黑;华北地区包含京、津、冀、鲁、蒙;华东地区包含沪、苏、浙;华南地区包含闽、琼;华中地区包含晋、豫、皖、鄂、湘、赣;西南地区包含川(含渝)、贵、滇、桂、藏;西北地区包含陕、甘、宁、青、新。

注2:工业包含食品制造业、纺织业、缝纫及皮革制品业、木材加工及家具制造业、造纸印刷及文教用品制造业、电力及蒸汽热水生产和供应业、石油加工业、炼焦煤气及煤制品业、化学工业、建材及其他非金属矿物制品业、金属冶炼及压延加工业、金属制品业、机械工业、交通运输设备制造业、电子及通讯设备制造业、电气机械及器材制造业、仪器仪表及其他计量器具制造业、机械设备修理业、其他工业。

  观察表4-1,发现东北地区与国内其他区域工业关联较弱。横向比较,东北工业在国内区域间的流动系数为21.19,仅略高于西南,低于中东部区域,在国内处于较低水平,但纵向来看,此时东北与国内其他地区的工业互动水平并不低。从工业品流向看,流入角度,华北的工业品流向东北地区最多,工业流动系数为11.72,华东、华中地区次之,其他区域较少;流出角度,东北流向华北最多,工业流动系数为8.15,流向华东、华南、华中、西北和西南的工业品依次减少。由此可以看出,东北与华北、华东、华中的工业互动依次减弱,与华南的工业互动主要表现在工业品流出上,与西部地区的工业互动很弱。

  较1987年,1997年东北在国内区域间的工业流动性显著降低,流动系数仅为15.27,如表4-2所示,描述了1997年国内区域间的工业流动系数。同时,中东部的国内区域间工业流动系数也出现降低,西部地区的国内区域间工业流动性却显著提升,西北、西南相应的工业流动系数分别达到35.78和40.47。区域横向比较看,东北的工业区域流动降低较为显著,在国内区域间仅高于北部沿海,而低于其他区域。流入角度,沿海地区对东北的工业品流入最多,尤其是北部沿海和东部沿海,流动系数分别为4.12和4.13,其次是中部和西部地区;流出角度,对京津、北部沿海和西北地区的工业品流出较多,分别为1.51、1.53和2.09,对剩余地区的工业品流出占所在地区比例不足1个百分点。

表4-2 1997年国内区域间的工业流动系数

1997年	东北地区	京津地区	北部沿海	东部沿海	南部沿海	中部地区	西北地区	西南地区	合计
东北地区	84.73	1.18	4.12	4.13	2.17	2.63	0.55	0.50	100
京津地区	1.51	82.94	6.79	2.42	1.37	3.20	1.34	0.43	100
北部沿海	1.53	1.51	84.94	5.32	1.59	3.98	0.65	0.48	100
东部沿海	0.73	0.73	4.37	83.14	3.78	5.72	0.67	0.86	100
南部沿海	0.50	0.85	3.15	8.36	77.36	6.59	0.60	2.60	100
中部地区	0.60	0.65	4.77	6.13	3.30	81.73	1.66	1.15	100
西北地区	2.09	2.52	7.59	6.74	4.89	8.89	64.22	3.06	100
西南地区	0.52	0.51	2.80	4.80	24.87	5.54	1.42	59.53	100

注:东北地区包含辽、吉、黑;京津地区包含京、津;北部沿海包含冀、鲁;东部沿海包含沪、苏、浙;南部沿海包含闽、粤、琼;中部地区包含晋、豫、赣、皖、湘、鄂;西北地区包含陕、甘、青、宁、新、蒙;西南地区包含川、贵、渝、滇、桂、藏。如无特殊说明,下表同。

　　这一时期,东北在国内区域间工业流动的显著特征表现为"流动不对称",流入量大于流出量。较前一时期,东北工业流出量显著减少。这个减少是相对意义上的,即比例的降低。这种"流动不对称"在东北与沿海地区工业互动上表现得尤为明显,沿海地区对东北的流入大于东北对沿海地区的流出,说明沿海地区在融入全球价值链后,工业输出能力显著提升,开始向原来的老工业基地——东北地区输出工业产品。对比长期与世界脱节的东北,工业输出能力显著降低,东北与沿海地区在国内的工业地位悄然发生着转变。

　　较 1997 年,2002 年东北在国内区域间的工业流动性进一步降低,流动系数为 11.6,如表 4 - 3 所示,描述了 2002 年国内区域间的工业流动系数。此外,国内区域间工业流动性降低的地区还有东部沿海和南部沿海,剩余地区的工业流动性有所提升,京津地区提升尤其明显。改革开放的先发地区东部沿海和南部沿海通过加工贸易融入全球价值链,"两头在外,大进大出"的贸易模式,弱化了国内区域间的工业联系,国内流动系数降低。东北地区与国内区域间流动系数降低不是因为其加强了与国外的工业联系,而是因为随着改革开放的推进,东北地区的体制性、机制性矛盾逐渐暴露出来,工业发展缺乏内生增长动力,技术水平出现衰落。随着沿海地区工业的快速进步,挤占了东北工业的国内市场,导致东北的国内区域间工业联系的弱化。区域横向对比,东北与国内其他地区的工业流动仍处于较低水平,流动系数仅高于东部沿海的 8.36。总体看,东北和东部地区的工业流动系数低于内陆地区。

表 4 - 3 　2002 年国内区域间的工业流动系数

2002 年	东北地区	京津地区	北部沿海	东部沿海	南部沿海	中部地区	西北地区	西南地区	合计
东北地区	88.40	1.07	1.95	2.02	3.22	1.56	0.51	1.27	100
京津地区	6.75	56.67	16.90	5.12	6.29	5.18	1.35	1.75	100
北部沿海	3.36	3.14	76.91	4.61	3.42	5.91	1.19	1.47	100
东部沿海	0.42	0.22	0.91	91.64	2.50	3.16	0.47	0.68	100
南部沿海	1.10	1.04	1.33	6.08	81.48	4.55	0.81	3.60	100
中部地区	1.11	0.31	2.05	10.43	4.27	79.69	0.82	1.32	100
西北地区	3.88	1.05	4.61	6.37	11.16	7.58	56.66	8.70	100
西南地区	1.34	0.15	0.59	1.63	8.14	1.87	1.09	85.20	100

　　表4-4描述了2007年国内区域间的工业流动系数,较2002年,东北在国内区域间的工业流动性有所提升,对应的流动系数为16.75;沿海地区中除北部沿海有所降低外,东部沿海和南部沿海均有所提升,对应的流动系数分别为17.12和29.4;内陆地区在国内的工业流动性提升明显,中部、西北和西南相应的工业流动系数分别为27.96、44.93和30.24。工业品流向看,东北工业流动性提升除表现为国内其他地区流入东北工业品的增加,更重要的是体现为东北工业品流出的增加,尤其是对内陆地区流出增加,其主要得益于"东北振兴"战略的实施,加强了东北与其他地区的工业联系。此时,东北对沿海地区已无工业优势可言,但内陆地区仍需要东北的工业产品,所以表现出东北工业流入内陆地区增多。

表4-4　2007年国内区域间的工业流动系数

2007年	东北地区	京津地区	北部沿海	东部沿海	南部沿海	中部地区	西北地区	西南地区	合计
东北地区	83.25	2.00	3.87	1.40	5.67	1.44	1.57	0.81	100
京津地区	6.12	57.23	21.12	3.23	6.56	2.85	2.30	0.58	100
北部沿海	2.38	4.15	81.67	2.23	3.10	4.21	1.67	0.59	100
东部沿海	1.15	0.64	2.45	82.88	3.47	6.44	1.75	1.21	100
南部沿海	2.05	1.13	2.97	9.24	70.60	6.40	2.31	5.30	100
中部地区	1.92	1.00	6.55	7.21	7.56	72.04	2.22	1.49	100
西北地区	3.90	2.15	9.02	5.05	14.58	6.50	55.07	3.74	100
西南地区	2.72	0.51	2.28	2.32	17.04	2.21	3.15	69.76	100

　　此外,发现沿海与内陆地区的工业关联也在增强,主要体现在沿海地区对内陆地区的工业输出,南部沿海流向西北、西南的工业产品的工业流动系数分别为14.58和17.04。同时,内陆流向沿海的工业中间品也有所增加,沿海地区深度融入全球价值链,工业加工贸易订单量快速增多,使得对内陆地区工业中间品的需求也大大增加。

　　表4-5与表4-6分别为2010年和2012年国内区域间的工业流动系数。较2007年,东北在国内区域间的工业流动性稳中有降,2012年对应的流动系数为15.49,国内其他地区的区域间流动系数均是降低的。区域横向比较,以2012年为例,区域间的工业流动性,东北高于沿海和中部地区,而低于京津和西部地区。转向高质量发展阶段后,东北经济中的深层次矛

盾再次显现出来,呈现出区域间工业流动性降低的趋势。工业品流向看,流入角度,沿海和中部流入东北的工业品占比高于西部地区,而工业品流出上各区域则较为均等。

表4-5　2010年国内区域间的工业流动系数

2010年	京津地区	北部沿海	东北地区	东部沿海	中部地区	南部沿海	西南地区	西北地区	合计
京津地区	68.65	7.88	3.60	5.71	4.61	2.56	1.99	5.00	100
北部沿海	0.60	90.17	1.52	1.82	3.16	0.61	0.69	1.42	100
东北地区	1.53	5.38	82.81	3.49	2.26	1.08	0.40	3.06	100
东部沿海	1.25	4.34	1.34	79.35	6.22	3.06	1.22	3.22	100
中部地区	0.70	2.62	1.15	3.81	85.46	3.05	1.43	1.77	100
南部沿海	0.48	1.36	1.05	5.45	5.91	79.49	4.64	1.61	100
西南地区	0.56	1.39	0.70	2.23	3.02	6.17	84.44	1.48	100
西北地区	1.79	5.32	2.14	6.28	5.78	3.67	2.07	72.96	100

表4-6　2012年国内区域间的工业流动系数

2012年	京津地区	北部沿海	东北地区	东部沿海	中部地区	南部沿海	西南地区	西北地区	合计
京津地区	77.08	4.16	2.32	5.52	4.85	2.75	1.54	1.77	100
北部沿海	0.87	92.87	0.76	1.28	1.59	0.60	0.62	1.40	100
东北地区	1.21	2.09	84.51	3.65	3.04	2.07	1.41	2.01	100
东部沿海	1.14	3.04	2.01	82.39	4.93	1.44	1.82	3.24	100
中部地区	1.01	2.17	1.44	3.22	87.39	1.46	1.26	2.05	100
南部沿海	0.80	2.14	1.61	3.21	3.15	85.76	1.45	1.88	100
西南地区	1.14	2.48	2.13	4.96	3.52	2.84	81.13	1.80	100
西北地区	1.92	3.51	2.48	5.79	4.77	3.39	1.91	76.21	100

在分析东北工业的基础上,将工业拆分为轻、重工业,分类别考察东北工业在国内区域间的流动情况。限于可得数据,仅分析1997年、2002年和2007年的国内区域间的轻、重工业流动状况。观察1997年国内区域间的轻、重工业流动系数(见本书附录表A-1和表A-2),发现东北在国内区域

间的轻工业流动性较强,对应的流动系数为 20.63,高于除西北外的其他地区。这种强流动性主要体现在轻工业品流入东北上,轻工业发展较好的沿海和中部地区向东北输入将近 1/5 所需的轻工业产品,而其轻工业流出量则较少。东北重工业在国内区域间的流动性最弱,其流动系数为 13.09,沿海地区也较低,中部和西部地区在国内区域间的重工业流动性依次增强。通过东北轻、重工业的流动性对比,发现东北工业发展中存在两个问题:其一,东北工业存在轻、重工业比例失调问题,计划经济时期,东北地区的重工业基地发展定位限制了其轻工业发展,故需要其他区域轻工业产品流向东北,以维持轻、重工业产品的平衡。其二,东北工业衰退主要体现在重工业上,其重工业在国内市场份额上的缩减较为严重。

观察 2002 年国内区域间的轻、重工业流动系数(见本书附录表 A-3 和表 A-4),较 1997 年,东北轻、重工业在国内区域间的流动性均有所降低,流动系数分别为 16.87 和 9.76。注意横向比较上,东北轻工业在国内的流动系数也出现了降低,同时流动性仍体现在流入东北的轻工业产品上,轻工业品的流动仍旧处于较低水平。东部沿海开始深度融入全球经济循环,国内区域间的轻、重工业流动系数均出现降低,尤其是东部沿海对应的流动系数降至个位数,分别为 7.14 和 8.83。

观察 2007 年国内区域间的轻、重工业流动系数(见本书附录表 A-5 和表 A-6),较 2002 年,东北重工业在国内区域间的流动性显著提升,对应的流动系数为 16.92,主要体现在东北重工业产品流出上。这主要是由于国家对东北工业的重点支持,工业专项补贴、降税、兑消企业坏账等大量振兴举措,使得东北重工业产出获得增长,其流动性也随之增强。而东北轻工业在国内区域间的流动性基本维持稳定,其流动性仍体现在轻工业产品流入东北上,说明东北轻、重工业失衡问题依然存在。

4.1.3 东北工业的国际流动性状态探究

前一部分动态详述了东北工业在国内流动弱化的情况,本部分考察东北工业在国际市场上的流动情况,使用 2005 年泛太平洋地区国际区域间投入产出表(TIIO),测度国际区域工业流动系数,得到几个主要结论:(1)东北初级工业的国际区域流动性较弱,与华北、华中和中国西部地区的国际初级工业流动性差别不大,但远低于华东和华南等具有改革开放优势的沿海地区。(2)中国各区域深加工工业的国际流动性高于初级加工工业,但横向比较发现东北是我国深加工工业国际流动性最弱的区域,远低于深度嵌入全球价值链的华东和华南。(3)中国国内的区域工业互动水平远低于发达国家国内区域工业互动水平,表明我国国内区域间工业互动有较大提升空间。下面进行详尽的分析。

本部分使用的是 2005 年泛太平洋区域间投入产出表(TIIO),该表由中国国家信息中心、日本经济研究所和韩国银行三个国家机构共同编制,兼具世界投入产出表的国家投入产出信息和国家地区间投入产出表的国内区域间投入产出信息,主要涵盖了中、日、韩的国内各经济板块,以及剩余大多数亚太国家和欧美主要国家,为研究区域间产业的国际投入产出关系提供了珍贵数据来源。TIIO 将中、日、韩进行区域划分,中国划分为七个区域(东北、华北、华东、华南、华中、西南和西北),日本划分为九个区域(北海道、东北、关东、中部、近畿、本州岛、四国岛、九州和冲绳岛),韩国划分为四个区域(首都圈、中部圈、岭南圈、湖南圈),此外该表还包含东南亚五国(印度尼西亚、新加坡、泰国、马来西亚和菲律宾)和美国等国家(地区)。

为突出中国各区域与国外的工业流动情况,将 TIIO 中的国内区域间的工业流动数据加以剔除,测算出相应的流动系数(见本书附录表 B-1),描述了国际区域的初级工业流动系数。观察发现,东北初级工业品的国际流动性较弱,其国际初级工业流动系数为 5.648,与华北、华中和西部地区的国际初级工业流动性差别不大,但远低于华东和华南等改革开放的先发地区,其国际初级工业流动系数分别为 9.643 和 15.966。初级工业品的流向看,流入角度,韩国岭南圈、日本关东、日本近畿、韩国湖南圈等区域流入东北的初级工业品相对较多;流出角度,东北流向韩国四大都市圈、日本北海道、日本九州等区域的初级工业品相对较多。华东和华南作为我国改革开放的先行地区,其国际初级工业品流动性远高于内陆和东北,流入华东和华南的初级工业品占本地初级工业品比例超过 1 个百分点的地区有日本关东(1.006 和 1.427)、韩国岭南圈(1.191 和 1.303)、东南亚(1.238 和 2.748)和美国(1.183 和 1.643),流出占当地比重较高的地区有日本北海道(0.723和 0.369)、日本九州(0.733 和 0.374)、东南亚(1.188 和 0.785)等,表明沿海地区与国外有更加亲密的工业互动。

针对国际区域的深加工工业流动系数(见本书附录表 B-2),同样,为突出中国各区域与国外的工业流动,将 TIIO 中的国内区域间的工业流动数据加以剔除,观察发现中国各区域深加工工业的国际流行性高于初级加工工业。东北成为深加工工业国际流动性最弱的区域,其流动系数为10.044,远低于深度嵌入全球价值链的华东和华南,其流动系数分别为

20.518 和 30.865。深加工工业流向看,流入角度,流入东北的深加工工业在当地的占比超过 1 个百分点的地区有日本关东(2.476)、日本近畿(1.568)、韩国首都圈(1.223);流出角度,东北深加工工业流出对当地影响较大的地区有日本关东(0.321)、日本四国岛(0.342)等。对比沿海地区,表现出紧密的国际流动,流入华东和华南的深加工工业品占比超过本地 1 个百分点的地区有日本关东(1.88 和 3.731)、日本中部(0.713 和 1.414)、日本近畿(1.191 和 2.363)、韩国首都圈(2.636 和 2.876)、韩国岭南圈(1.65 和 1.8)、东南亚(5.916 和 9.521)、美国(1.595 和 1.952),华东和华南的深加工工业流出对当地影响较大的地区有日本北海道、日本东北、日本关东、日本近畿、日本四国岛、日本九州、韩国首都圈、韩国岭南圈、东南亚、美国。对比初级加工工业,深加工工业表现出更强的国际流动性,尤其是东南沿海地区的深加工工业品流出,这凸显了这些地区的加工贸易模式特征。此外,还发现地理临近效应明显,中国与日本、韩国和东南亚的工业互动更强。

为完整反映国内各区域的国际工业流动性,以及发达经济体内部的工业关联,为中国内部区域间工业流动水平提供一个参照,本书也测度了完整的 TIIO 中所有地区(国家)的工业流动系数。观察国际区域的初级工业品流动系数(见本书附录表 B-3),东北的初级工业品国际流动系数为 18.53,相比剔除版,增加了国内区域间的工业关联,流动性有较大提升幅度。国内区域间比较,发现沿海、中部和西部地区的流动性提升更加明显,华东、华南、华中、西南和西北的国际区域流动系数分别为 26.83、29.85、27.47、36.43 和 28.42,说明中国国内区域间的工业流动性比国外区域的工业流动性强得多。以东北为例,虽为国内流动性最弱的地区之一,其国内区域间初级工业流动系数为 13.67,而国外的初级工业流动系数仅为 4.86;再如外向型经济发展较好的华东地区,其国内区域间初级工业流动系数为 19.03,而国外的初级工业流动系数仅为 7.8。考察发达经济体区域的工业流动性,发现日本国内区域的工业流动系数远高于中国国内区域,如日本的北海道、东北、关东、中部等地区的初级工业流动系数分别为 52.04、59.48、30.09 和 43.96,其主要流动性也表现在日本国内区域间,说明中国国内区域间的工业协作水平距发达经济体还有很大差距,仍有较大提升空间。

观察国际区域的深加工工业品流动系数(见本书附录表 B-4),东北的深加工工业品国际流动系数相比剔除版,有较大提升幅度,表现出与初级工业品流动系数类似的特征,以国内区域流动为主。相较初级工业流动系数,沿海地区流向东北的深加工工业品占比有所提高,如华东、华南流向东北的深加工工业的工业流动系数为 3.36 和 9.12,而华东、华南流向东北的初级工业的工业流动系数为 0.88 和 1.77。对应地,东北流向沿海地区的深加工工业品较初级工业品的工业流动系数有所减少,如东北流向华东和华南的深加工工业品的工业流动系数为 0.14 和 1.65,而东北流向华东和华南的初级工业品的工业流动系数为 1.57 和 2.48,说明东北的工业品流出以初级工业品为主,而沿海地区流出的工业品以深加工工业品为主。

4.2　区域联动视角

前一部分的分析初步解释了在中国逐步融入全球价值链的过程中,东北工业在国内区域间的流动性弱化和在国际上的低流动性状况。为进一步推进研究,本部分通过分解东北工业的区域贸易,获取东北工业的价值链参与度和区域贸易的增加值组成、流动、再流出和被吸收等动态信息,分析我国融入全球经济循环对国内各区域的工业发展造成的影响,重点考察东北工业的国内价值链脱节和全球价值链低融入度问题。

4.2.1　区际贸易的增加值分解方法与数据来源

Bela Balassa(1967)首次定义了垂直专业化,认为将商品生产过程分解成一系列垂直贸易链,每个国家根据其比较优势进行附加值化的生产。最早构建垂直专业化测度方法的是 David Hummels 等(2001),将一国出口中包含的进口部分,称为垂直专业化程度(Vertical Specialization, VS),或者在一国生产的出口品,被其他国家用作生产中间投入并用于出口的部分(VS1),他们的测度方法简称为 HIY。HIY(2001)测度方法含有两条假设:其一,出口生产和内销生产使用进口投入具有相同强度;其二,进口品的增加值全部来自国外。然而,像中国、墨西哥等进行大量加工贸易的国家难以满足以上假设,从而会造成测度失准。进一步,Lawrence J. Lau 等(2007)提出使用一国出口中包含的国内增加值衡量出口的经济效益,并证明国内增加值与进口额之和等于一国总出口,根据中国加工贸易特点编制了非竞争性投入产出表。此外,还有 Daudin 等(2011)、Johnson 和 Noguera(2012)、Stehrer 等(2012)完善了 HIY(2001)的相关文献。Koopman 等(2014)作为国家出口增加值分解的集大成者,将以上纷繁的测度指标统一到一个框架中,建立了国家层面的出口增加值分解方法(KWW 法)。

在 Koopman 等(2014)分解国际贸易的基础上,Wang zhi 等(2013)将对国际贸易的分解延展至国家—产业层面（WWZ 法），为将国际贸易分解应用至区际贸易层面提供了重要的方法基础。随后，该方法在国内得到广泛应用，如苏庆义（2016）、潘文卿和李跟强（2016）等在 Wang zhi 等（2013）的基础上，分解中国的区域贸易。潘文卿和李跟强（2015、2016、2018）利用 KWW（2014）和 WWZ（2013）的方法，就中国的区域经济溢出效应、增加值视角国内价值链嵌入全球价值链模式及国内价值链与全球价值链的区域互动等发表多篇学术论文。苏庆义（2016）放松潘文卿和李跟强（2016）的进口全部被设定为国外增加值的假设，将进口分解为纯进口和回流部分，使国内区际贸易的增加值分解更加精确，并将全球价值链与国内价值链的分解联系起来，为全球价值链与国内价值链的互动与关联研究提供了有益借鉴。盛斌等（2020）借鉴这一方法研究了全球价值链、国内价值链与经济增长的关系。本书借鉴苏庆义（2016）、盛斌等（2020）的做法[①]，对国内区际贸易增加值进行分解。

表 4-7 G 个区域 N 个产业的国内投入产出表

投入	产出		中间产出			最终需求				
			地区 1	···	地区 G					
			产业 1···产业 N	···	产业 1···产业 N	地区 1	···	地区 G	出口	总产出
中间使用	地区 1	产业 1	$x_{11}^{11}\cdots x_{11}^{1N}$	···	$x_{1G}^{11}\cdots x_{1G}^{1N}$	y_{11}^1	···	y_{1G}^1	e_1^1	x_1^1
		···	······	···	······	···	···	···	···	···
		产业 N	$x_{11}^{N1}\cdots x_{11}^{NN}$	···	$x_{1G}^{N1}\cdots x_{1G}^{NN}$	y_{11}^N	···	y_{1G}^N	e_1^N	x_1^N
	···	···	······	···	······	···	···	···	···	···
	地区 G	产业 1	$x_{G1}^{11}\cdots x_{G1}^{1N}$	···	$x_{GG}^{11}\cdots x_{GG}^{1N}$	y_{G1}^1	···	y_{GG}^1	e_G^1	x_G^1
		···	······	···	······	···	···	···	···	···
		产业 N	$x_{G1}^{N1}\cdots x_{G1}^{NN}$	···	$x_{GG}^{N1}\cdots x_{GG}^{NN}$	y_{G1}^N	···	y_{GG}^N	e_G^N	
	纯进口		$pim_1^1\cdots pim_1^N$	···	$pim_G^1\cdots pim_G^N$					
	回流		$rd_1^1\cdots rd_1^N$	···	$rd_G^1\cdots rd_G^N$					

续　表

投入	产出	中间产出			最终需求				
		地区 1	⋯	地区 G	地区 1	⋯	地区 G	出口	总产出
		产业 1⋯ 产业 N	⋯	产业 1⋯ 产业 N					
增加值		$va_1^1 \cdots va_1^N$	⋯	$va_G^1 \cdots va_G^N$					
总投入		$x_1^1 \cdots x_1^N$	⋯	$x_G^1 \cdots x_G^N$					

简要介绍中国区域间投入产出表，x_{mn}^{pq} 为中间投入，y_{uv}^{s} 为最终品使用，x_m^p 为总产出，va_l^k 为增加值，e_l^k 为出口，pim_l^k 和 rd_l^k 分别为通过世界投入产出表（WIOD）分解得来的纯进口和回流项；上下标中，G 代表区域，N 代表产业。

在推导区际贸易的分解方程中，需要引入直接投入系数 $a_{mn}^{pq} = x_{mn}^{pq}/x_m^p$，根据投入产出表的横向恒等式，得到：

$$A^D X + Y + E = X \tag{4-2}$$

$$x_m = \sum_{n=1}^{G} (a_{mn} x_n + y_{mn}) + e_m \tag{4-2'}$$

（4-2）和（4-2'）式分别为投入产出恒等式的宏观和微观表示，（4-2）式中 A^D 为 NG * NG 的直接投入系数矩阵，X 为 NG * 1 的总产出列向量，Y 为 NG * G 的最终品矩阵，E 为 NG * 1 的出口列向量。

由上式（4-2）和（4-2'）整理得到：

$$X = (I - A^D)^{-1}(Y + E) = B^D(Y + E) \tag{4-3}$$

$$x_m = \sum_{s=1}^{G} b_{ms} \left(\sum_{t=1}^{G} y_{st} + e_s \right) \tag{4-3'}$$

（4-3）和（4-3'）式中 $B^D = (I - A^D)^{-1}$ 为里昂惕夫逆矩阵的宏观和微观表示，由此得到 VB^D、PB^D 和 RB^D 三个分解矩阵，V、P、R 分别为 1 * NG 的增加值、纯进口和回流行向量，其中具体向量的计算公式为 $v_l^k = va_l^k/x_m^p$、$p_l^k = pim_l^k/x_m^p$ 和 $r_l^k = rd_l^k/x_m^p$。

$$VB^D = \begin{bmatrix} v_1 b_{11} & v_1 b_{12} & \cdots & v_1 b_{1G} \\ v_2 b_{21} & v_2 b_{22} & \cdots & v_2 b_{2G} \\ \vdots & \vdots & \ddots & \vdots \\ v_G b_{G1} & v_2 b_{2G} & \cdots & v_G b_{GG} \end{bmatrix} \tag{4-4}$$

$$PB^D = \begin{bmatrix} p_1b_{11} & p_1b_{12} & \cdots & pb_{1G} \\ p_2b_{21} & p_2b_{22} & \cdots & p_2b_{2G} \\ \vdots & \vdots & \ddots & \vdots \\ p_Gb_{G1} & p_2b_{2G} & \cdots & pb_{GG} \end{bmatrix} \quad (4-5)$$

$$RB^D = \begin{bmatrix} r_1b_{11} & r_1b_{12} & \cdots & r_1b_{1G} \\ r_2b_{21} & r_2b_{22} & \cdots & r_2b_{2G} \\ \vdots & \vdots & \ddots & \vdots \\ r_Gb_{G1} & r_2b_{2G} & \cdots & r_Gb_{GG} \end{bmatrix} \quad (4-6)$$

(4-4)式中 VB^D 矩阵中对角线元素 v_mb_{mn}（m＝n）为 m(n)区域内生产和流转的增加值比重矩阵，非对角线元素 v_mb_{mn}（m≠n）为在 m 区域生产并流入 n 区域的增加值比重矩阵；(4-5)式中 PB^D 矩阵中对角线元素 p_mb_{mn}（m＝n）为 m(n)区域内生产和流转的纯进口增加值比重矩阵，非对角线元素 p_mb_{mn}（m≠n）为在 m 区域生产并流入 n 区域的纯进口增加值比重矩阵；(4-6)式中 RB^D 矩阵中对角线元素 r_mb_{mn}（m＝n）为 m(n)区域内生产和流转的回流增加值比重矩阵，非对角线元素 r_mb_{mn}（m≠n）为在 m 区域生产并流入 n 区域的回流增加值比重矩阵。由于矩阵 VB^D、PB^D 和 RB^D 的列和完成了单位区际贸易的完备分解，因此存在等式：

$$\sum_{m=1}^{G}(v_m+p_m+r_m)b_{mn}=u \quad (4-7)$$

u 是由 1 组成的 1＊N 行向量，上式(4-7)即表示一单位最终产出可以完整地分解为国内各区域和国外所有产业的增加值。

在 VB^D 的基础上，将区际贸易分解，正是 VB^DT，如(4-8)所示：

$$VB^DT = \begin{bmatrix} v_1b_{11}t_1 & v_1b_{12}t_2 & \cdots & v_1b_{1G}t_G \\ v_2b_{21}t_1 & v_2b_{22}t_2 & \cdots & v_2b_{2G}t_G \\ \vdots & \vdots & \ddots & \vdots \\ v_Gb_{G1}t_1 & v_2b_{2G}t_2 & \cdots & v_Gb_{GG}t_G \end{bmatrix} \quad (4-8)$$

(4-8)式中 T 为区际贸易矩阵，VB^DT 矩阵的非对角线行元素相加，即 $\sum_{n\neq m}^{G}v_mb_{mn}t_n$，为 m 区域创造而被其他区域所吸收的增加值总值，标记为 IV。把 VB^DT 矩阵的非对角线列元素相加，即 $\sum_{m\neq n}^{G}v_mb_{mn}t_n$，为其他区域创造而被 n 区域所吸收的增加值总值，标记为 FV。由此可以得到国内价值

链参与度的计算公式(王岚,2014):

$$VCP_{gnt} = IV_{gnt}/T_{gnt} + FV_{gnt}/T_{gnt} \qquad (4-9)$$

(4-9)式中 VCP_{gnt} 表示 t 年 g 区域 n 产业的价值链参与度,T_{gnt} 表示 t 年 g 区域 n 产业发生的区际贸易量。

区际贸易由中间品和最终品组成,可表示为:

$$z_{mn} = a_{mn}x_n + y_{mn} \qquad (4-10)$$

(4-10)式中 $a_{mn} * x_n$、y_{mn} 分别为地区 m 流向地区 n 的中间品和最终品贸易,因此区域 m 总流出 z_{m*} 可以表示为:

$$z_{m*} = \sum_{n \neq m}^{G} z_{mn} + e_m \qquad (4-11)$$

由此得到:

$$x_m = a_{mm}x_m + y_{mn} + z_{m*} \qquad (4-12)$$

针对某一区域的全产业矩阵变换,得到:

$$x_m = (I - a_{mm})^{-1} * y_{mn} + (I - a_{mm})^{-1} * z_{m*} \qquad (4-13)$$

令 $l_{mn} = (I - a_{mm})^{-1}$,将(4-13)式转换为:

$$x_m = l_{mn} * y_{mn} + l_{mn} * z_{m*} \qquad (4-14)$$

根据等式(4-3')(4-7)(4-10)(4-14)得出区际贸易的分解:

$$z_{mn} = \{(v_m b_{mm})^T \# y_{mn}\}_1 + \{(v_m l_{mm})^T \# (a_{mn} b_{nn} y_{nn})\}_2 + \Big\{(v_m l_{mm})^T \#$$

$$\Big(a_{mn} \sum_{k \neq m, n}^{G} b_{nk} y_{kk} + a_{mn} b_{nn} \sum_{k \neq m, n}^{G} y_{nk} + a_{mn} \sum_{k \neq m, n}^{G} b_{nk} \sum_{u \neq m, k}^{G} y_{ku}\Big)\Big\}_3 +$$

$$\{(v_m \ l_{mm})^T \# (a_{mn} \sum_{k}^{G} b_{nk} y_{km})\}_4 + \{(v_m l_{mm})^T \# (a_{mn} \sum_{k}^{G} b_{nk} e_k)\}_5 +$$

$$\{[(v_n b_{nn})^T + (\sum_{k \neq m, n}^{G} v_k b_{km})^T] \# (y_{mn} + a_{mn} l_{nn} y_{nn})\}_6 + \{(p_m b_{mm})^T$$

$$\# y_{mn}\}_7 + \Big\{(p_m l_{mm})^T \# \Big(a_{mn} \sum_{k \neq m}^{G} b_{nk} y_{kk} + a_{mn} b_{nn} \sum_{k \neq m, n}^{G} y_{nk} + a_{mn} \sum_{k \neq m, n}^{G}$$

$$b_{nk} \sum_{u \neq m, k}^{G} y_{ku}\Big)\Big\}_8 + \Big\{(p_m l_{mm})^T \# \Big(a_{mn} \sum_{k}^{G} b_{nk} y_{km} + a_{mn} \sum_{k}^{G} b_{nk} e_k\Big)\Big\}_9 +$$

$$\{(\sum_{k \neq m}^{G} p_k b_{km})^T \# (y_{mn} + a_{mn} l_{nn} y_{nn})\}_{10} + \{(r_m b_{mm})^T \# y_{mn}\}_{11} + \Big\{(r_m$$

$$l_{mm})^T \# \Big(a_{mn} \sum_{k \neq m}^{G} b_{nk} y_{kk} + a_{mn} b_{nn} \sum_{k \neq m, n}^{G} y_{nk} + a_{mn} \sum_{k \neq m, n}^{G} b_{nk} \sum_{u \neq m, k}^{G}$$

$$\left. y_{ku} \right)\Big\}_{12} + \left\{ (r_m l_{mm})^T \# \left(a_{mn} \sum_k^G b_{nk} y_{km} + a_{mn} \sum_k^G b_{nk} e_k \right) \right\}_{13} + \left\{ \left(\sum_{k \neq m}^G r_k \right. \right.$$

$$\left. b_{km} \right)^T \# \left(y_{mn} + a_{mn} l_{nn} y_{nn} \right) \Big\}_{14} + \left\{ \left[(v_m l_{mm})^T + (p_m l_{mm})^T + (r_m l_{mm})^T \right] \# \right.$$

$$\left. \left(a_{mn} \sum_{k \neq m}^G b_{nk} y_{km} \right) \right\}_{15} + \left\{ \left[(v_m b_{mn} - v_m l_{mm})^T + (p_m b_{mn} - p_m l_{mm})^T + \right. \right.$$

$$\left. (r_m b_{mn} - r_m l_{mm})^T \right] \# (a_{mn} x_n) \Big\}_{16} + \left\{ \left[\left(\sum_{k \neq m}^G v_k b_{km} \right)^T + \left(\sum_{k \neq m}^G p_k b_{km} \right)^T + \right. \right.$$

$$\left. \left(\sum_{k \neq m}^G r_k b_{km} \right)^T \right] \# (a_{mn} l_{nn} z_{n*}) \Big\}_{17} \tag{4-15}$$

(4-15)式中#表示相同维度矩阵对应元素乘积,将 m 对 n 的区际贸易共分解为 17 项,大括号右下角的数字为相应项数。根据研究的问题,将(4-15)式中的分解项整合为 6 大项,如表 4-8 所示,分别为:被国内其他地区或国外吸收的本地区(即 m 区域)增加值 AV1;流出后又返回本地区并被吸收的本地区增加值 AV2;国内其他地区(非 m 区域)增加值 AV3;国外成分 AV4;通过进口回流的本地增加值 AV5;重复计算项 AV6。进一步对 AV1 分解:流出到 n 地区并被吸收的本地区增加值 AV11 为第 1、2 项之和;流入 n 地区被国内其他地区吸收的本地区增加值 AV12;流出到 n 地区被国外吸收的本地区增加值 AV13。再进一步分解 AV11:流入 n 地区的最终品形式的本地区增加值 AV111;流出到 n 地区的中间品形式的本地区增加值 AV112。

表 4-8　区际贸易的增加值构成与分解

AV1	包含第 1—3、5 项		AV11	包含第 1、2 项	AV111	包含第 1 项
AV2	包含第 4 项		AV12	包含第 3 项	AV112	包含第 2 项
AV3	包含第 6 项		AV13	包含第 5 项		
AV4	包含第 7—10 项					
AV5	包含第 11—14 项					
AV6	包含第 15—17 项					

本部分用到的数据有 1987—2015 年 6 个年份的中国区域间投入产出表。其中,包括市村真一和王慧炯编制的 1987 年中国经济区域间投入产出表,国家信息中心编制的 1997 年中国区域间投入产出表,中国科学院区域可持续发展分析与模拟重点实验室编制的 2007 年和 2012 年 30(31)省(市)区域间投入产出表,还有石敏俊和米志付编制的 2002 年和 2015 年 30(31)

省(市)区域间投入产出表。把以上纷杂的中国区域间投入产出表统一整合成八个区域,便于测算和对比分析。

4.2.2　价值链参与度角度探究东北工业脱节

首先,用最直观的指标——价值链参与度,从整体角度把握国内八大区域的价值链参与度,重点关注东北和东部沿海的情况。区域—产业参与价值链的数值越高,说明该区域—产业在价值链中的嵌入越深,与其他区域的产业关联越紧密。测算结果如图 4-1 所示,总体来看,1987—2015 年,中国各区域工业价值链参与度呈现出 V 形演变趋势。1988 年,中国实施沿海发展战略,真正拉开了融入全球经济循环的序幕。在此之前的 1987 年,可用以考察中国加入国际经济大循环前的经济循环状态。纵向看,国内各区域的工业价值链参与度均处于高位。随着 1992 年邓小平同志南方谈话后,肯定改革开放成果,加快中国经济的全球化进程,1997 年各区域的国内工业价值链参与度显著降低。2001 年,在中国加入世界贸易组织后,迎来融入全球经济循环的高潮。随着中国深度融入全球经济循环,2002 年和 2007年各区域国内工业价值链参与度出现大幅降低。2008 年世界金融危机发生后,全球贸易保护主义抬头,减缓了全球化发展速度(全球价值链发展报告,2019)。此时,中国各区域的国内工业价值链参与度出现不同程度的上升。由此发现,各区域的国内工业价值链参与度与中国融入全球经济的进程呈现出此消彼长的变动趋势,即国内工业价值链与全球工业价值链表现

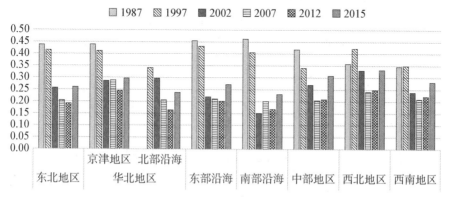

注 1:区域划分同图 4-1。
注 2:由于 1987 年国内区域间投入产出表的地区划分与之后年份不一致,因此 1987 年的华北地区包含京津和北部沿海,为图表展示的一致性,将华北地区 1987 年工业价值链参与度置于京津地区展示。

图 4-1　1987—2015 年中国各区域的国内工业价值链参与度

出替代关系。

从区域角度看,沿海发展战略开启了我国各地区的不平衡开放进程,沿海地区(北部沿海、东部沿海和南部沿海)率先融入全球经济秩序,其工业的国内价值链参与度降幅最大,由参与度最高的地区(0.45,此处为均值,下同)转变为参与度最低的地区(0.18)。中西部地区(中部、西北和西南)深居内陆,不具备率先加入国际经济循环的区位条件,其工业的国内价值链参与度变动幅度最小,由参与度最低的地区(0.38)转变为参与度最高的地区(0.31),远高于沿海地区的国内价值链参与度。东北地区虽有临海临边的区位优势,但未能抓住率先融入全球经济循环的历史性机遇,其在1987年的国内工业价值链参与度处于较高位置(0.44),略低于此时最高的沿海地区,说明东北地区凭借其老工业基地的装备制造优势,在原有的国内经济循环中享有一席之地,表现在与国内其他地区密切的价值联动。随着沿海地区逐渐融入全球价值链,东北工业的国内价值链参与度也随之快速降低,2007年后,仅维持在略高于国内价值链参与度最低水平(0.19和0.26)。此时,沿海地区深度融入全球经济循环,内陆地区相对深度嵌入国内经济循环,东北地区却表现出参与国内与全球经济循环的"双低"状态。正是这样的"双低"状态,使东北工业孤立于国内和全球价值链之外,造成了其陷入难以自救的发展困局。

4.2.3　区域联动视角下的东北工业脱节事实

从东北区际贸易的增加值分解中探寻东北工业的脱节真相,以区际贸易的增加值组成、流动及被吸收情况,分析东北工业在国内价值链中的演变特征。使用第三部分介绍的区际贸易分解方法,得到东部沿海与东北的区际贸易分解结果,如表4-9和表4-10所示。

从区际贸易的增加值组成看,区域流出产品中包含的非本地增加值比例越高,说明该区域与外部的产业互动越频繁,产业联系越紧密;反之,说明区域间产业关联较为松散。1987—2015年,东北流入东部沿海的工业产品中包含的国内其他区域创造的增加值(AV3)和国外创造的增加值(AV4)均显著低于东部沿海流入东北的工业产品中包含的AV3和AV4,这种比较关系在AV4上表现得尤为明显(0.099<0.224, 0.173<0.207, 0.136<0.191, 0.097<0.19, 0.091<0.165)。需要关注的是,东北流出工业产品中AV3、AV4表现出递减趋势,说明从增加值组成层面看,东北地区在国内和全球价值链上的工业关联弱于东部沿海,且表现出进一步减弱的趋势。

表 4-9　东北地区对东部沿海的区际贸易分解

年份	AV1	AV2	AV3	AV4	AV5	AV6	AV11	AV12	AV13	AV111	AV112
1987	0.779	0.015	0.114	—	—	0.092	0.424	0.151	0.204	0.247	0.176
1997	0.783	0.017	0.128	—	—	0.072	0.453	0.147	0.183	0.083	0.370
2002	0.783	0.005	0.054	0.099	0.002	0.056	0.425	0.124	0.235	0.061	0.364
2007	0.667	0.004	0.069	0.173	0.006	0.082	0.355	0.077	0.235	0.092	0.263
2010	0.700	0.010	0.080	0.136	0.005	0.068	0.424	0.105	0.172	0.202	0.222
2012	0.742	0.015	0.073	0.097	0.004	0.069	0.441	0.108	0.193	0.150	0.291
2015	0.647	0.028	0.104	0.091	0.004	0.126	0.338	0.172	0.137	0.120	0.218

注：1987 年和 1997 年中国区域间投入产出表缺乏进口数据，故表中该年份关于国外的指标 AV4、AV5 缺失，下表同。

表 4-10　东部沿海对东北地区的区际贸易分解

年份	AV1	AV2	AV3	AV4	AV5	AV6	AV11	AV12	AV13	AV111	AV112
1987	0.655	0.023	0.163	—	—	0.160	0.353	0.182	0.120	0.156	0.197
1997	0.689	0.015	0.239	—	—	0.057	0.558	0.055	0.076	0.172	0.386
2002	0.663	0.005	0.074	0.224	0.005	0.029	0.510	0.083	0.070	0.155	0.355
2007	0.548	0.015	0.135	0.207	0.007	0.088	0.383	0.094	0.071	0.196	0.187
2010	0.567	0.013	0.164	0.191	0.007	0.058	0.464	0.058	0.045	0.266	0.198
2012	0.629	0.019	0.109	0.190	0.008	0.045	0.515	0.069	0.045	0.272	0.244
2015	0.540	0.020	0.174	0.165	0.007	0.095	0.408	0.092	0.040	0.236	0.172

　　根据区际贸易中包含的本地增加值被不同地区所吸收的情况，进一步分解本地增加值（AV1）为被流入区域吸收的份额（AV11）、被国内其他区域吸收的份额（AV12）和被国外吸收的份额（AV13）。在我国加入全球经济循环的前后阶段，东北与东部沿海的双边贸易中，被流入区域吸收的份额和被国内其他地区吸收的份额的大小关系均发生了逆转。1987 年，东北流入东部沿海的工业品中包含的 AV11（0.424）严格高于东部沿海流入东北工业品中包含的 AV11（0.353）。而在我国融入全球经济循环后，情况发生了逆转，东北流入东部沿海的工业品中包含的 AV11 严格低于东部沿海流入东北工业品中包含的 AV11（0.453＜0.558，0.425＜0.51，0.355＜0.383，0.424＜0.464，0.441＜0.515，0.338＜0.408）。被国内其他地区吸收的份

额(AV12)则相反。1987年,东北流入东部沿海的工业品中包含的AV12(0.151)严格低于东部沿海流入东北工业品中包含的AV12(0.182)。我国经济加入全球经济循环后,东北流入东部沿海的工业品中的AV12逐渐高于东部沿海流入东北工业品中包含的该指标(除2007年,0.147>0.055、0.124>0.083、0.105>0.058、0.108>0.069、0.172>0.092)。区际贸易中被流入地吸收的本地增加值份额体现的是区域的价值创造能力和影响力,只有一个地区能够创造出足够多的价值,才能被流入地所吸收,并影响流入地的工业发展。因此,前一个逆转表明,我国加入国际经济秩序以来,东部沿海地区工业技术和价值创造能力迅速提升,对比出东北地区技术水平和价值创造能力的衰减。区际贸易中流出地创造的增加值,经过流入地区加工再流出,最终被国内其他地区所吸收的份额(AV12)体现的是流入地区的流动性,与国内其他地区的联系越是紧密,关联程度越高,被国内其他区域吸收的可能性就越大,份额也就越多。后一个逆转表明,在我国经济进入全球化阶段后,东北工业在国内的参与度随之降低,与其他地区的工业关联不断弱化。最后,从被国外吸收的份额(AV13)看,流入东部沿海的工业品被国外吸收的份额一直远高于流入东北的工业品的AV13(0.204>0.12、0.183>0.075、0.235>0.07、0.235>0.071、0.172>0.045、0.193>0.045、0.137>0.04),这从区际贸易的增加值组成角度实证了东部沿海深度嵌入全球价值链,以及东北在全球价值链中的弱化状态。

根据被流入地吸收的本地增加值的工业品形式,进一步分解AV11,发现东北与东部沿海的工业贸易中的产品形式存在一个逆转。1987年,东北流入东部沿海的工业品以产成品为主(0.247>0.176),东部沿海流入东北的工业品则以中间品为主(0.156<0.197)。在我国经济转向全球化后,情况发生逆转,东北流入东部沿海的工业品以中间品为主,而东部沿海流入东北的工业品以产成品为主。这表明东部沿海融入全球经济循环后,工业水平得到提升,在国内工业价值链上的地位得到攀升,替代了东北在国内的工业基地位置。

总之,不论从区际贸易中工业品的增加值组成、增加值再流出看,还是从被吸收的增加值形式看,中国加入全球经济循环以来,随着东部沿海深度嵌入全球价值链,且工业能力得到显著提升,东北工业逐渐脱离了国内价值链,工业品的国内市场份额日渐缩小,工业技术水平也不断落伍,同时在全球经济循环中保持低参与度。

4.3　空间依存角度

工业产值的增加值分解,有助于厘清工业的增加组成,以及发现其中存在的问题。这一部分分解国内四大区域的工业产值,考察区域间的工业互动、国内工业价值链上国内分工及其演变,重点探究东北工业在价值链上的衰退和脱节事实。

4.3.1　工业产值的增加值分解方法

使用投入产出的方法,将工业产值进行增加值分解,以剖析工业生产中的区域关联和空间依存关系。

根据投入产出关系,把产值与增加值的关系表述如下:

$$IND = V * X = V * (I - A^D)^{-1} * Y = O * Y \qquad (4-16)$$

(4-16)式中 V、X、I、A^D、B^D、Y 代表的变量与上一部分相同,IND 为 $N*1$ 的产业产值行向量,O 为与产业产值相关的区域间里昂惕夫逆矩阵。借鉴 Miller&Blair(2009)、Meng bo(2009)、刘瑞翔等(2017)的方法,将矩阵 O 分解为区域内效应和区域间效应(溢出效应),进一步分解国内效应为区域内乘数效应 $OP_{mn} = v_m * (I - a_{mn})^{-1}$ 和反馈效应 $OQ_{mn} = O_{mn} - OP_{mn}$。区域内乘数效应是使用本区域中间品生产的产值,反馈效用是使用区域(国家)外中间品生产的产值,溢出效应是其他区域(国家)使用本区域中间品引致的产值。

$$
O = \begin{bmatrix}
O_{11} & O_{12} & \cdots & O_{1G} \\
O_{21} & O_{22} & \cdots & O_{2G} \\
\vdots & \vdots & \ddots & \vdots \\
O_{G1} & O_{G2} & \cdots & O_{GG}
\end{bmatrix}
$$

$$
= \begin{bmatrix}
O_{11} & 0 & \cdots & 0 \\
0 & O_{22} & \cdots & 0 \\
\vdots & \vdots & \ddots & \vdots \\
0 & 0 & \cdots & O_{GG}
\end{bmatrix}
+ \begin{bmatrix}
0 & O_{12} & \cdots & O_{1G} \\
O_{21} & 0 & \cdots & O_{2G} \\
\vdots & \vdots & \ddots & \vdots \\
O_{G1} & O_{G2} & \cdots & 0
\end{bmatrix}
$$

$$
= \begin{bmatrix}
OP_{11} & 0 & \cdots & 0 \\
0 & OP_{22} & \cdots & 0 \\
\vdots & \vdots & \ddots & \vdots \\
0 & 0 & \cdots & OP_{GG}
\end{bmatrix}
+ \begin{bmatrix}
OQ_{11} & 0 & \cdots & 0 \\
0 & OQ_{22} & \cdots & 0 \\
\vdots & \vdots & \ddots & \vdots \\
0 & 0 & \cdots & OQ_{GG}
\end{bmatrix}
$$

$$+\begin{bmatrix} 0 & O_{12} & \cdots & O_{1G} \\ O_{21} & 0 & \cdots & O_{2G} \\ \vdots & \vdots & \ddots & \vdots \\ O_{G1} & O_{G2} & \cdots & 0 \end{bmatrix}$$

$$(4-17)$$

最终产出由本区域使用的最终产出、流出到其他区域的最终产出和出口到国外的最终产出组成,因此得到区域的产业产值分解公式:

$$IND = O * (\begin{bmatrix} y_{11} \\ y_{21} \\ \vdots \\ y_{G1} \end{bmatrix} + \begin{bmatrix} y_{12} \\ y_{22} \\ \vdots \\ y_{G2} \end{bmatrix} + \cdots + \begin{bmatrix} y_{1G} \\ y_{2G} \\ \vdots \\ y_{GG} \end{bmatrix} + \begin{bmatrix} e_1 \\ e_2 \\ \vdots \\ e_G \end{bmatrix})$$

$$= \begin{bmatrix} OP_{11}*y_{11} \\ OP_{22}*y_{21} \\ \vdots \\ OP_{GG}*y_{G1} \end{bmatrix} + \begin{bmatrix} OP_{11}*y_{12} \\ OP_{22}*y_{22} \\ \vdots \\ OP_{GG}*y_{G2} \end{bmatrix} + \cdots + \begin{bmatrix} OP_{11}*y_{1G} \\ OP_{22}*y_{2G} \\ \vdots \\ OP_{GG}*y_{GG} \end{bmatrix} + \begin{bmatrix} OP_{11}*e_1 \\ OP_{22}*e_2 \\ \vdots \\ OP_{GG}*e_G \end{bmatrix}$$

$$+ \begin{bmatrix} OQ_{11}*y_{11} \\ OQ_{22}*y_{21} \\ \vdots \\ OQ_{GG}*y_{G1} \end{bmatrix} + \begin{bmatrix} OQ_{11}*y_{12} \\ OQ_{22}*y_{22} \\ \vdots \\ OQ_{GG}*y_{G2} \end{bmatrix} + \cdots + \begin{bmatrix} OQ_{11}*y_{1G} \\ OQ_{22}*y_{2G} \\ \vdots \\ OQ_{GG}*y_{GG} \end{bmatrix} + \begin{bmatrix} OQ_{11}*e_1 \\ OQ_{22}*e_2 \\ \vdots \\ OQ_{GG}*e_G \end{bmatrix}$$

$$+ \begin{bmatrix} \sum_{m\neq 1}^{G} O_{1m}*y_{m1} \\ \sum_{m\neq 2}^{G} O_{2m}*y_{m1} \\ \vdots \\ \sum_{m\neq G}^{G} O_{Gm}*y_{m1} \end{bmatrix} + \begin{bmatrix} \sum_{m\neq 1}^{G} O_{1m}*y_{m2} \\ \sum_{m\neq 2}^{G} O_{2m}*y_{m2} \\ \vdots \\ \sum_{m\neq G}^{G} O_{Gm}*y_{m2} \end{bmatrix} + \cdots + \begin{bmatrix} \sum_{m\neq 1}^{G} O_{1m}*y_{mG} \\ \sum_{m\neq 2}^{G} O_{2m}*y_{mG} \\ \vdots \\ \sum_{m\neq G}^{G} O_{Gm}*y_{mG} \end{bmatrix}$$

$$+ \begin{bmatrix} \sum_{m\neq 1}^{G} O_{1m}*e_m \\ \sum_{m\neq 2}^{G} O_{2m}*e_m \\ \vdots \\ \sum_{m\neq G}^{G} O_{Gm}*e_m \end{bmatrix}$$

$$(4-18)$$

(4-18)式中 $OP_{mn}*y_{mn}$(m=n)表示在 m(n)地区生产为满足 m(n)地

区消费通过区域内乘数效应引致的 m(n)区域的产值,$OP_{mm}*y_{mn}$(m≠n)表示在 m 地区生产为满足 n 地区消费通过乘数效应引致的 m 区域的产值,$OP_{mm}*e_m$ 表示在 m 地区生产为满足国外消费通过乘数效应引致的 m 区域的产值。$OQ_{mm}*y_{mn}$(m=n)表示在 m 地区生产为满足 m 地区消费通过反馈效应引致的 m 区域的产值,$OQ_{mm}*y_{mn}$(m≠n)表示在 m 地区生产为满足 n 地区消费通过反馈效应引致的 m 区域的产值,$OQ_{mm}*e_m$ 表示在 m 地区生产为满足国外消费通过反馈效应引致的 m 区域的产值。$\sum_{m≠i}^{G} O_{im}*y_{mj}$(i=j)表示在其他地区(非 i 或 j 地区)生产为满足 i(j)地区最终需求通过溢出效应引致的 i(j)地区的产值,$\sum_{m≠i}^{G} O_{im}*y_{mj}$(i≠j)表示在其他地区(非 i 地区)生产为满足 j 地区最终需求通过溢出效应引致的 i 地区的产值,$\sum_{m≠i}^{G} O_{im}*e_m$ 表示在其他地区(非 i 地区)生产为满足国外最终需求通过溢出效应引致的 i 地区的产值。进一步,使用溢出效应构造分散度指数与敏感度指数,分散度指数是指本地区工业最终需求每增加一个单位,引致的国内其他地区的产值份额,即每年的溢出效应矩阵排除对角线元素的列之和。相对应的是,敏感度指数为溢出效应矩阵排除对角线元素的行元素之和,即国内其他地区每增加一单位工业最终需求,引致的本地区工业产值增加份额。

4.3.2　空间依存角度探究东北工业的衰退事实

在分解区际贸易研究东北工业区域联动的基础上,进一步分解国内四大区域的工业产值,探究东北工业生产的空间依存关系。使用上一部分介绍的分解方法,将工业产值分解为乘数效应、反馈效应和溢出效应,乘数效应和反馈效应是内部效应,即由本地最终品产出诱发的工业产值比率,而溢出效应是外部效应,是由国内其他区域或国外最终品产出诱发的工业产值比率。结果如表 4-11 所示,发现内部效应占据绝对主要地位,表明国内各区域工业产值均为内部生产主导型。这在东部地区尤为明显,内部效应平均占到 87% 以上。乘数效应是使用本地中间品而产生的工业产值比率,反映的是工业生产的内部依存度。四大区域中,东部地区工业生产的内部依存度最高。同时,乘数效应经历了倒 V 形走势,2002 年达到高点,随后降低,表明东部地区工业生产的自给能力较强。虽在我国加入世界贸易组织后,东部深度融入全球经济,乘数效应有所下降,但仍达到 85% 左右,且远高于其他地区。东北的乘数效应在国内处于较低位置,且表现出快速下降的趋势,2012 年和 2015 年降至国内最低水平。2015 年,东北工业生产的外部依存度达到近 1/3,表明东北工业生产的外部依存度较高,内部供应链比较弱。

表 4-11 1987—2015 年中国四大区域工业产值分解

	东北			东部		
	乘数效应	反馈效应	溢出效应	乘数效应	反馈效应	溢出效应
1987	0.747	0.009	0.244	0.813	0.030	0.157
1997	0.832	0.003	0.165	0.866	0.023	0.111
2002	0.852	0.002	0.146	0.927	0.007	0.066
2007	0.726	0.004	0.270	0.897	0.017	0.086
2012	0.778	0.003	0.219	0.889	0.013	0.098
2015	0.676	0.004	0.320	0.849	0.026	0.125
	中部			西部		
	乘数效应	反馈效应	溢出效应	乘数效应	反馈效应	溢出效应
1987	0.710	0.019	0.270	0.825	0.004	0.171
1997	0.666	0.014	0.320	0.777	0.008	0.215
2002	0.849	0.004	0.147	0.887	0.003	0.111
2007	0.717	0.008	0.276	0.674	0.011	0.315
2012	0.797	0.006	0.196	0.787	0.009	0.204
2015	0.684	0.014	0.302	0.713	0.014	0.272

根据工业品的消费地差异,进一步对乘数效应进行分解,如表 4-12 所示,发现 1987—2015 年,东北本地消费通过乘数效应诱发的工业产值份额均高于东部地区,证明了东北工业的自循环特征,即工业产成品主要用于本地消费。同时,国内其他地区对东北工业的诱发关联系数虽有走强趋势(0.027、0.026、0.063、0.118、0.137、0.141),但处于较弱的状态,而国外对东北工业的诱发关联系数在 2007 年到达顶点后迅速降低(0.201、0.105、0.092)。东部工业在诱发关联上表现出强烈的外部关联特征,国外消费通过乘数效应诱发的东部工业产值比率远高于其他地区,2007 年达到

的峰值(0.456)竟超过本地消费通过乘数效应诱发的工业产值比率(0.374)。在区域的相互作用中,东北与东部表现出诱发关联的不对称性。在国内各区域通过乘数效应诱发的东北工业产值比率中,东部对东北的诱发作用最强,而在国内各区域通过乘数效应诱发的东部工业产值比率中,东北的诱发作用却最弱。因此,东部需求对东北工业产值表现出单方面的相对重要性。

表4-12 1987—2015年东北与东部地区乘数效应分解

	东北地区乘数效应					东部地区乘数效应				
	东北	东部	中部	西部	国外	东北	东部	中部	西部	国外
1987	0.555	0.014	0.005	0.008	0.165	0.012	0.490	0.032	0.026	0.252
1997	0.678	0.013	0.005	0.008	0.128	0.009	0.509	0.026	0.022	0.300
2002	0.615	0.050	0.007	0.006	0.174	0.005	0.549	0.020	0.012	0.341
2007	0.407	0.072	0.030	0.016	0.201	0.013	0.374	0.026	0.030	0.456
2012	0.536	0.049	0.036	0.051	0.105	0.012	0.464	0.026	0.041	0.346
2015	0.443	0.059	0.039	0.044	0.092	0.017	0.404	0.038	0.046	0.345

反馈效应是使用外部中间品而生产的工业产值比率,表示生产上的区域联动,数值越大,说明具有的生产关联越强。发现东北工业生产的反馈效应快速衰减,如表4-12所示,1987年数值(0.009)仅高于西部地区(0.004),而远低于东部的0.030,随后迅速降低,2002年仅为0.002,后略有增加(0.004),但仍处于全国的最低水平。与东北形成对比的是,东部地区在考察期间反馈效应远高于国内其他区域,同时内陆地区的反馈效应上升显著。这表明东北利用外部工业中间品的比率在降低,生产上的区域联动在减弱,并与东部地区有较大差距。

溢出效应是流出本地的中间品创造的工业产值比率,即溢出到外部的工业产值份额。东北工业的溢出效应经历了U形变动趋势,如表4-13所示,在国内处于较高的溢出水平,尤其在2007年后,其溢出效应一直保持在国内的最高水平。从价值链治理角度来说,价值链上的价值分配由"链主型"企业所主导(刘志彪,2008;Antas,2020),处于价值链低端环节的厂商易于产生溢出,被"链主型"企业所收割,因此可知,东北工业在国内价值链处于较低端的位置。从区域互动角度看溢出效应,存在严重的溢出不对称现象。在东北对各区域的溢出效应中,东北工业对东部的溢出效应最大;反观在东部对各区域的溢出效应中,对东北的溢出效应最小。更加严重的是,内陆对东北的溢出效应也为各区域最低,由此可见东北工业在国内价值链上的劣势地位和衰退程度。

表4-13 1987—2015年东北与东部沿海的溢出效应分解

	东北地区溢出效应					东部地区溢出效应				
	东北	东部	中部	西部	国外	东北	东部	中部	西部	国外
1987	0.003	0.126	0.030	0.016	0.070	0.032	0.007	0.058	0.030	0.030
1997	0.001	0.080	0.022	0.024	0.038	0.020	0.004	0.044	0.036	0.008
2002	0.001	0.077	0.016	0.014	0.038	0.010	0.003	0.029	0.019	0.005
2007	0.003	0.106	0.034	0.039	0.089	0.013	0.007	0.026	0.032	0.008
2012	0.002	0.081	0.037	0.055	0.043	0.013	0.004	0.031	0.041	0.008
2015	0.007	0.123	0.063	0.064	0.063	0.014	0.008	0.044	0.049	0.010

经过数据处理,得到图4-2的中国四大区域敏感度指数与分散度指数,发现东北地区工业的敏感度指数在国内处于较高水平,且有不断增强之趋势,2015年成为国内最高的区域(0.25)。与敏感度指数形成反差的是,东北工业的分散度指数表现低迷,远低于国内其他地区,且在波动中逐渐降低。这表明东北工业在国内工业领域已经由"领跑者"转变为"跟随者",易于受其他地区的需求影响,却没有能力去影响其他地区。东部地区则反之,拥有国内最低的敏感度指数和最高的分散度指数,这和东部地区在融入全球经济过程中形成的强大制造能力相契合,在国内拥有较强的工业影响力。

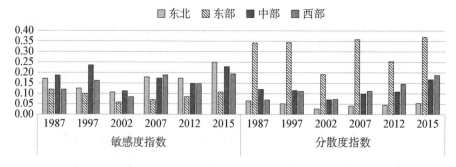

图4-2 1987—2015年中国四大区域敏感度指数与分散度指数

4.4　本章小结

本章从工业流动、区域联动和空间依存三个递进视角考察了东北工业的价值链脱节问题,此处作简单总结。

第一,工业流动视角。总体看,东北在国内区域间的工业流动系数表现出弱化特征。纵向看,1987—2002 年,东北与国内其他区域间的工业流动显著减弱,后略有增强,但总体上弱于前一阶段。横向看,东北在国内区域间的工业流动系数处于较低位置。分轻、重工业考察,发现东北与国内其他地区重工业关联较轻工业更弱,区域内重工业流动系数长时期处于全国首位,重工业流出量少于流入量,呈现出东北地区与国内其他区域工业关联逐渐弱化,甚至脱节的趋势。东北轻工业在国内区域间流动性较强,主要表现在轻工业产品流入东北上,反映出东北轻、重工业比例失衡。

第二,区域联动视角。从价值链参与度看,国内经济循环随着沿海发展战略的提出而被打破,开启了中国融入全球经济循环和国内区域间的不平衡改革开放进程。在这一过程中,各区域工业的国内价值链参与度表现出 V 形走势。其中,沿海地区工业在国内价值链参与度由国内最高转变为国内最低的同时,其全球价值链参与度相应上升。内陆地区的转变则与沿海地区相反。与沿海和内陆地区的国内与全球价值链参与度出现此消彼长的变动规则不同,在考察期间,东北工业的国内价值链参与度快速降低,且表现出国内与全球价值链参与度的“双低”状态。

分解区际贸易的增加值,不论从区际工业贸易的增加值组成、增加值再流出看,还是从增加值的流动形式看,发现在中国加入全球经济循环以来,随着东部沿海深度嵌入全球价值链,且工业能力得到显著提升,东北工业逐渐脱节国内价值链,工业品在国内的市场份额逐渐缩减,工业技术不断落伍,且在全球价值链中保持低参与度。

从增加值组成上看,东北流入东部沿海的工业品中包含的国内其他地区增加值份额(AV3)和国外创造的增加值份额(AV4)均显著低于东部沿海流入东北的工业品中包含的 AV3 和 AV4,在 AV4 上表现得尤为明显,同时东北流出的工业品中的 AV3 和 AV4 表现出递减趋势。这说明东北在国内和全球价值链上的工业增加值互动弱于东部沿海,且表现出进一步弱化的趋势。从增加值被吸收情况看,东北工业脱节国内价值链表现在两个逆转:第一个逆转,在我国全面加入全球经济循环后,东北流入东部沿海并被吸收的工业增加值份额(AV11)由高于东部沿海流入东北的 AV11 逆转为低于该份额,且东北流入东部沿海的 AV11 在波动中递减。这说明加入全球经济秩序后,东部沿海工业的技术水平和价值创造能力得到迅速提升,而东北工业的技术水平和价值创造能力在衰退。第二个逆转与前面的逆转刚好相反,在我国全面加入全球经济循环后,东北流入东部沿海而被国内其他地区吸收的份额(AV12)由低于东部沿海流入东北的 AV12 逆转为高于该份额。也就是说,东北工业品流入东部沿海后,增加了其在国内的产业联动,而东部沿海工业品流入东北后,却降低了其在国内的产业联动。这说明在我国进入全球化后,东北工业出现了脱节国内价值链的趋势。此外,从被国外吸收的份额(AV13)看,流入东部沿海的工业品被国外吸收的份额一直远高于流入东北的工业品的 AV13,这正是东部沿海深度嵌入全球价值链的增加值表现,同时表明东北在全球价值链中的弱化状态。从流动的增加值形式看第三个逆转,在我国经济转向全球化后,东北流入东部沿海的工业品形式从以最终品为主转变为以中间品为主,东部沿海流入东北的工业品形式的转变则刚好相反。这体现出在中国加入全球经济循环后,东北与东部沿海在国内工业地位的转换,东部沿海的工业能力逐渐超过东北地区,替代了其工业基地的地位。

第三,空间依存视角。分解工业产值的增加值,通过乘数效应、反馈效应和溢出效应的研究,发现东北工业生产规模在缩减,生产能力在衰退,且表现出自循环特征。同时,利用外部的中间品比例在降低,生产上的区域联动在减弱。此外,东北工业易于受到其他地区的影响,而没有能力去影响其他地区,在国内价值链上处于劣势地位和严重衰退的状态。

考察乘数效应,发现东北由乘数效应引致的工业产值比例在国内处于较低水平,且快速降低至国内最低。根据消费地差异进一步分解乘数效应,发现东北本地消费通过乘数效应诱发的工业产值份额远高于东部地区,表明东北工业的生产规模在缩减,生产能力在衰退。同时,生产的工业产品更多比例用于本区消费,证明了东北工业的自循环特征。此外,东部地区的工业生产表现出强烈的外部依赖特点,国外消费通过乘数效应诱发的工业产值比率远高于东北,2007 年竟超过本地消费通过乘数效应诱发的工业产值比率。在溢出效应的区域相互作用中,东部需求对东北工业表现出单方面的相对重要性。考察反馈效应,发现东北为国内反馈效应最低的区域,且在快速衰减,表明东北利用外部工业中间品的比例在降低,生产上的区域联动在减弱,并与东部地区有较大差距。

考察溢出效应，东北工业的溢出效应在国内处于较高水平，尤其在 2007 年后，其溢出效应一直保持在国内的最高水平，从国内价值链治理角度说明东北工业处于价值链低端环节。此外，从区域互动角度看，东北与东部地区存在严重的溢出不对称现象，即在东北对各区域的溢出效应中，东北工业对东部的溢出效应最大，反观在东部对各区域的溢出效应中，对东北的溢出效应最小。更加严重的是，内陆对东北的溢出效应也为各区域最低水平，由此可见东北工业在国内价值链上的劣势地位和衰退程度。进一步发现东北工业的敏感度指数在国内处于较高水平，且不断增强至国内最高水平。而东北工业的分散度指数表现低迷，远低于国内其他地区，且在波动中逐渐降低。这表明东北工业在国内工业领域已经由"领跑者"转变为"跟随者"，易于受其他地区的需求影响，却没有能力去影响其他地区。东部地区则反之，在国内拥有较强的工业影响力。

第五章 价值链脱节造成东北工业衰退的理论机制

第四章使用翔实的数据,从工业流动、区域联动和空间依存三个层面论证了东北工业脱节国内价值链,及全球价值链的融入度不够等事实,本章从理论角度论证脱节国内价值链造成东北工业衰退和"振而不兴"的机制。首先,从整体角度推导现实条件下脱节价值链造成东北工业衰退的理论机制,接着理论推演技术衰退和市场缩减在其中的作用机制,最后分析技术衰退和市场缩减的循环累积效应使东北工业陷入衰退和"振而不兴"的理论逻辑。

5.1 价值链脱节造成东北工业衰退的理论机制

本部分从整体角度分析价值链脱节造成东北工业衰退的理论机制。借鉴 Blanchard 等(2016)的建模思路,考虑建立一个多地区、多产品的生产贸易模型,设定有 R 个地区,R={1, 2, …, r},区域足够大。存在 S+1 个产成品,其中有一个产成品为计价商品,标记为 o,其他非计价产成品标记为 S={1, 2, …, s}。每个区域产成品价格被标记为 p_s^r,s 代表产业部门,r 代表区域。计价商品在所有区域(r∈R)间可以无成本贸易,故 $p_o^r=1$,区域 c 的非计价商品价格标记为 $\tilde{p}^r=(p_1^r, p_2^r, …, p_s^r)$,产业部门 s 的非计价商品在每个区域的计价标记为 $\tilde{p}_s=(p_s^1, p_s^2, …, p_s^r)$,在全域范围每个区域每种商品的非计价商品的价格标为 $\tilde{p}=\{\tilde{p}^1, \tilde{p}^2, …, \tilde{p}^r\}$ 或 $\tilde{p}=\{\tilde{p}_1, \tilde{p}_2, …, \tilde{p}_s\}$。

(1)消费行为

每个区域拥有连续的同质人力资本,不失一般性,数量统一标准化为 1,消费者的偏好是相同的,具有拟线性性质,因此总效用函数与预算约束为:

$$U^r = d_o^r + \sum_{s \in S} u_s(d_s^r) \qquad (5-1)$$

$$\text{s. t. } d_o^r + \sum_{s \in S} p_s^r * d_s^r \leqslant I^r \quad \forall s \in S \tag{5-2}$$

总效用函数(5-1)中，U^r 表示 r 区域的总效用，d_o^r 为计价产成品的消费量，$u_s(d_s^r)$ 为非计价商品的子效用函数，该效用函数可微分，且满足严格凹的性质，d_s^r 为 r 区域 s 产业部门的产成品消费量。预算约束(5-2)中，总消费不能超过总收入，I^r 为 r 区域内的总收入。设定子效用函数 $u_s(d_s^r) = (d_s^r)^{\theta_s}$，其中 θ_s 为消费者对产品 s 的消费偏好，$\theta_s \in (0,1)$，θ_s 越大，表明对产品 s 越是偏好。在预算约束条件下，实现总效用最大化，得到需求函数：

$$p_s^r = \theta_s (d_s^r)^{\theta_s - 1} = \theta_s (q_s^r)^{\theta_s - 1} \tag{5-3}$$

公式(5-3)中，q_s^r 为 r 区域 s 产业的产量。

（2）企业行为

设定每个区域拥有两个类型要素。第一个类型为同质要素，可以在区域内部门间无成本流动，但不可跨区域流动。计价商品使用同质劳动力生产，规模报酬不变。在所有区域中，将工资标准化为 1。第二个类型为增加值投入要素，根据国内价值链的生产特征，每个区域的增加值投入会参与到本区域和外部区域的产成品的生产过程中。更进一步，可以将增加值投入的使用具体到使用区域的某些产业的产成品生产。

根据以上设定，可以写出生产函数：

$$q_s^r = f_s^r(l_s^r,\ v_{sr}^r,\ \tilde{v}_{s*}^r) \forall s \in S,\ r \in R \tag{5-4}$$

由上式(5-4)可知，$f_s^r(\cdot)$ 为生产对应法则，部门产业生产的投入包含无差别的劳动 l_s^r、本区域增加值投入 v_{sr}^r，还有其他区域增加值投入 $\tilde{v}_{s*}^r$，$\tilde{v}_{s*}^r$ 为(S−1)维的其他区域 s 部门被 r 区域 s 部门生产所使用的增加值投入向量。每个标记的上标对应的是产成品生产区域，下标对应的是产业生产部门和要素来源区域。

在这里将生产函数设定为常见的柯布—道格拉斯函数：

$$q_s^r = l_s^r (v_{sr}^r)^{\alpha_{sr}^r} (\tilde{v}_{s*}^r)^{\alpha_{s*}^r} \tag{5-5}$$

公式(5-5)中，本(r)区域增加值投入与其他(非 r)区域的增加值投入对应的 s 部门的投入产出弹性系数分别为 α_{sr}^r、α_{s*}^r，根据本地增加值投入和外部增加值投入完成了产成品的增加值分解，因此有 $\alpha_{sr}^r + \alpha_{s*}^r = 1$。也就

是说,生产函数具有规模报酬不变性质。两个弹性系数可以分别表示为:

$$\alpha_{sr}^{r} = \frac{DI_{st}^{r}}{DI_{st}^{r} + FVA_{s*t}^{r}} \tag{5-6}$$

$$\alpha_{s*}^{r} = \frac{FVA_{s*t}^{r}}{DI_{st}^{r} + FVA_{s*t}^{r}} \tag{5-7}$$

上两式(5-6)和(5-7)中,DI_{st}^{r} 为 r 区域 s 部门 t 时期生产产成品过程中投入的本区域增加值投入,FVA_{s*t}^{r} 为 r 区域 s 部门 t 时期生产产成品过程中投入的其他(非 r)区域增加值投入,一般使用该指标测度该区域的价值链嵌入度。

对应的成本函数可以设定为:

$$C = w^{r} l_{s}^{r} + c_{sr}^{r} v_{sr}^{r} + \tilde{c}_{s*}^{r} \tilde{v}_{s*}^{r} \tag{5-8}$$

部门生产活动受到成本制约,C 为成本指标,w^{r} 为单位劳动力工资,已将其标准化为 1,c_{sr}^{r} 为 r 区域增加值投入本地区 s 部门生产中要素的单位成本,$\tilde{c}_{s*}^{r}$ 为被 r 区域 s 部门生产使用的其他(非 r)区域增加值投入单位成本的(S−1)维向量。

部门产业生产的收益函数可以表示为:

$$T_{s}^{r} = p_{s}^{r} q_{s}^{r} = \theta_{s} (l_{s}^{r})^{\theta_{s}} (v_{sr}^{r})^{\theta_{s}\alpha_{sr}^{r}} (\tilde{v}_{s*}^{r})^{\theta_{s}\alpha_{s*}^{r}} \tag{5-9}$$

上式(5-9)第二个等号后用到了需求函数。

根据经济学原理,边际收益等于边际成本,实现收益最大化条件,可以得到:

$$\theta_{s} (l_{s}^{r})^{\theta_{s}} \theta_{s}\alpha_{sr}^{r} (v_{sr}^{r})^{\theta_{s}\alpha_{sr}^{r}-1} (\tilde{v}_{s*}^{r})^{\theta_{s}\alpha_{s*}^{r}} = c_{sr}^{r} \tag{5-10}$$

$$\theta_{s} (l_{s}^{r})^{\theta_{s}} (v_{sr}^{r})^{\theta_{s}\alpha_{sr}^{r}} \theta_{s}\alpha_{s*}^{r} (\tilde{v}_{s*}^{r})^{\theta_{s}\alpha_{s*}^{r}-1} = \tilde{c}_{s*}^{r} \tag{5-11}$$

(5-10)与(5-11)两式对比:

$$\frac{v_{s*}^{r}}{v_{sr}^{r}} = \frac{c_{sr}^{r}}{\tilde{c}_{s*}^{r}} \tag{5-12}$$

将上式(5-12)重新带入 r 区域 s 部门的收益函数(5-9):

$$T_{s}^{r} = \theta_{s} (l_{s}^{r})^{\theta_{s}} \left[\frac{\alpha_{sr}^{r} \tilde{c}_{s*}^{r}}{\alpha_{s*}^{r} c_{sr}^{r}} \right]^{\theta_{s}\alpha_{sr}^{r}} (\tilde{v}_{s*}^{r})^{\theta_{s}} \tag{5-13}$$

模型将一般的生产消费情形与价值链相结合,为探索价值链嵌入与产业发展提供了有益借鉴。

根据以上的分析,可以得到:

$$\frac{\partial T_s^r}{\partial FVA_{s*t}^r} = \frac{\partial T_s^r}{\partial \alpha_{sr}^r} * \frac{\partial \alpha_{sr}^r}{\partial FVA_{s*t}^r} \qquad (5-14)$$

对(5-14)式等号右边两式分别计算,得到:

$$\frac{\partial T_s^r}{\partial \alpha_{sr}^r} = (\theta_s)^2 (l_s^r)^{\theta_s} (\tilde{v}_{s*}^r)^{\theta_s} \left[\frac{\alpha_{sr}^r \tilde{c}_{s*}^r}{(1-\alpha_{sr}^r)c^r} \right]^{\theta_s \alpha_{sr}^r} * \left[LN\left(\frac{\alpha_{sr}^r \tilde{c}_{s*}^r}{(1-\alpha_{sr}^r)c_r^r} \right) \right.$$
$$\left. + \frac{1}{1-\alpha_{sr}^r} \right] < 0$$

$$(5-15)$$

$$\frac{\partial \alpha_{sr}^r}{\partial FVA_{s*t}^r} = \frac{-DI_{st}^r}{(DI_{st}^r + FVA_{s*t}^r)^2} < 0 \qquad (5-16)$$

因此有:

$$\frac{\partial T_s^r}{\partial FVA_{s*t}^r} > 0 \qquad (5-17)$$

上式(5-17)可以解出 $\alpha_{sr}^r > \hat{\alpha_r^r}$,由此在 $\alpha_{sr}^r \in (\hat{\alpha_r^r}, 1)$ 时,存在结论:在产业生产中本地增加值占据主导地位时,价值链嵌入度与产业收益成正比变动关系。也就是说,价值链嵌入度增加会导致产业收益增加,而价值链嵌入度降低则会造成产业收益降低,即产业衰退。具体到中国国内的情况,通过获取东北工业生产中的增加值分解情况,知道东北区域内的增加值占比居于主导地位(第四章有数据支撑),因此能够得到结论:东北工业脱节国内价值链导致了东北工业衰退。

5.2 价值链脱节造成东北工业衰退的作用机制——技术衰退

接着从技术衰退角度推导价值链脱节造成东北工业衰退的理论机制。在模型中,加入技术冲击 z_{sr},成本函数改写为:

$$C = w^r l_s^r + \frac{c_{sr}^r v_{sr}^r}{z_{sr}} + \tilde{c}_{s*}^r \tilde{v}_{s*}^r \qquad (5-18)$$

上式(5-18)中变量含义与上一部分一致,技术是部门生产的重要影响因素,技术冲击会导致生产效率改变为原来的 z_{sr} 倍。同样,根据国内价值链上的投入产出关系,生产效率的变动使本区域增加值投入变动为原来的 z_{sr} 倍,因此 r 区域的需求和价格函数重新写为:

$$(q_s^r)^* = l_s^r (z_{sr} v_{sr}^r)^{\alpha_{sr}^r} (\tilde{v}_{s*}^r)^{\alpha_{s*}^r} = z_{sr}^{\alpha_{sr}^r} q_s^r \qquad (5-19)$$

$$(p_s^r)^* = \theta_s [(q_s^r)^*]^{\theta_s - 1} = z_{sr}^{\alpha_{sr}^r(\theta_s - 1)} p_s^r \qquad (5-20)$$

将公式(5-19)和(5-20)带入部门产业生产的收益函数,可以重新得到:

$$(T_s^r)^* = (p_s^r)^* * (q_s^r)^* = \theta_s (l_s^r)^{\theta_s} \left[\frac{\alpha_{sr}^r \tilde{c}_{s*}^r (z_{sr})^2}{c_{sr}^r} \right]^{\theta_s \alpha_{sr}^r} (\tilde{v}_{s*}^r)^{\theta_s}$$

$$(5-21)$$

对(5-21)式的收益函数作技术冲击偏微分:

$$\frac{\partial (T_s^r)^*}{\partial z_{sr}} = 2(\theta_s)^2 (l_s^r)^{\theta_s} (\tilde{v}_{s*}^r)^{\theta_s} z_{sr} \left[\frac{\alpha_{sr}^r \tilde{c}_{s*}^r z_{sr}}{\alpha_{s*}^r c_{sr}^r} \right]^{\theta_s \alpha_{sr}^r - 1} > 0 \quad (5-22)$$

根据上式(5-22)得出结论:负(正)技术冲击造成产业收益减少(增加)。具体到东北的情况,东北工业脱节国内价值链,割断了与其他地区的价值链上的技术配套联动机制,分享不到先进地区的技术溢出,同时又缺乏内生创新动机。将这一情况设定为负向的技术冲击,造成东北工业收益降低或工业衰退。

价值链的本质是价值链上企业间的治理关系,处于"链主"地位的企业,或者说在价值链中拥有核心关键技术的企业,拥有超额价值的获取能力,可以决定价值链的组织和运行方式,而处于价值链低附加值环节的企业缺乏这种价值获取能力,只能取得正常价值。从这一角度思考东北工业脱节国内价值链的原因,可以分析出东北的工业企业在国内价值链不能获取足够的价值。进一步,为什么东北工业企业不能获取足够的价值呢?答案可能是东北工业企业没有掌握使其获取更多价值的关键核心技术。下面从几个方面解释技术衰退在东北脱节国内价值链脱造成工业衰退方面的作用机制。

首先,难以享受到外来投资的外溢效应。东北是我国投资环境较差的区域,2020年中国城市营商环境排名中,东北仅有3个城市入围营商环境前100位城市,沈阳、长春和哈尔滨分别位列第40位、第60位、第67位,为中国四大区域中营商环境最差的区域。① 更有坊间流传的"投资不过山海关"的说法,从一定程度上说明东北营商环境较差。从东北地区的外商及港澳台商投资工业企业实收资本来看,如图 5-1 所示,东北地区的外商及港澳台商投资工业企业实收资本不论是从数量还是增长上看,均远不及长三角地区。东北在中国加入世界贸易组织以来该变量不断增长,2000 年为长三角地区的 17%,随后该比例不断降低,2017 年仅为长三角地区的 12.6%,表明东北投资环境较差,吸引外来资本数量有限,外来资本产生的溢出效应难以充分释放,外部资本的溢出效应很难通过产业关联机制、先进管理经验溢出和人力资本流动等途径影响东北本地工业企业的技术升级和生产效率提升。

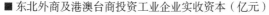
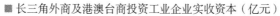

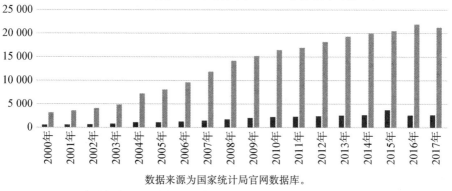

数据来源为国家统计局官网数据库。

图 5-1 东北与长三角外商及港澳台商投资工业企业实收资本(2000—2017)

进入 20 世纪 90 年代,随着通讯技术的发展和通信成本的大幅降低,全球化趋势逐渐开始加速,发达经济体的大型跨国企业开始在全球范围内布局其生产网络。与此同时,国内价值链也快速完善起来,全球价值链或国内价值链上的"链主型"企业越是技术水平和生产效率高,越不会满足本地有限的市场容量,会最先向外布局(Melitz,2003)。这些进入的拥有先进技术的外部企业,为降低生产成本,需要建立本地供应链。此时,"链主型"企业将配套技术溢出到本地企业,从而将提升本地工业企业的技术水平和生产效率。然而,东北工业脱节国内价值链将增加外部资本进入东北的成本,进而减少外部先进企业向东北工业企业溢出配套技术的机会。此外,外界优

① 数据来源:国家发改委发布的《中国营商环境报告 2020》。

秀企业进入本地还会将积累的高效管理经验传播进来,将有效提升本地的管理水平。就像"福特制"得到大范围应用,生产效率被极大提高一样(周三多,2010),先进的管理经验在本地的应用会大幅提高生产效率。但是,东北工业脱节国内价值链会大为减少外部优秀企业与东北工业企业交流的机会,先进管理经验的传入自然就会被阻滞。人力资本的自然流动也是重要的溢出传播途径,跨域企业进入本地,必将雇用本地的劳动力,除了提升本地就业水平外,为保证产品质量和服务品质,就需要对本地雇员进行培训,提升其人力资本价值。然而,人力资本在外企与本地企业间的自然流动,会将优良的生产习惯和服务能力传播到本地企业,本地企业进行大规模组织学习,将有效提升本地企业的人力资本价值,进而促进本区域产品和服务质量的提高。如果东北工业脱节国内价值链,这一溢出机制将被破坏,这不利于东北工业企业技术升级和创新能力的提高。

其次,难以发挥改善资源配置扭曲的功能。余泳泽等(2019)的研究发现,嵌入全球价值链可以通过改善资源要素配置的途径,提升中国城市的全要素生产率。同样,余东华和田双(2019)的研究发现了类似的结论,他们认为中国制造业嵌入全球价值链,有助于改善科技资源配置扭曲问题,能够推动制造业转型升级。融入价值链可以通过几个方面改善资源配置效率:第一是融入价值链倒逼企业运行机制与外部接轨,如中国加入世界贸易组织后,承诺的行业开放和制度完善使沿海企业的现代运行制度快速建立起来,有效改善资源配置效率和推动生产效率的提高。如果东北工业脱节国内价值链,切断与东部沿海地区的工业联系,也就失去了倒逼东北工业完善企业创新制度的机会。内部缺乏内生技术升级驱动力,同时又弱化外部对东北工业升级的驱动,计划经济时期形成的资源扭曲配置顽固而得不到改善,技术创新难以得到相应比例的正向激励,这是东北工业衰退的重要原因之一。第二是增强国有企业的自生能力,以及改善与民营企业的不平等地位。嵌入价值链的企业根据其创造的边际价值进行收益分配,不会因为是国有企业而受到优待,因此融入价值链从机制角度要求国有企业提升自生能力,与非国有企业展开竞争。东北作为受到计划经济影响最大的地区之一,拥有大量国有企业,由于国企的特殊地位,承担大量非经济功能,并不以利润最大化为首要目标,因此造成计划经济时期建立的东北国有企业对经济体制形成路径依赖,缺乏自生能力(林毅夫和刘培林,2004),以国有企业为主体的东北工业就逐渐失去技术优势。然而,脱节国内价值链不利于改善东北国有企业缺乏自生能力的现状,成为东北工业衰退的原因。

再次,难以释放分工深化优势。亚当·斯密认为分工是经济增长的重要源泉,因为分工可以提高生产的专业化程度,分工可以节省转换工种的时间,分工能够促进创新和应用。价值链是指产品生产过程中,按价值生产阶段划分而形成的链条,从分工角度看,也就是产品内分工。嵌入价值链,使企业专注于某生产环节创造价值,就像是齿轮的某一环节,将创造的价值融入产品,这会有助于分工效率的提升和技术进步的发生。同时,融入价值链有助于形成专业化的产业业态,产业集聚的产业内贸易不仅具有规模报酬递增的降成本优势,还有助于形成良性竞争的技术创新生态。观察东北三省工业专业化水平,如图 5-2 所示,1987—2000 年,东北三省的工业专业化水平基本保持不变;2001—2007 年,辽宁的工业专业化水平微增,吉林和黑龙江的工业专业化水平有较大幅度提升。然而,在美国金融危机后,世界各国放缓全球化步伐,中国也进入结构调整时期,吉林省的工业专业化水平有了较大降低,辽宁省的工业专业化水平微降。黑龙江省的工业专业化水平虽在增加,但总体上来说,东北地区的工业专业化水平是降低的。东北工业专业化分工水平在国内处于较低水平,国有企业独大,民营企业难以成长起来,只能依附于国有企业,工业业态体量大而不强。在这样的情况下,东北工业脱节国内价值链,失去了以融入国内工业链促进其专业化程度提升的机会。

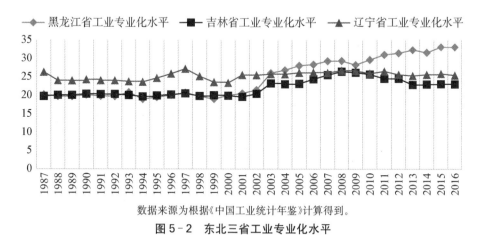

数据来源为根据《中国工业统计年鉴》计算得到。

图 5-2 东北三省工业专业化水平

5.3 价值链脱节造成东北工业衰退的作用机制——市场缩减

市场缩减在脱节国内价值链造成东北工业衰退的理论机制中起到重要作用,脱节国内价值链通过减弱市场经济中的竞争效应、大市场效应和中间品效应等,使东北工业缺乏市场支撑和发展动力。下面使用经典的经济增长理论和分析工具,分析市场缩减在脱节国内价值链造成东北工业衰退方面的理论机制。将价值链嵌入从全要素生产率中分离出来,同时设定工业生产函数中的要素投入要受到价值链嵌入程度的影响,由此设定东北工业的生产函数:

$$Y_{ni} = A_{ni}V_{ni}F(L(O_{ni}, V_{ni}), K(O_{ni}, V_{ni})) \qquad (5-23)$$

上式(5-23)中,Y、A、V 分别表示产出、全要素生产率、价值链嵌入程度,,L、K 分别为生产要素劳动和资本,O 为其他影响要素投入的因素,如要素价格、企业成本约束、替代要素价格等,下标 n 代表东北地区,i 代表工业。$F(\cdot)$ 为要素投入对工业产出的映射,且满足稻田条件:$F(\cdot)' > 0$、$F(\cdot)'' < 0$。 根据以上设定,可以画出东北工业的产出曲线,如图 5-3 所示。

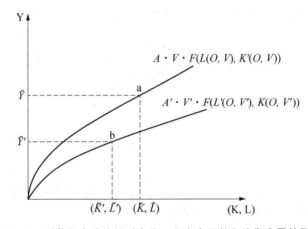

图5-3 脱节国内价值链对东北工业生产函数和均衡产量的影响

如果东北地区在工业生产中,投入的生产要素劳动和资本分别为 $\bar{L}(O_{ni}, \bar{V}_{ni})$、$\bar{K}(O_{ni}, \bar{V}_{ni})$,则在全要素生产率和价值链投入为 $\bar{A}_{ni}$、$\bar{V}_{ni}$ 时,东北的工业产出为 $\bar{Y}_{ni}$。 正如现在东北工业的情况,脱节国内价值链,则价值链嵌入度降低,即变为 $\bar{V}'_{ni} < \bar{V}_{ni}$,则此时东北工业产出为:

$$\bar{Y}'_{ni} = \bar{A}'_{ni}\bar{V}'_{ni}F(\bar{L}'(O_{ni}, \bar{V}'_{ni}), \bar{K}'(O_{ni}, \bar{V}'_{ni})) \qquad (5-24)$$

东北工业在国内价值链中的嵌入度降低,最直接的表现之一是,东北工业生产中使用国内其他地区的工业中间品等生产要素减少,中间品市场的缩减反映在生产函数中是生产要素的数量的减少,即(5-24)式中,$\bar{L}'(O_{ni},$

$\overline{V}'_{ni}) < \overline{L}(O_{ni}, \overline{V}_{ni})$ 和 $\overline{K}'(O_{ni}, \overline{V}'_{ni}) < \overline{K}(O_{ni}, \overline{V}_{ni})$，进一步存在要素组合的不等式关系：$(\overline{L}'(O_{ni}, \overline{V}'_{ni}), \overline{K}'(O_{ni}, \overline{V}'_{ni})) < (\overline{L}(O_{ni}, \overline{V}_{ni}), \overline{K}(O_{ni}, \overline{V}_{ni}))$，如图 5 - 3 所示。此外，减少使用外部地区的工业中间产品，不利于本地工业企业的专业化分工效率提升，也减少了享受外部中间产品包含的技术溢出。因此，不考虑技术进步的情况下，东北地区工业生产中全要素生产率将低于原来的水平，即 $\overline{A}'_{ni} < \overline{A}_{ni}$。

因为在东北工业脱节国内价值链的条件下，存在 $\overline{L}'(O_{ni}, \overline{V}'_{ni}) < \overline{L}(O_{ni}, \overline{V}_{ni})$、$\overline{K}'(O_{ni}, \overline{V}'_{ni}) < \overline{K}(O_{ni}, \overline{V}_{ni})$ 和 $\overline{A}'_{ni} < \overline{A}_{ni}$，所以此时的东北工业会出现衰退，产出减少，即 $\overline{Y}'_{ni} < \overline{Y}_{ni}$，如图 5 - 3 所示。也就是说，市场缩减在价值链脱节导致东北工业衰退中起到了重要作用。

进一步使用埃奇沃斯盒状图（Edgeworth Box）和生产可能性曲线分析市场缩减在东北工业脱节国内价值链造成东北工业衰落方面的作用机制。埃奇沃斯盒状图用来研究如何在生产者间分配生产要素达到社会生产的帕累托最优，得到的结论是只要生产者间的边际技术替代率不相等，则存在帕累托改进的空间。不失一般性地假设东北工业生产中有两个代表性企业 1 和 2，生产要素与前面保持一致，有劳动即 $L(O_{ni}, V_{ni})$ 和资本即 $K(O_{ni}, V_{ni})$，那么设定初始状态下既定存量的两种生产要素在两个企业间分配，满足：

$$L_1 + L_2 = \overline{L}(O_{ni}, \overline{V}_{ni}) \tag{5-25}$$

$$K_1 + K_2 = \overline{K}(O_{ni}, \overline{V}_{ni}) \tag{5-26}$$

得到埃奇沃斯盒，如图 5 - 4 所示。其中，P_1、P_2 为企业 1、企业 2 的生产原点，水平长度为整个经济中劳动的要素数量 $\overline{L}(O_{ni}, \overline{V}_{ni})$，垂直长度

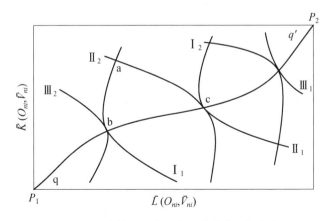

图 5 - 4　正常情况下东北企业的埃奇沃斯盒状图

为整个经济中资本的要素数量 $\overline{K}(O_{ni}, \overline{V}_{ni})$，$I_1 < II_1 < III_1$ 分别代表企业 1 三条不同等级的等产量曲线，$I_2 < II_2 < III_2$ 分别代表企业 2 三条不同等级的等产量曲线。

简单说明生产契约曲线（效率曲线）。由于企业 1 和企业 2 的等产量曲线是连续的，因此埃奇沃斯盒中任意一点都可以是企业 1 和企业 2 等产量曲线的交点。如埃奇沃斯盒中的 a 点为等产量曲线 I_1 和 II_2 的交点，然而该点并没有达到帕累托最优效率，因为不论是 a 点沿着 I_1 移动到 b 点，还是 a 点沿着 II_2 移动到 c 点，均能实现帕累托改进。如从 a 点移动到 b 点，在企业 1 的产量没有受到影响的前提下，企业 2 的产量从 II_2 增加到 III_2，实现了帕累托改进，并达到帕累托最优状态。从 a 点移动到 c 点亦能实现类似的帕累托改进。由此得出结论：在埃奇沃斯盒中，任意一点，如果它处于企业 1 和企业 2 的等产量曲线的切点，则两个企业达到了帕累托最优状态。那么，所有两个企业的等产量曲线切点的集合，组成了生产契约曲线 qq'，如图 5-4 所示。不失一般性地设定企业 1 和企业 2 的三条不同等级等产量曲线在不改变等级数量关系的前提下，可以自由移动，因此假定 III_1、III_2 分别为企业 1 和企业 2 最高等级的等产量曲线，即代表最高产量。

脱节国内价值链（$\overline{V}'_{ni} < \overline{V}_{ni}$）导致东北工业生产中能够使用的生产要素数量减少（$\overline{L}'(O_{ni}, \overline{V}'_{ni}) < \overline{L}(O_{ni}, \overline{V}_{ni})$ 和 $\overline{K}'(O_{ni}, \overline{V}'_{ni}) < \overline{K}(O_{ni}, \overline{V}_{ni})$），因此在工业企业生产中所能够分配的劳动、资本等要素数量也随之减少，重新设定要素分配：

$$L_1 + L_2 = \overline{L}'(O_{ni}, \overline{V}'_{ni}) \tag{5-27}$$

$$K_1 + K_2 = \overline{K}'(O_{ni}, \overline{V}'_{ni}) \tag{5-28}$$

在新的生产契约曲线 ss' 上，如图 5-5 所示，在其他生产条件不变的前提下，生产中投入要素数量的减少，将导致其最大产量降低。体现在埃奇沃斯盒中，企业 1 和企业 2 代表最高产量的等产量曲线分别为 $III'_1 < III_1$、$III'_2 < III_2$，即企业在脱节后的产量出现降低。

将埃奇沃斯盒状图中的生产契约曲线转换为生产可能性曲线，二者为一一对应关系，如图 5-6 所示，更加直观地表现了东北工业脱节国内价值链，市场缩减造成的东北工业衰退问题。设定企业 1、企业 2 生产的工业产品类别分别为 Y1、Y2，埃奇沃斯盒状图中的生产契约曲线 qq' 和 ss' 分别对应生产可能性曲线 QQ' 和 SS'。东北嵌入价值链程度降低后，生产可能性曲线 SS' 包含在生产可能性曲线 QQ' 的无效率区域，如 QQ' 和 SS' 上的

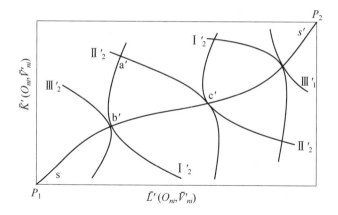

图5-5　脱节情况下东北企业的埃奇沃斯盒状图

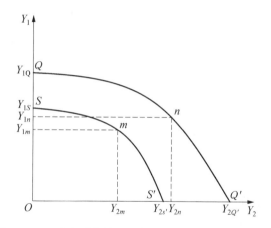

图5-6　正常和脱节情况下东北企业的生产可能性曲线

n、m点，n点的企业1和企业2产量 Y_{1n} 和 Y_{2n} 均小于m点的 Y_{1m} 和 Y_{2m}。此外，看更具有可比性的极限值，发现在东北工业脱节国内价值链后，要素市场缩减造成企业1产量的截距值降低，即 $Y_{1Q} < Y_{1P}$；企业2产量的截距值降低，即 $Y_{2Q} < Y_{2P}$。由此得出结论：脱节国内价值链形成市场缩减效应，是造成东北工业衰退的重要机制。

价值链脱节造成东北工业衰退的重要途径之一为市场缩减，东北工业脱节国内价值链的显著表现为工业生产和消费中利用国内其他地区工业中间品和最终品比例的减少。以流入东北的工业品比例考察，1987年流入东北的工业品占东北工业比例为 0.21①，一直降低至2002年的0.12，加入世

———————————

① 使用投入产出表计算东北的工业流动系数得到，下同。

界贸易组织后比例略有增加,2012 年前后该比例为 0.15。这说明在我国启动融入全球价值链的过程中,东北工业脱节国内价值链,导致生产和消费中使用外部的工业品比例出现降低。在此基础上,从中间品效应、大市场效应和充分竞争效应角度分析市场缩减在东北工业脱节国内价值链导致衰退中的作用机制。

首先,脱节国内价值链导致东北工业生产中的中间品效应减弱。随着通讯和生产技术的发展,区域间的产品内分工日益深化,现在中间品贸易已成为国际和国内贸易的重要组成部分。如 2014 年的中美贸易中,中间品贸易已占据绝对优势地位,中国进口品中的中间产品接近 80%,美国进口品中的中间产品也超过了一半(樊海潮和张丽娜,2018)。同样,观察区域间投入产出表,发现中国区域间的中间品贸易也居于主要地位。中间品贸易在各区域生产活动中越来越重要的情况下,嵌入价值链会产生中间品效应。也就是说,融入价值链,面对更多的中间品供应商提供更加丰富的中间产品,本地生产企业可以挑选、使用外部提供的更加物美价廉的中间产品(Amiti 和 Konings,2007;Kelly,2004)。脱节国内价值链导致东北工业生产中的中间品效应减弱(使用外部中间品比例降低的事实已在第四章中验证)将降低本地工业企业生产过程中可选中间品的品类和范围,造成工业产品的生产成本和质量仍存在帕累托改进空间,这样的工业产品在国内市场上是缺乏竞争力的,会导致东北工业产品的衰退。

其次,脱节国内价值链导致东北工业生产中大市场效应的失效。嵌入价值链使企业面临更加广阔的市场,有利于释放规模效应(Baldwin 和 Yan,2014),规模效应有助于企业达到最小效率生产规模,有效降低生产成本。同时,从收益角度看,企业面对更大的市场,可以大大增加其销售收入,如此企业有余力增投研发费用、改善员工的薪酬待遇等,这样的条件能够提升产品技术水平和生产效率。然而,东北的制造业市场分割情况不容乐观,东北三省制造业市场分割度处于较高水平(全文涛和顾晓光,2019)。同样,根据微观数据反映的情况,上市企业沈阳机床在总产量不断缩减的同时,流向国内其他地区的产品也在减少。2019 年,辽宁的机床产量仅为 13.2 万台[①],较 2011 年减少 88.8%。2006 年,沈阳机床在国内市场销售收入(除东北)占比 75%,至 2019 年锐减到不足 50%,一定程度上表明东北工业在脱节国内价值链。东北工业产品的国内市场占有率出现缩减,大市场效应逐渐失

---

① 数据来源为 WIND 数据库,下同。

效。生产规模的缩减,可能会导致东北工业生产的规模不经济及范围经济的失效。此外,东北工业生产中使用其他地区中间品比例的降低,同样会降低外部对东北工业的技术溢出。这一现象在前一章中分解东北工业生产的空间依存部分得到证实,东北与国内其他地区,尤其是东部沿海存在严重的溢出不对称现象,即东部沿海对东北工业生产的溢出效应远低于东北对东部沿海的工业生产的溢出效应。东北工业创造的增加值不断被其他地区的工业生产所吸收,而其自身吸收不到其他地区创造的工业增加值,这是东北工业没落的重要原因。

再次,脱节国内价值链导致东北工业生产中竞争效应弱化。自由竞争是市场经济最本质的要求之一,也是实现优胜劣汰的有效机制。企业嵌入价值链,将不得不面临同一细分领域的更多竞争者和潜在竞争者,替代产品的替代能力也会随之增强,这有助于优化企业布局,提升产品竞争力。正如Chiarvesio 等(2010)的研究,面对嵌入价值链的竞争,会逼迫企业不断提升创新能力和生产效率。然而,东北工业脱节国内价值链,减少国内区域间生产联动,导致竞争效应弱化。其一是中间品市场中的竞争效应弱化,减少参与国内工业链的机会,本地工业生产中的外部中间品使用比例不断降低,减缓本地中间品生产企业的竞争压力,但同时也失去了进步的动力,表现为中间产品迭代滞后和工业转型升级进展缓慢。其二是最终品市场中的竞争效应弱化,由于东北受到计划经济路径依赖的影响,市场分割严重,外资和国内其他地区的企业不愿进入东北工业市场,导致东北的外资利用水平远低于沿海区域。本地主要是国有企业或中小工业企业之间的竞争,这样通过竞争效应促进工业产品技术进步的机制难以发挥作用。同时,缺乏潜在进入者的威胁,难以形成倒逼机制来激励东北工业进行创新。

5.4 价值链脱节造成东北工业衰退的作用机制——循环累积因果效应

东北工业反复出现衰退和"振而不兴"的原因在于,东北工业脱节国内经济循环,又难以融入全球经济循环,使东北工业陷入国内市场份额缩减与技术衰退的恶性循环。市场缩减与技术衰退是东北工业脱节国内价值链进而发生衰退的两条重要途径。同时,二者又相互作用形成效果循环累积,这也是导致东北工业逐渐没落的重要原因。

缪尔达尔(1957)认为,影响经济发展的各因素间存在循环累积因果关系。若某一经济因素发生变化引起另一因素的变化,往往这个结果因素会反过来加强引致因素的变化,导致经济社会沿着初始方向变动,形成循环累积因果关系。接下来使用循环累积因果效应分析东北工业脱节国内价值链造成东北工业衰退的理论机制。

从市场缩减切入。东部沿海成功融入全球经济大循环,这在我国经济处于起步阶段,能够搭上经济全球化的发展快车道,实现我国经济腾飞方面,起到了十分关键的作用。然而,这种工业发展模式强化了外生性的经济联系的同时,弱化了内生性的国内经济循环,东部沿海对东北工业形成替代,意味着切断了东北地区与国内市场的工业关联,形成东北老工业基地发展的恶性循环。东北工业产品失去国内市场份额—工业企业盈利能力下降—减少研发投入费用—缺乏创新能力—东北工业产品竞争力减弱—进一步失去市场份额,又开始新一轮恶性循环,如此往复,使东北形成脱离国内经济循环的趋势。在国内工业产品与发达经济体有较大技术差距,又不断引进国外设备的情况下,即使国家投入大量专项补贴资金,鼓励东北企业进行研发投入,失去内生增长动力的东北老工业基地也使这种输血式的产业补贴难以为继。随着企业破产或迁移,东北老工业基地沦为"铁锈地带"。

从技术衰退切入。改革开放以来,东北工业失去了赖以繁荣的经济体制,原来的生产装备主要依赖于进口,工业自身缺乏内生升级动力(林毅夫和刘培林,2004)。沿海发展战略的提出和实施(1988年),开启了国内区域间渐进的不平衡改革开放进程,南部沿海和东部沿海区域借助优越的区位条件,率先进入改革开放进程,并取得巨大成功。在大量承接全球贸易的过程中,沿海地区逐渐确立了自己的工业优势,而此时的东北工业却不断走向没落,没有像东部沿海地区那样融入全球价值链,难以享受到技术溢出。加之,由于东北工业以国有企业为主,国有企业往往凭借其垄断地位和政策优势,享受垄断红利,缺乏技术升级的动力。在这样的情况下,东北工业技术水平逐渐落后于东部沿海地区,难以生产出具有市场竞争力的工业产品,不得不失去占有的工业装备市场份额,进而陷入市场缩减和技术衰退的累积因果循环,东北工业逐渐破败下去。

总之,脱节国内价值链是造成东北工业衰退的重要原因,同时市场缩减、技术衰退和二者形成的循环累积因果效应在其中发挥了关键作用。

5.5 本章小结

本章在 BBJ 模型的基础上,将价值链嵌入变量融入并建立多区域、多产业的生产贸易模型,经过一系列推导,得出结论:工业生产中本地增加值占据主要地位时(存在数据支撑),东北工业脱节国内价值链,导致了东北工业衰退。在以上分析基础上,使用理论模型和经典经济学原理证明市场缩减和技术衰退在脱节国内价值链导致东北工业衰退中的作用机制。结合东北情境展开理论解释,技术衰退角度,脱节国内价值链通过抑制溢出、限制改善资源扭曲、阻滞分工深化等途径抑制东北工业进步。市场缩减角度,脱节国内价值链从弱化工业中间品效应、大市场效应失灵和减弱竞争效应等角度限制东北工业发展。最后从市场缩减和技术衰退双面切入,分析二者通过循环累积因果效应造成东北工业衰退的作用机制。

第六章 价值链脱节造成东北工业衰退的实证研究

本章有三个部分,第一部分进行价值链脱节造成东北工业衰退的全样本实证研究,包含内生性、稳健性和异质性等检验。第二部分分别从地区和产业层面实证研究价值链脱节对东北工业衰退的影响,充实和丰富基准研究。在以上研究的基础上,第三部分实证研究价值链脱节造成东北工业衰退的作用机制,分别检验技术衰退和市场衰减的中介效应,以及二者的循环累积因果效应,全方位、多角度实证研究价值链脱节造成的东北工业衰退问题。

6.1 全样本模型的实证研究

6.1.1 模型设定、变量构造和数据来源

重点考察东北工业脱节国内经济循环与东北工业衰退的经验关系,设定基准模型:

$$IOV_{ijt} = \beta_0 + \beta_1 VCP_{ijt} + \beta_2 X_{ijt} + \varphi_i + \varphi_j + \varphi_t + \varepsilon_{ijt} \qquad (6-1)$$

模型(6-1)中,下标 i 代表地区、j 代表行业、t 代表时间,IOV 代表东北工业衰退变量,VCP 代表东北工业脱节国内经济循环的变量,X 为控制变量集,φ_i、φ_j、φ_t 分别表示地区、行业和时间的固定效应,ε 为残差项。

被解释变量为东北工业衰退,借鉴波特(2005)对产业衰退的定义,即产业表现为一段时间的销售额持续下降。工业销售收入包含劳动、资本和技术等生产要素信息,能够全面反映产业发展情况。因此,使用工业销售收入来度量东北工业衰退,并使用价格平减指数换算成 1987 年为基期的不变价工业产值,消除价格胀缩对经验分析造成的干扰。

核心解释变量为东北工业脱节国内经济循环,使用东北工业的国内价

值链参与度来进行度量，参与度降低的趋势说明脱离国内工业价值链，具体计算过程见第四章。

　　为避免估计偏误，需选取若干控制变量。根据经济增长理论，劳动 L 和资本 K 作为工业经济增长的重要投入要素，被选作控制变量。使用年末平均从业人数具体衡量劳动变量，同时借鉴 Young（2000）、Wang 和 Yao（2001）、张军（2002）、李治国和唐国兴（2003）、何枫等（2003）、张军和章元（2003）、张军等（2003、2004）、龚六堂和谢丹阳（2004）的方法，设定资本变量，使用资本存量＝［资本总量＊（1－折旧）］/价格指数，折旧率选取 9.6％，计算出以 1987 年为基期的不变价资本存量。此外，控制变量还包括经济专业化程度（SE）、经济多样化程度（DE）和基础设施（INF）。借鉴范剑勇（2014）等的做法，经济专业化与经济多样化（Stuart 和 William，2004；范剑勇和李方文，2011）程度的计算公式为：

$$SE_{ijt} = \frac{L_{ijt} / \sum_{j=1}^{G} L_{ijt}}{\sum_{i=1}^{N} L_{ijt} / \sum_{j=1}^{G} \sum_{i=1}^{N} L_{ijt}} \qquad (6-2)$$

$$DE_{it} = POWER\left(\sum_{j=1}^{G} \left| \frac{L_{ijt}}{\sum_{j=1}^{G} L_{ijt}} - \frac{\sum_{i=1}^{N} L_{ijt}}{\sum_{j=1}^{G} \sum_{i=1}^{N} L_{ijt}} \right|, -1 \right)$$

$$(6-3)$$

　　公式（6-2）与公式（6-3）中，i、j、t 的含义与上面保持一致，L_{ijt} 表示 t 年 i 地区 j 行业的年末平均从业人数，POWER（A，－1）为 A 的倒数函数。此外，基础设施采用铁路营业里程、内河航道里程和公里里程之和除以区域面积来具体度量。

　　综合数据有效性、完整性和可得性等原则，共获取东北三省 1987—2015 年 22 个制造行业[①]1914 条样本数据，工业产值、劳动、资本、经济专业化、经济多样化等原始数据均来自《中国工业经济统计年鉴》，基础设施的原始数据来源于《中国统计年鉴》，东北工业的价值链参与度所需要的投入产出数据已在第四章交代。主要变量的统计性描述展示在表 6-1。

――――――――――

① 22 个制造行业包括电气机械和器材制造业、纺织服装服饰业、纺织业、非金属矿采选业、非金属矿物制品业、黑色金属矿采选业、黑色金属冶炼和压延加工业、化学纤维制造业、化学原料和化学制品制造业、计算机通信和其他电子设备制造业、金属制品业、酒饮料和精制茶制造业、煤炭开采和洗选业、石油和天然气开采业、石油加工炼焦和核燃料加工业、农副食品加工业、通用设备制造业、烟草制品业、医药制造业、仪器仪表制造业、造纸和纸制品业、专用设备制造业。

表 6-1　主要变量的统计性描述

变量	样本量	均值	方差	最小值	最大值
iov	1914	71.092	144.095	0.034	1281.183
vcp	1914	0.307	0.091	0.191	0.415
l	1914	8.991	11.101	0.020	63.344
k	1914	68.079	118.802	0.019	1287.924
inf	1914	0.330	0.195	0.108	0.862
se	1914	1.083	0.992	0.015	12.048
de	1914	2.809	0.997	1.355	5.506
ot	1914	2.262	0.865	1.000	4.000
ifc	1914	0.181	0.040	0.098	0.255
l-vcp	1848	0.308	0.092	0.191	0.415
l2-vcp	1782	0.311	0.092	0.191	0.415

注:ot、ifc、l-vcp、l2-vcp 分别为工具变量、异质性检验变量、核心解释变量的一期、二期滞后变量,在相关检验部分出现。

6.1.2　经验研究结果及相关检验

6.1.2.1　全样本经验研究结果

　　豪斯曼检验拒绝不可观测的随机变量与所有解释变量均不相关的原假设,故应使用固定效应模型。基准模型的经验回归,结果显示在表 6-2,其中第 6 列展示了核心解释变量东北脱节国内工业价值链对东北工业产值的经验回归结果,结果显示东北脱节国内工业价值链显著负向影响了东北工业产值,说明东北脱节国内工业循环解释了东北工业衰退。第 5 列至第 1 列为依次加入一系列控制变量的经验回归结果,结果显示在依次加入控制变量后,东北工业脱节国内价值链依然很好地解释了东北工业衰退。控制变量中,资本、劳动、基础设施和东北工业经济多样化均显著解释了东北工业产值,其中资本对东北工业产值的解释力最强,达到 0.941。人力资本对东北工业的影响显著,但效果不够明显,说明东北工业发展仍是资本驱动型,人力资本对工业发展的创新效应有待进一步发挥。出人意外的是,工业经济专业化负向影响了东北工业,从东北经济专业化水平上探究其原因,发现在考察期间东北工业专业化指标表现出降低趋势。以黑龙江的电气机械和器材制造业为例,1987 年其专业化指数为 0.82,2015 年减至约 0.3,表明是东北工业专业化的降低对东北工业产生了负向影响。

表 6-2　经验计量全样本模型结果

	(1)	(2)	(3)	(4)	(5)	(6)
vcp	-0.067^{***}	-0.051^{***}	-0.115^{***}	-0.145^{***}	-0.127^{***}	-0.32^{***}
	(0.02)	(0.020)	(0.011)	(0.018)	(0.017)	(0.016)
k	0.941^{***}	0.91^{***}	1.009^{***}	0.974^{***}	0.978^{***}	
	(0.016)	(0.015)	(0.015)	(0.014)	(0.014)	
l	0.053^{***}	0.030^{*}	0.083^{***}	0.054^{***}		
	(0.018)	(0.018)	(0.018)	(0.018)		
inf	0.188^{***}	0.205^{***}				
	(0.019)	(0.018)				
de	0.090^{***}	0.095^{***}		$.054^{***}$	$.052^{***}$	
	(0.018)	(0.018)		(0.019)	(0.019)	
se	-0.084^{***}		-0.118^{***}			
	(0.017)		(0.017)			
样本量	1914	1914	1914	1914	1914	1914
R^2	0.787	0.792	0.772	0.779	0.783	0.103

注:括号内为标准误,*** $p<0.01$,** $p<0.05$,* $p<0.1$。

　　解释东北脱节国内工业价值链致使工业衰退的机理,首先是市场缩减效应,东北工业脱离国内价值链的治理体系,参与国内区域间的协作生产减少,以及在国内市场上工业中间品和最终品销量减少,参与国内市场的竞争不断减弱。具体表现为东北市场的"引资难"和东北工业的"走出去难"。一方面来看东北市场的"引资难",东北地区作为中国执行计划经济时间最长、最成功的地区之一,深受计划经济浸染,市场观念淡薄,营商环境较差,有"投资不过山海关"的说法,外部企业不愿进入东北市场,直接造成东北工业融入国内经济循环的困难。另一方面是东北工业的"走出去难",计划经济时期为东北留下大量国有企业,经过多轮国企改制,东北现阶段仍为我国国有企业占比最高的区域之一。国有企业常凭借其行政垄断地位攫取垄断利润,缺乏创新动机和寻求新商机的敏锐度,导致国有企业出现技术落后,难以与外部同类型的工业企业竞争,从而不断丢掉市场份额,东北工业也随之逐渐衰退。在中国加入国际经济大循环背景下考察,发现国内地区间的不平衡开放,使国内工业价值链被重构,东部沿海工业对东北形成间接和直接替代。一方面,东部沿海借助区位优势率先加入国际经济循环,减少对东北地区工业最终品和中间品的采购与使用,对东北工业形成间接替代效应。另一方面,东部沿海在深度融入全球工业价值链的过程中,通过获取溢出和"干中学"快速提升工业能力,其生产的工业产品在国内市场与东北老工业基地直接竞争。然而,长期脱离国际市场的东北工业,早已不是东部沿海的竞争对手。此时,东部沿海的工业产品对东北地区形成直接替代。随着东北工业品不断被替代,其参与国内市场竞争和企业间交流的机会也将减少,从而不断缩减国内市场份额。

其次是技术衰退效应。价值链的本质是一种治理机制,即"链主型"企业依靠强大技术、市场或品牌优势,拥有优先配置产品增加值的能力,既可以建立"链主型"企业直接投资而形成紧密的垂直一体化价值链,也可以形成市场交易型松散的价值链(刘志彪,2019)。价值链上的企业相互配套,协作生产出完整的产品,那么就要求这些企业的生产技术具有衔接性,因此价值链是限制企业间技术代差拉大的有效机制(张少军和刘志彪,2013)。对于以国有企业为主体的东北工业来说,国有企业缺乏创新动机,必然导致东北工业技术的落后,其工业装备逐渐失去竞争力,导致东北工业脱离国内工业价值链,缺乏了价值链上相互配套企业间的技术协同效应,将造成东北工业与发达区域技术差距的拉大。东北地区的工业技术衰退效应表现在:第一是规模不经济效应。失去技术优势的东北工业,不可避免地失去原有的工业装备市场。根据斯密定律,市场的缩减难以支撑起分工细化和生产效率提升,东北工业在生产中出现规模不经济效应。第二是竞争弱化效应。东北工业参与区域间生产和销售活动减少,并退出了与外部同类型企业的市场竞争,竞争机制的弱化将强化国有企业垄断,磨灭企业的竞争力和创新动机,将中小民营企业压制在更加狭小的发展空间里,使东北工业丧失与发达地区协同发展的战略机遇。第三是资源分割效应。脱离国内价值链,抑制东北工业比较优势的释放,不仅有损于东北的产业发展,同时也将扩展全国的帕累托改进空间,致使东北工业陷入不利的发展境地。

再次是恶性循环累积因果效应。市场缩减效应和技术衰退效应存在循环累积因果效应。原有的国内经济循环被东部沿海率先融入全球价值链打破,形成对东北工业的替代。不断缩减市场的东北工业意味着企业收益的减少,对应的企业研发费用必然随之降低,无力研发的工业企业便难以进行产品创新,工业技术逐渐没落下去。工业技术的没落便进一步降低了工业产品的竞争力,其市场进一步缩减,如此往复,形成技术衰退与市场缩减的循环累积因果效应,造成东北工业不断出现衰退。这一机制很好解释了东北工业的衰退和"振而不兴"困局,因为脱节国内经济循环造成东北工业衰退,使东北工业陷入市场缩减和技术衰退的发展困局。虽然国家实施了多轮振兴东北的计划,但这种借助投资和财政补贴等"输血式"方式的东北振兴模式,不能打破市场缩减与技术衰退的恶性循环,更不能激发东北经济的内生增长动力,因此难以真正从根本上振兴东北工业。

6.1.2.2　内生性检验

研究产业价值链参与度或区际贸易与工业产值的关系,无可避免的是考虑两者的内生性问题。如果内生变量与扰动项相关,将导致一般最小二乘法(OLS)估计结果的不一致。这时就需要将内生变量分解成两部分,一部分与扰动项相关,另一部分与扰动项无关,这样就可以使用与扰动项无关的变量得到一致性估计。常见的方法是找到合适的工具变量,工具变量要求满足两个条件,即与内生解释变量的相关性和与扰动项的不相关性。这对工具变量的寻找提出了很高的要求。针对国内价值链参与度工具变量的相关文献较少,我们在借鉴盛斌(2020)做法的基础上,进行更加细化的处理,并延长考察期限。将东北三省的最高行政领导(省长和省委书记)与其他地区的调动(包括调入和调出)数据作为国内价值链参与度的工具变量,原因有二:其一,在中国的强政府体制下,行政领导对地方经济发展具有重要影响(周黎安,2004),行政领导的跨区域调动会促进区域间的经济联动,因此满足工具变量的相关性设定;其二,地方行政领导由中央直接任命,与产业经济发展的影响因素无相关关系,较好满足外生性条件。

为与投入产出表的年份相一致,将 1987 年、1997 年、2002 年、2007 年、2012 年和 2015 年设定为时间节点。1978—1987 年辽宁、吉林、黑龙江的行政领导与东北以外的调动情况作为 1987 年的工具变量数据(OT),同样,1987—1997 年东北三省行政领导与东北以外的调动情况作为 1997 年的数据,以此类推,得到 2002 年、2007 年、2012 年、2015 年的行政领导调动数据。由于行政领导在区域间调动对产业联动的影响具有递减效应,因此并没有采用盛斌(2020)选用累积数据的做法,而仅选取相对应时间区间的调动数据作为工具变量。数据来源于《中华人民共和国职官志》及人民网地方领导资料库。使用面板工具变量法进行经验分析,得到计量结果,如表 6-3 所示。

表6-3 内生性检验

	工具变量检验				滞后项检验		
	(1)	(2)	(3)	(4)	(5)	(6)	(7)
vcp(ot)	-0.264*** (-0.071)	-0.289*** (-0.075)	-0.237*** (-0.088)	-0.486*** (-0.088)	-0.331*** (-0.022)		
l—vcp						-0.096*** (-0.022)	
l2—vcp							-0.075*** (-0.025)
se	-0.131*** (-0.021)			0.235*** (-0.029)		-0.108*** (-0.019)	-0.108*** (-0.019)
de	0.203*** (-0.043)	0.241*** (-0.047)	0.124* (-0.074)	0.522*** (-0.065)		0.101*** (-0.021)	0.078*** (-0.021)
l	0.180*** (-0.034)	0.159*** (-0.033)	0.137*** (-0.038)			0.109*** (-0.021)	0.099*** (-0.021)
k	0.986*** (-0.018)	0.942*** (-0.017)	0.995*** (-0.018)			0.986*** (-0.018)	0.989*** (-0.018)
inf	0.116*** (-0.035)	0.123*** (-0.035)		0.488*** (-0.044)		0.166*** (-0.022)	0.162*** (-0.025)

续 表

	工具变量检验					滞后项检验	
	(1)	(2)	(3)	(4)	(5)	(6)	(7)
Anderson canon. corr. LM 统计量	150.2***	136.7***	83.7***	250.0***	936.6***		
Cragg-Donald Wald F 统计量	162.976	147.223	87.433	288.502	1898.065		
Sargan 统计量	无过度识别	无过度识别	无过度识别	无过度识别	无过度识别		
样本量	1914	1914	1914	1914	1914	1848	1782
R^2	0.773	0.764	0.762	0.309	0.184	0.782	0.779

注：括号内为标准误，*** $p<0.01$，** $p<0.05$，* $p<0.1$。

模型(5)展示的经验回归结果显著支持东北工业脱节国内价值链造成了东北工业衰退的结论,模型(4)至模型(1)逐渐加入控制变量,结果稳定且显著。表中 Anderson canon. corr. LM 统计量、Cragg-Donald Wald F 统计量和 Sargan 统计量证明工具变量的经验分析中不存在识别不足、弱工具变量和过度识别问题。为进一步缓解内生性问题,使用脱节变量的滞后项进行检验,模型(6)和模型(7)分别是核心解释变量滞后一、二期的经验分析结果,结果均显著且有效。最后得出结论:考虑了内生性问题后,本书的核心结论仍然成立。

6.1.2.3 稳健性检验

经验分析是否稳健是检验实证结果可靠性的重要步骤,此处选取政策冲击效应进行稳健性检验。为应对 20 世纪 90 年代以来出现的东北经济衰退,2003 年国家提出"东北振兴"战略,该战略的实施大为改善了东北的经济发展,有效遏制了产业衰退。然而,东北地区体制性、结构性等深层次问题仍然未得到有效解决。因此,"东北振兴"战略实施以来,东北地区的工业产值增长虽有提升,但是其脱节国内价值链的趋势仍未改变。在经验分析模型中加入"东北振兴"战略政策冲击的虚拟变量(rn),得出结果如表 6 - 4 模型(4)所示,发现实施"东北振兴"战略以来,价值链脱节依然显著负向影响了东北工业产值。同时,交互项系数也为负值,说明实施"东北振兴"战略并没有通过促进东北工业融入国内价值链而有效遏制东北工业衰退。此外,检验中加入东北工业价值链参与度的滞后一期(l - vcp)和滞后二期(l2 - vcp)变量,结果说明经验分析结果是稳健的。

表 6 - 4 稳健性与异质性检验

	异质性检验			稳健性检验
	(1)	(2)	(3)	(4)
ifc	-0.049^{***} (-0.011)	-0.027^{***} (-0.010)	-0.026^{**} (-0.010)	
vcp				-0.036^{*} (-0.020)
vcp * rn				-0.086^{**} (-0.035)
se	-0.080^{***} (-0.018)		-0.101^{***} (-0.017)	0.272^{***} (-0.027)

	异质性检验			稳健性检验
	（1）	（2）	（3）	（4）
de	0.083*** (−0.017)			0.192*** (−0.032)
l	0.091*** (−0.019)	0.093*** (−0.018)	0.110*** (−0.018)	
k	0.95*** (−0.017)	0.937*** (−0.016)	0.969*** (−0.017)	
inf	0.291*** (−0.008)	0.202*** (−0.008)	0.203*** (−0.008)	0.747*** (−0.037)
样本量	1914	1914	1914	1914
R^2	0.782	0.775	0.779	0.397

注:括号内为标准误,*** $p<0.01$,** $p<0.05$,* $p<0.1$。

6.1.2.4　异质性分析

进一步,选取价值链参与度的合适替代变量进行异质性分析,依据有效性和科学性原则,选用工业流动系数替代价值链参与度。工业流动系数表示工业中间品和最终品在区域—产业间的流动和使用强度。该系数越大,说明某地区与国内区域间的工业联系越密切,对价值链参与度具有较好的替代性和异质性。

使用东北工业流动系数,正如前面计算得到的数据,代替东北工业价值链参与度进行经验分析,如表6-4中模型(1)至模型(3)所示,渐次加入控制变量,结果显著且稳健。考虑了异质性问题后,全样本经验分析的核心结论没有受到影响。

6.2　东北地区和产业层面的实证研究

本部分从地区和工业分类层面研究脱节国内价值链对东北工业的影响,以此充实、丰富研究内容和层次。

6.2.1　地区层面的经验研究

使用东北辽宁、吉林和黑龙江三省数据,进行基准回归、工具变量检验、滞后项检验、异质性检验和交互项分析等经验研究,得到相应结果,逐个进行分析。

6.2.1.1 价值链脱节造成辽宁省工业衰退的实证研究

辽宁作为东北经济发展的龙头省份,其工业发展中存在的脱节问题具有代表性,对其进行经验研究,基准模型和工具变量检验实证结果正如表6-5所示。基准回归(1)—(3)中,脱节国内价值链对辽宁工业发展产生了显著的负向影响。随着控制变量的增减,回归结果依旧稳健。控制变量中,劳动、资本和基础设施的作用显著,尤其是资本对辽宁工业发展起到较大的作用,也说明辽宁工业发展的资本驱动型特征。同时,经济专业化和多样化对辽宁工业的作用效果不够显著。

表6-5 辽宁省脱节价值链对工业衰退影响的基准回归和工具变量检验

	基准回归			工具变量检验(ot)	
	(1)	(2)	(3)	(4)	(5)
vcp	−0.108*** (−0.029)	−0.100*** (−0.026)	−0.166*** (−0.018)	−0.114*** (−0.031)	−0.118*** (−0.029)
se	0.018 (−0.029)			0.017 (−0.029)	
de	0.034 (−0.028)			0.035 (−0.028)	
l	0.144*** (−0.033)	0.154*** (−0.031)	0.178*** (−0.030)	0.147*** (−0.033)	0.165*** (−0.032)
k	0.978*** (−0.025)	0.979*** (−0.025)	1.014*** (−0.023)	0.979*** (−0.026)	0.98*** (−0.025)
inf	0.105*** (−0.029)	0.086*** (−0.025)		0.102*** (−0.030)	0.073*** (−0.027)
cons	0.000 (−0.013)	0.000 (−0.013)	0.000 (−0.013)	0.000 (−0.013)	0.000 (−0.013)
样本量	638	638	638	638	638
R^2	0.771	0.769	0.757	0.770	0.766

注:括号内为标准误,*** $p < 0.01$,** $p < 0.05$,* $p < 0.1$。

为解决基准模型的内生性问题,进行工具变量检验,结果依旧显著,如模型(4)和模型(5)所示,有效解决了回归模型的内生性问题。

异质性检验、滞后项检验和交互项检验结果如表6-6所示,使用工业流动系数替代价值链参与度指标来表示价值链脱节变量,进行异质性检验,如模型(1)和模型(2)所示,结果显著,说明回归结论相当稳健,不存在异质性问题。

表6-6　辽宁省脱节价值链对工业衰退影响的实证模型滞后项、交互项和异质性检验

	异质性检验		滞后项检验		交互项检验
	(1)	(2)	(3)	(4)	(5)
ifc	−0.047** (−0.020)	−0.041** (−0.018)			
vcp					−0.125*** (−0.033)
l−vcp			−0.139*** (−0.032)		
l2−vcp				−0.157*** (−0.038)	
vcp * rn					−0.032 (−0.030)
se	0.034 (−0.029)		0.018 (−0.03)	0.021 (−0.031)	0.017 (−0.029)
de	0.029 (−0.030)		0.034 (−0.028)	0.028 (−0.030)	0.027 (−0.029)
l	0.105*** (−0.030)	0.118*** (−0.029)	0.145*** (−0.033)	0.136*** (−0.033)	0.146*** (−0.033)
k	0.965*** (−0.026)	0.969*** (−0.025)	0.996*** (−0.026)	1*** (−0.027)	0.978*** (−0.025)
inf	0.212*** (−0.036)	0.186*** (−0.022)	0.067** (−0.032)	0.037 (−0.036)	0.112*** (−0.030)
cons	0.000 (−0.013)	0.000 (−0.013)	0.004 (−0.014)	0.013 (−0.015)	0.000 (−0.013)
样本量	638	638	616	594	638
R^2	0.778	0.775	0.770	0.772	0.771

注:括号内为标准误,*** $p<0.01$,** $p<0.05$,* $p<0.1$。

滞后项检验的实证结果,如模型(3)和模型(4)所示,系数显著,表明价值链脱节对辽宁工业的负向影响具有持续性。此外,在基准模型中加入价值链参与度和"东北振兴"战略虚拟变量的交互项,结果在模型(5)中展示,

发现价值链脱节对辽宁工业的负向作用没有发生改变,同时交互项系数并不显著,说明"东北振兴"战略没有很好地通过使辽宁融入国内价值链而促进工业繁荣。

6.2.1.2 价值链脱节造成吉林省工业衰退的实证研究

吉林省脱节国内价值链对工业衰退影响的基准回归、工具变量检验、异质性检验、滞后项和交互项实证结果如表6-7所示。基准模型(1)中,价值链脱节对吉林工业增长具有不显著的负向影响,表现出与整体经验分析结果的不一致性。但滞后项检验(2)和(3)中滞后一期和滞后二期均表明脱节国内价值链对吉林工业发展的负向影响作用,说明与国内价值链脱节对吉林工业负向影响具有显著的延期效应。控制变量中,经济专业化、经济多样化、资本、基础设施对吉林工业的影响显著。其中,除经济专业化外,其他控制变量均对吉林工业呈现出促进作用,资本的作用最大,与东北整体的实证情况一致。此外,劳动对吉林工业发展的作用不显著,说明吉林的人力资本在促进工业增长上仍有提升空间。工具变量对吉林工业发展具有显著的负向影响,有效控制了实证模型的内生性问题,同时交互项系数显著,说明"东北振兴"战略没有通过使吉林融入国内价值链而促进其工业发展。

6.2.1.3 价值链脱节造成黑龙江省工业衰退的实证研究

黑龙江省脱节国内价值链对工业衰退影响的回归结果如表6-8所示。通过基准回归(1)—(4),发现脱节国内价值链抑制了黑龙江工业发展,解释了其工业的衰退,增减控制变量,核心变量的结果稳健。控制变量中,经济专业化、劳动力、资本存量和基础设施均对黑龙江工业产生促进作用。其中,资本的作用最大,表明黑龙江工业发展的资本驱动特征,这与全样本实证结果一致,而经济多样化的作用不显著。工具变量检验结果,在模型(5)和模型(6)中展示,显著且稳健,说明内生性问题得到有效控制。

黑龙江脱节国内价值链对工业衰退影响的实证模型滞后项、交互项和异质性检验在表6-9中展示。异质性检验结果为模型(4)和模型(5),使用工业流动系数替代价值链参与度,回归结果显著,表明黑龙江的基准回归模型结果是稳健的。滞后项检验结果为模型(1)和模型(2),滞后一期的价值链参与度显著阻滞了黑龙江工业经济增长,而滞后二期不显著。政策冲击检验中,价值链脱节对黑龙江工业衰退的解释依旧显著,但交互项的负向影响不够显著,说明"东北振兴"战略的实施没有通过使黑龙江融入国内价值链而促进其工业振兴。

表6-7 吉林省脱钩价值链对工业衰退影响的基准回归和各种检验模型

	基准回归	工具变量检验(ot)		滞后项		交互项	异质性检验
	(1)	(2)	(3)	(4)	(5)	(6)	(7)
vcp	-0.028 (-0.048)	-1.353** (-0.682)	0.430*** (-0.058)			0.001 (-0.049)	
l—vcp				-0.102* (-0.055)			
l2—vcp					-0.144** (-0.059)		
vcp*m						0.079** (-0.034)	
ifc							-0.009 (-0.024)
se	-0.213*** (-0.033)	-0.386*** (-0.102)		-0.220*** (-0.035)	-0.222*** (-0.036)	-0.214*** (-0.033)	-0.208*** (-0.033)
de	0.190*** (-0.049)	1.084** (-0.464)		0.232*** (-0.055)	0.223*** (-0.054)	0.000 (-0.050)	0.181*** (-0.046)
l	-0.045 (-0.035)	0.153 (-0.114)	-0.213*** (-0.038)	-0.036 (-0.039)	-0.036 (-0.040)	-0.050 (-0.035)	-0.049 (-0.035)

续 表

	基准回归	工具变量检验(ot)		滞后项		交互项	异质性检验
	(1)	(2)	(3)	(4)	(5)	(6)	(7)
k	1.029*** (−0.030)	1.157*** (−0.080)	0.926*** (−0.029)	1.038*** (−0.031)	1.043*** (−0.031)	1.030*** (−0.030)	1.024*** (−0.030)
inf	0.251*** (−0.036)	−0.087 (−0.181)	0.446*** (−0.049)	0.214*** (−0.042)	0.162*** (−0.051)	0.224*** (−0.038)	0.272*** (−0.05)
cons	0.000 (−0.015)	0.000 (−0.023)	0.000 (−0.016)	0.008 (−0.016)	0.018 (−0.019)	0.000 (−0.015)	0.000 (−0.015)
样本量	638	638	638	616	594	638	638
R^2	0.820	0.683	0.770	0.819	0.819	0.821	0.820

注：括号内为标准误，*** $p<0.01$，** $p<0.05$，* $p<0.1$。

表6-8　黑龙江省脱节价值链对工业衰退影响的基准回归和工具变量检验

	基准回归				工具变量检验(ot)	
	(1)	(2)	(3)	(4)	(5)	(6)
vcp	−0.091** (−0.039)	−0.124*** (−0.032)	−0.176*** (−0.021)	−0.276*** (−0.021)	−0.113** (−0.046)	−0.129** (−0.058)
se	0.382*** (−0.047)				0.378*** (−0.047)	
de	0.011 (−0.035)				0.023 (−0.038)	
l	0.086** (−0.034)	0.128*** (−0.035)	0.134*** (−0.035)		0.091*** (−0.035)	0.131*** (−0.043)
k	0.404*** (−0.044)	0.669*** (−0.031)	0.688*** (−0.030)		0.407*** (−0.044)	0.669*** (−0.031)
inf	0.100*** (−0.029)	0.065** (−0.029)			0.092*** (−0.030)	0.061 (−0.045)
cons	0.000 (−0.014)	0.000 (−0.015)	0.000 (−0.015)	0.000 (−0.021)	0.000 (−0.014)	0.000 (−0.015)
样本量	638	638	638	638	638	638
R^2	0.801	0.749	0.749	0.076	0.799	0.748

注:括号内为标准误,*** $p<0.01$,** $p<0.05$,* $p<0.1$。

表6-9　黑龙江省脱节价值链对工业衰退影响的实证模型滞后项、交互项和异质性检验

	滞后项检验		交互项		异质性检验
	(1)	(2)	(3)	(4)	(5)
vcp			−0.105** (−0.041)		
l−vcp	−0.082* (−0.045)				
l2−vcp		−0.068 (−0.052)			
vcp * rn			−0.030 (−0.032)		
ifc				−0.057** (−0.024)	−0.056*** (−0.017)
se	0.400*** (−0.048)	0.402*** (−0.049)	0.387*** (−0.047)	0.394*** (−0.046)	

	滞后项检验		交互项		异质性检验
	(1)	(2)	(3)	(4)	(5)
de	0.002 (−0.037)	−0.013 (−0.040)	0.005 (−0.035)	0.028 (−0.040)	
l	0.061 (−0.038)	0.051 (−0.039)	0.088** (−0.034)	0.077** (−0.034)	0.111*** (−0.034)
k	0.371*** (−0.046)	0.352*** (−0.047)	0.401*** (−0.044)	0.397*** (−0.044)	0.669*** (−0.031)
inf	0.095*** (−0.035)	0.095** (−0.042)	0.109*** (−0.031)	0.202*** (−0.039)	0.178*** (−0.021)
cons	0.004 (−0.015)	0.007 (−0.017)	0.000 (−0.014)	0.000 (−0.014)	0.000 (−0.015)
样本量	616	594	638	638	638
R^2	0.807	0.808	0.801	0.804	0.753

注:括号内为标准误,*** $p<0.01$,** $p<0.05$,* $p<0.1$。

综合地区层面的实证分析,脱节国内价值链较为可靠地解释了东北三省的工业衰退,其中对辽宁工业衰退的解释效果最大,其次是黑龙江,均控制了内生性问题,得到的结果稳健有效。滞后项检验中,辽宁和吉林的国内价值链参与度变量滞后一期和滞后二期均有效解释了工业衰退,其中对辽宁省解释的显著性更高。同时,黑龙江的国内价值链参与度变量仅滞后一期显著解释了其工业衰退。这说明与国内价值链脱节对辽宁省、吉林省和黑龙江省工业发展影响的持续性依次减弱。

6.2.2　东北工业层面的实证研究

东北工业层面的实证研究将工业划分为劳动、资本和技术密集型[①],使用相应数据,进行基准回归、工具变量检验、滞后项检验、异质性检验和交互项分析,以探究脱节国内价值链对东北各类型工业的影响,将得到的结果逐

---

① 资本密集型工业包含电气机械和器材制造业、非金属矿采选业、非金属矿物制品业、黑色金属矿采选业、黑色金属冶炼和压延加工业、化学纤维制造业、化学原料和化学制品制造业、金属制品业、煤炭开采和洗选业、石油和天然气开采业、石油加工炼焦和核燃料加工业、通用设备制造业。劳动密集型工业包含纺织服装服饰业、纺织业、酒饮料和精制茶制造业、食品制造业、烟草制品业、造纸和纸制品业。技术密集型工业包含计算机通信和其他电子设备制造业、医药制造业、仪器仪表制造业、专用设备制造业。

类进行分析。

6.2.2.1　价值链脱节造成资本密集型工业衰退的实证研究

东北作为我国的老工业基地,以重工业为主体的资本密集型工业占据主要地位,首先分析东北脱节国内价值链对资本密集型工业的影响。如表6-10所示,基准回归结果在模型(1)至模型(3),东北工业的国内价值链参与度系数显著为负,增减控制变量,结果稳健可靠,说明东北脱节国内价值链解释了资本密集型工业的衰退。控制变量中,经济多样化、劳动、资本和基础设施均对东北资本密集型工业增长有正向贡献,且显著有效。其中,资本对东北资本密集型工业的正向促进最为显著,这符合资本密集型工业的发展特征。同时,由于东北经济专业化水平出现下降,对资本密集型工业表现出负向影响。使用地方官员跨区域交流的工具变量进行内生性检验,结果在模型(4)至模型(6)中展示,发现工具变量系数显著,且与基准模型保持一致,逐渐增加控制变量得到的结果稳健,说明回归模型的内生性问题得到有效控制。

表6-10　价值链脱节对资本密集型工业衰退影响的基准回归和工具变量检验

	基准回归			工具变量检验(ot)		
	(1)	(2)	(3)	(4)	(5)	(6)
vcp	-0.152^{***} (-0.029)	-0.244^{***} (-0.026)	-0.131^{***} (-0.015)	-0.502^{***} (-0.120)	-0.482^{***} (-0.076)	-0.176^{***} (-0.023)
se	-0.156^{***} (-0.025)	-0.194^{***} (-0.025)		-0.237^{***} (-0.038)	-0.239^{***} (-0.029)	
de	0.139^{***} (-0.026)	0.090^{***} (-0.026)		0.326^{***} (-0.068)	0.276^{***} (-0.062)	
l	0.185^{***} (-0.031)	0.237^{***} (-0.031)	0.151^{***} (-0.030)	0.368^{***} (-0.069)	0.359^{***} (-0.049)	0.196^{***} (-0.035)
k	0.944^{***} (-0.024)	1.036^{***} (-0.021)	0.981^{***} (-0.021)	0.99^{***} (-0.030)	1.019^{***} (-0.023)	0.959^{***} (-0.023)
inf	0.205^{***} (-0.028)			0.058 (-0.057)		
cons	0.000 (-0.011)	0.000 (-0.011)	0.000 (-0.012)	0.000 (-0.012)	0.000 (-0.012)	0.000 (-0.012)
样本量	1044	1044	1044	1044	1044	1044
R^2	0.791	0.783	0.712	0.812	0.807	0.800

注:括号内为标准误,*** p<0.01,** p<0.05,* p<0.1。

　　东北脱节国内价值链对资本密集型工业衰退影响的实证模型滞后项、交互项和异质性检验结果如表6-11所示。使用工业流动系数替代价值链参与度指标进行异质性检验，得到结果显著且一致，表明实证结果不会因为测度指标的改变而改变，不存在异质性问题。滞后项检验结果，展示在模型(3)和模型(4)中，滞后一期和滞后二期的东北工业脱节国内价值链变量系数显著为负，说明脱节国内价值链的滞后项对东北资本密集型工业衰退具有解释效力；反过来解释，也就是说脱节价值链对东北资本密集型工业的影响具有延续性。在基准模型中加入"东北振兴"战略与价值链参与度的交互项，没有改变核心变量系数的情况下，交互项系数同样显著，但系数很小，说明"东北振兴"战略难以通过促进资本密集型工业融入国内价值链而有效促进其振兴。

表6-11　价值链脱节对资本密集型工业衰退影响的实证模型滞后项、交互项和异质性检验

	异质性检验		滞后项		交互项
	(1)	(2)	(3)	(4)	(5)
ifc	−0.067*** (−0.015)	−0.042*** (−0.012)			
l−vcp			−0.151*** (−0.032)		
l2−vcp				−0.116*** (−0.035)	
vcp					−0.218*** (−0.031)
vcp * rn					0.040* (−0.024)
se	−0.111*** (−0.024)	−0.148*** (−0.025)	−0.158*** (−0.025)	−0.151*** (−0.026)	−0.195*** (−0.025)
de	0.099*** (−0.023)	−0.093*** (−0.016)	0.127*** (−0.028)	0.095*** (−0.029)	0.100*** (−0.027)
l	0.129*** (−0.028)	0.096*** (−0.029)	0.172*** (−0.031)	0.149*** (−0.031)	0.234*** (−0.031)
k	0.904*** (−0.025)	1.038*** (−0.023)	0.959*** (−0.025)	0.959*** (−0.026)	1.032*** (−0.022)
inf	0.363*** (−0.033)		0.175*** (−0.032)	0.174*** (−0.036)	

	异质性检验		滞后项		交互项
	(1)	(2)	(3)	(4)	(5)
cons	0.000 (−0.011)	0.000 (−0.012)	0.008 (−0.012)	0.013 (−0.013)	0.000 (−0.011)
样本量	1044	1044	1008	972	1044
R^2	0.784	0.758	0.785	0.780	0.775

注:括号内为标准误,*** p<0.01, ** p<0.05, * p<0.1。

6.2.2.2　价值链脱节造成技术密集型工业衰退的实证研究

东北脱节国内价值链对技术密集型工业衰退影响的基准回归和工具变量检验结果如表 6-12 所示。基准回归模型(1)至模型(3)中,东北逐渐弱化的国内价值链参与度负向影响了东北技术密集工业发展,即解释了东北技术密集型工业的衰退现象,逐渐增加控制变量,结果依旧稳健。控制变量中,劳动和资本起到了正向促进作用。其中,资本对东北技术密集型工业增长的贡献较大,而人力资本的贡献却较小,说明东北人力资本的创新能力有待进一步提升。也就是说,技术密集型工业的核心投入要素(人力资本)的作用有限。此外,经济专业化和经济多样化的作用不够显著。工具变量检验结果,展示在模型(4)和模型(5)中,工具变量的结果与核心解释变量保持一致,说明内生性问题得到有效控制。

表 6-12　价值链脱节对技术密集型工业衰退影响的基准回归和工具变量检验

	基准回归			工具变量检验(ot)	
	(1)	(2)	(3)	(4)	(5)
vcp	−0.101*** (−0.034)	−0.098*** (−0.034)	−0.069*** (−0.020)	−0.218** (−0.101)	−0.080*** (−0.029)
se	0.027 (−0.036)			0.042 (−0.039)	
de	0.038 (−0.035)	0.036 (−0.035)		0.135 (−0.087)	
l	0.111*** (−0.032)	0.118*** (−0.031)	0.114*** (−0.031)	0.145*** (−0.043)	0.122*** (−0.034)
k	1.017*** (−0.025)	1.024*** (−0.023)	1.021*** (−0.023)	1.001*** (−0.028)	1.016*** (−0.025)

	基准回归			工具变量检验(ot)	
	(1)	(2)	(3)	(4)	(5)
cons	0.000 (−0.015)	0.000 (−0.015)	0.000 (−0.015)	0.000 (−0.016)	0.000 (−0.015)
样本量	348	348	348	348	348
R^2	0.890	0.889	0.889	0.886	0.889

注:括号内为标准误, *** $p<0.01$, ** $p<0.05$, * $p<0.1$。

东北脱节国内价值链对技术密集型工业衰退影响的实证模型滞后项、交互项和异质性检验结果如表 6-13 所示。滞后项检验结果,展示在模型(1)和模型(2)中,滞后一期和滞后二期的价值链参与度对东北技术密集型工业衰退的解释力依旧显著,说明脱节国内价值链对东北技术密集型工业具有滞后影响效应,即负向影响具有持续性。异质性检验和交互项的影响不显著,但交互项的加入没有影响脱节国内价值链对东北技术密集型工业衰退的解释力,说明"东北振兴"战略对东北技术密集型工业的影响不显著。同时,该战略没有通过使东北技术密集型工业融入国内价值链而促进其增长。应从这一角度反思"东北振兴"战略对东北技术密集型工业的实施效果。

表6-13　价值链脱节对技术密集型工业衰退影响的实证模型滞后项、交互项和异质性检验

	滞后项检验		异质性检验	交互项
	(1)	(2)	(3)	(4)
l-vcp	−0.109 *** (−0.036)			
l2-vcp		−0.101 *** (−0.036)		
ifc			0.023 (−0.017)	
vcp				−0.117 *** (−0.041)
vcp * rn				−0.025 (−0.033)
se	0.036 (−0.037)	0.040 (−0.038)	0.019 (−0.036)	0.026 (−0.036)

	滞后项检验		异质性检验	交互项
	(1)	(2)	(3)	(4)
de	0.042 (−0.039)	0.027 (−0.041)	−0.042** (−0.020)	0.031 (−0.036)
l	0.108*** (−0.033)	0.103*** (−0.034)	0.073** (−0.031)	0.114*** (−0.032)
k	1.007*** (−0.026)	1.001*** (−0.027)	1.022*** (−0.025)	1.021*** (−0.025)
cons	0.004 (−0.016)	0.007 (−0.017)	0.000 (−0.015)	0.000 (−0.015)
样本量	336	324	348	348
R^2	0.89	0.889	0.887	0.890

注:括号内为标准误,*** $p<0.01$,** $p<0.05$,* $p<0.1$。

6.2.2.3　价值链脱节造成劳动密集型工业衰退的实证研究

东北脱节国内价值链对劳动密集型工业衰退影响的基准回归和工具变量检验结果如表 6–14 所示。基准回归模型(1)至模型(3)中,国内价值链参与度对东北劳动密集型工业起到显著的负向影响,增减控制变量,核心变量的结果稳健。控制变量中,经济专业化、经济多样化、劳动、资本的系数均显著为正。其中,资本对东北劳动密集型工业的正向作用最大。值得注意的是,人力资本对劳动密集型工业的影响系数为负,这可能与东北人力资本大量外流有密切关系,劳动力外流尤其不利于东北劳动密集型工业增长。工具变量检验模型(4)和模型(5)中,工具变量的系数显著且稳健,与核心解释变量保持一致,说明有效控制了模型中的内生性问题。

表 6–14　价值链脱节对劳动密集型工业衰退影响的基准回归和工具变量检验

	基准回归			工具变量检验	
	(1)	(2)	(3)	(4)	(5)
vcp	−0.160*** (−0.038)	−0.087*** (−0.026)	−0.370*** (−0.033)	−0.396*** (−0.102)	−0.15*** (−0.042)
se	−0.096*** (−0.036)			−0.097*** (−0.038)	
de	0.103*** (−0.040)			0.287*** (−0.084)	

	基准回归			工具变量检验	
	(1)	(2)	(3)	(4)	(5)
l	−0.232*** (−0.035)	−0.225*** (−0.034)		−0.161*** (−0.046)	−0.166*** (−0.047)
k	1.035*** (−0.031)	1.008*** (−0.03)		0.989*** (−0.037)	0.969*** (−0.037)
cons	0.000 (−0.017)	0.000 (−0.018)	0.000 (−0.033)	0.000 (−0.018)	0.000 (−0.018)
样本量	522	522	522	522	522
R^2	0.835	0.829	0.107	0.836	0.822

注:括号内为标准误,*** $p<0.01$,** $p<0.05$,* $p<0.1$。

　　东北脱节国内价值链对劳动密集型工业衰退影响的实证模型滞后项、交互项和异质性检验结果如表6-15所示。滞后项检验结果,展示在模型(2)和模型(3)中,核心解释变量的滞后一期和滞后二期对东北劳动密集型工业具有显著的负向影响,表明脱节国内价值链对东北劳动密集型工业的影响具有持续性。异质性检验不够显著,同时"东北振兴"战略与价值链参与度指标交互项的加入,使核心解释变量的影响不再显著,但交互项的影响系数是显著的,说明"东北振兴"战略对东北劳动密集型工业脱节国内价值链具有一定的控制效应,但并没有通过使东北劳动密集型工业融入国内价值链而令其重新振作。

表6-15　价值链脱节对劳动密集型工业衰退影响的实证模型滞后项、交互项和异质性检验

	异质性检验	滞后项		交互项
	(1)	(2)	(3)	(4)
ifc	0.001 (−0.022)			
l - vcp		−0.237*** (−0.038)		
l2 - vcp			−0.293*** (−0.037)	
vcp				−0.058 (−0.044)

续　表

	异质性检验	滞后项		交互项
	（1）	（2）	（3）	（4）
vcp * rn				0.160*** （−0.036）
se	−0.039 （−0.033）	−0.089** （−0.036）	−0.097*** （−0.036）	−0.109*** （−0.036）
de	0.209*** （−0.031）	0.176*** （−0.042）	0.212*** （−0.042）	0.147*** （−0.040）
l	−0.170*** （−0.032）	−0.280*** （−0.038）	−0.286*** （−0.038）	−0.232*** （−0.034）
k	0.867*** （−0.031）	1.012*** （−0.031）	0.986*** （−0.030）	1.021*** （−0.03）
inf	0.458*** （−0.047）			
_cons	0.000 （−0.015）	−0.001 （−0.017）	0.011 （−0.018）	0.000 （−0.017）
样本量	522	504	486	522
R^2	0.834	0.803	0.822	0.79

注：括号内为标准误，*** $p < 0.01$，** $p < 0.05$，* $p < 0.1$。

综述工业分类层面的经验研究，脱节国内价值链较为可靠地解释了东北资本、技术和劳动密集型工业的衰退现象。其中，脱节国内价值链对东北资本密集型工业衰退的解释效果最好，因为资本密集型工业为东北工业的主体，能够代表东北工业的整体情况，表明按工业密集度分类的实证研究具有有效性。控制变量中，资本对资本密集型工业的解释力最强，这符合该行业的发展特征，而人力资本对技术密集型工业的解释力较小，说明东北的人力资本没有得到有效集聚和利用，具有较大进步空间。使用工具变量的检验发现三个类型工业模型的内生性问题均得到有效控制，核心解释变量的滞后项回归结果均显著且稳健，表明脱节国内价值链对东北资本、技术和劳动密集型工业衰退具有持续解释力。异质性检验和交互项在三个类型工业实证分析中表现出一定差异性，但不影响整体结果的稳健性，同时在一定程度上解释了东北工业的"振而不兴"问题。

6.3 价值链脱节造成东北工业衰退机制的实证研究

第五章利用理论模型分析了价值链脱节造成东北工业衰退的两个机制,即市场缩减和技术衰退,以及二者的循环累积因果效应。接续前一部分的逻辑,这一部分进行相应实证研究。

6.3.1 东北工业的技术衰退

计划经济体制下的东北工业是国家重点建设的产业,"一五"和"二五"期间,在国家"合理利用、扩建与改建东北、上海及其他城市已有工业基础,发挥它们作用"的战略指导下,对东北的重工业进行大规模投资建设。然而,这些建设的高水平技术支持主要来源于苏联援助和进口国外的机器设备。东北自身并未形成自主创新的发展机制,因此缺乏自生能力的国有企业,难以在市场经济中生存(林毅夫和刘培林,2004)。更加确切的数据体现在"九五"计划时期末的统计中,沈阳市主要工业企业所使用的机器设备属于国际先进水平的比例不足 13.4%,属于国内先进水平的比例也仅约为 19.2%,20 世纪 60 年代所使用的机器设备 70% 以上仍在运转。哈尔滨市主要工业企业使用年限超过 20 年的机器设备占比 23.8%,30 年以上的占比 9.2%。更加触目的是,全市超过 1/4 的工业企业仍在使用 20 世纪 60 年代的机器设备(东北亚研究中心"东北老工业基地振兴"课题组,2004)。东北的工业技术衰退问题相当突出,在此后的"东北振兴"战略中,国家投入大量技术改造资金。2003 年振兴东北老工业基地第一批 100 个项目,共 610 亿元,其中辽宁获批 52 个,黑龙江和吉林各占 20 余个①,主要分布在装备制造、原材料工业和农产品加工上。2003 年,国家启动了高新技术产业发展专项 60 个项目,共投资 56 亿元。2005 年,第一批老工业基地调整改造和重点行业结构调整专项国家预算内转型资金(国债)投资计划的 63 个项目中,东北占比 63.5%;总投资 68.97 亿元和 5.8 亿元国债资金,东北分别占比 63.9% 和 73.8%。

然而,工业技术改造和升级的资金投入并没有达到预期的效果(王洛林和魏后凯,2008)。虽然取得了一些积极成效,如固定投资快速增长、经济增速不断提高等,但这种"输血式"的振兴手段,难以从根本上培育起东北工业

---

① 数据来源为王洛林、魏后凯:振兴东北地区经济的未来政策选择,财贸经济,2006(02)。如无特别说明,下同。

的内生增长方式。使用包络数据分析法(DEA)测算东北三省的 22 个细分工业①的技术效率,整合成 4 条线,分别是东北劳动、资本、技术密集型工业技术效率线及其均线,展示在图 6 - 1。

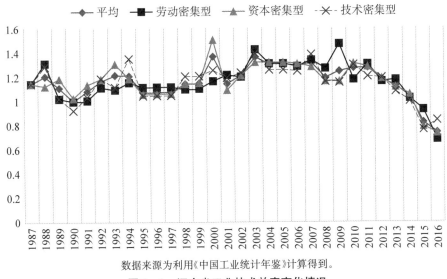

数据来源为利用《中国工业统计年鉴》计算得到。

图 6 - 1　辽宁省工业技术效率变化情况

　　观察辽宁省的工业技术效率变化情况,整体看,四种类型的工业技术效率线变化基本保持一致,呈现出较高的稳健性。纵向看,1988 年辽宁省的工业技术效率(1.05)处于相对高位,也是技术进步时期。在我国融入全球价值链后,工业技术效率在波动中略有降低,"东北现象"期间的多个年份工业技术效率小于 1,说明辽宁的工业技术在衰退。接着,"东北振兴"战略实施期间,辽宁的工业技术效率有明显提高,2003—2012 年的工业技术效率均值分别为 1.19、1.14、1.14、1.13、1.15、1.04、1.09、1.11、1.11 和 1.03,均大于 1。这一时期的辽宁工业技术效率有所提升,处于上升趋势。2013 年我国进入高质量发展阶段以来,东北深层次矛盾再次显现,辽宁省工业技术效率大幅降低,2013—2016 年的平均技术效率分别为 0.98、0.9、0.72 和 0.65,均小于 1,且不断降低,说明中国深度融入全球价值链的阶段,

① 22 个制造行业包括电气机械和器材制造业、纺织服装服饰业、纺织业、非金属矿采选业、非金属矿物制品业、黑色金属矿采选业、黑色金属冶炼和压延加工业、化学纤维制造业、化学原料和化学制品制造业、计算机通信和其他电子设备制造业、金属制品业、酒饮料和精制茶制造业、煤炭开采和洗选业、石油和天然气开采业、石油加工炼焦和核燃料加工业、农副食品加工业、通用设备制造业、烟草制品业、医药制造业、仪器仪表制造业、造纸和纸制品业、专用设备制造业。

东北脱节国内价值链,辽宁工业技术出现了严重的衰退。

按劳动、资本和技术密集型工业的类别看,辽宁省资本密集型工业的技术效率相对较高,这符合东北三省的特征。尤其是在"东北振兴"战略实施期间,辽宁省资本密集型工业的技术效率提升最为明显,说明以投资为主要形式的"东北振兴"战略,主要促进了资本密集型工业的技术效率提升。再看技术密集型工业的技术效率变化情况,发现在"东北现象"和"新东北现象"两次衰退期间,辽宁的技术密集型工业衰退最为严重。同样,"东北振兴"战略实施期间,技术密集型工业的技术效率虽也有提升,但在三种类型工业中处于较低水平。这说明辽宁的技术密集型工业缺乏韧性,易受到外部负向冲击,同时技术效率处于较低水平。

吉林和黑龙江的工业技术效率的整体阶段特征和各类型工业的特征与辽宁基本一致,如图6-2和图6-3所示。不多的区别在于吉林和黑龙江在"新东北现象"期间,工业技术效率的降低幅度没有那么大,技术衰退没有辽宁明显,但不可忽视的是吉林和黑龙江工业的衰退状态。

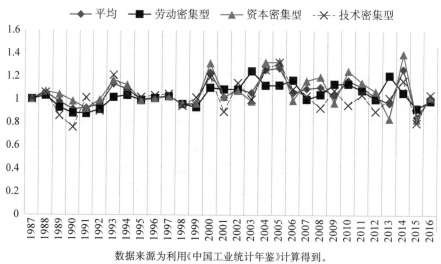

数据来源为利用《中国工业统计年鉴》计算得到。

图6-2 黑龙江省工业技术效率变化情况

使用中介效应检验脱节国内价值链是否通过技术途径影响了东北工业衰退,参考温忠麟等(2004)、温忠麟和叶宝娟(2014)等研究中介效应的方法。简要介绍本部分使用的方法。我们感兴趣的是中介变量(M)是否在自变量(X)影响因变量(Y)的过程中起到中介作用,假设所有变量都已进行去中心化处理,依次进行回归:

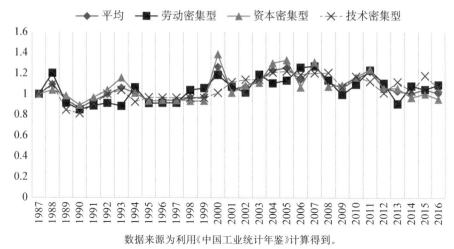

数据来源为利用《中国工业统计年鉴》计算得到。

图 6－3 吉林省工业技术效率变化情况

$$Y = cX + e_1 \qquad (6-4)$$

$$M = aX + e_2 \qquad (6-5)$$

$$Y = c_1 X + bM + e_3 \qquad (6-6)$$

得到回归系数,如果满足以下两个条件,则中介效应显著:第一,X 显著影响了 Y;第二,回归系数 a 显著的同时,系数 b 也显著。在满足以上条件的基础之上,如果系数 c_1 不显著,则为完全中介的情况,另一种情况是部分中介。以上系数中,c 为自变量对因变量的总效应,乘积 ab 为中介效应,因此 c/ab 为中介效应占比。

检验东北技术衰退(tfpch)是否在脱节国内价值链造成东北工业衰退过程中起到了中介作用,将东北数据按以上程序依次进行回归,得到结果如表 6－16 所示,发现中介变量、自变量等关键变量在结果中均显著,满足中介效应检验的系数显著条件。

表 6－16 技术途径的中介效应检验

	（1）iov	（2）tfpch	（3）iov
vcp	−0.090** (−0.038)	−0.466*** (−0.045)	−0.079** (−0.038)
l	0.110** (−0.044)	0.059 (−0.035)	0.108** (−0.044)

续　表

	（1）iov	（2）tfpch	（3）iov
k	0.970*** （−0.131）	−0.061 （−0.048）	0.972*** （−0.132）
se	−0.103 （−0.086）	−.239*** （−0.039）	−0.097 （−0.086）
de	0.105*** （−0.032）	−0.079** （−0.032）	0.106*** （−0.032）
inf	0.188*** （−0.048）	−0.385*** （−0.048）	0.197*** （−0.048）
tfpch			0.024** （−0.009）
Observations	1914	1914	1914
R²	0.782	0.104	0.783

注:括号内为标准误***　p<0.01，**　p<0.05，*　p<0.1。

　　分析发现中介效应存在的两个条件得到满足:(1)自变量(vcp)显著影响了因变量(iov);(2)系数 a=−0.466 和 b=0.024 同时显著。由此得出判断:技术衰退在脱节国内价值链造成东北工业衰退过程中起到了中介作用。进一步观察模型(3),加入中介变量后,自变量依旧显著,由此说明技术衰退在其中起到部分中介作用,计算中介效应的比重 c/ab=12.4%。

　　将东北工业分类成劳动、资本和技术密集型工业[①],使用以上方法,分别进行中介效应检验,得到结果,如表 6−17 所示。东北劳动密集型工业的技术衰退在脱节国内价值链造成东北工业衰退过程中的中介效应占比为 18.8%,东北资本密集型工业的技术衰退在脱节国内价值链造成东北工业衰退过程中的中介效应占比为 39.1%,东北技术密集型工业的技术衰退在脱节国内价值链造成东北工业衰退过程中的中介效应占比为 31.2%。以重工业为主体的东北工业,其资本密集型工业的技术衰退的中介效应最为明显。同时,结果具有稳健性。

---

① 劳动密集型工业包含纺织服装服饰业、纺织业、酒饮料和精制茶制造业、食品制造业、烟草制品业、造纸和纸制品业。资本密集型工业包含电气机械和器材制造业、非金属矿采选业、非金属矿物制品业、黑色金属矿采选业、黑色金属冶炼和压延加工业、化学纤维制造业、化学原料和化学制品制造业、煤炭开采和洗选业、石油和天然气开采业、石油加工炼焦和核燃料加工业、金属制品业、通用设备制造业。技术密集型工业包含计算机通信和其他电子设备制造业、仪器仪表制造业、专用设备制造业、医药制造业。

表 6-17　劳动、资本和技术密集型工业技术途径的中介效应占比

东北工业类别	劳动密集型工业	资本密集型工业	技术密集型工业
中介效应占比	18.80%	39.10%	31.20%

6.3.2　东北工业的市场缩减

中国全面融入全球经济循环以来，沿海地区得到迅速发展，带动中国经济实现腾飞。沿海地区"两头在外，大进大出"的加工贸易模式，使其深度嵌入了全球价值链(刘志彪，张杰，2007)，同时与跨国企业密切互动。东部沿海地区企业享受到全球价值链中"链主型"企业的溢出效应，通过"干中学"，大大提升工业能力，对东北工业形成间接和直接替代。间接效应体现在，在全球化生产的垂直非一体化趋势下，国外将产业链中的加工、组装等环节外包给中国沿海企业。由于加工贸易的特性，为满足国外厂商和消费者的需求和偏好，加之国外机器设备技术水平更高，质量更加稳定，因此沿海地区不再向东北地区购买机器设备，而是把需求转向国外(刘志彪，2019)。直接替代主要体现在，东部沿海深度融入全球价值链，有效提升了工业能力，其工业产品技术水平早已超过东北地区，因此在国内市场不断侵占原来东北的市场份额。

使用中国区域间投入产出数据，测算东北工业产品的国内市场份额，如图 6-4 所示，其中包含东北生产和使用的工业品，工业品包含中间工业品和最终消费工业品。因为剔除本地市场在东北(中间)工业品市场份额能够反映其外部影响力和感应力，故将东北输出/输入东北的(中间)工业产品的国内市场份额放在图 6-5 中展示，分别进行分析。

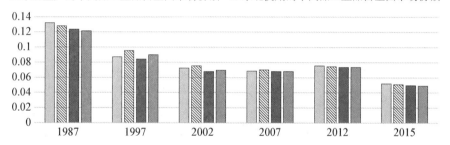

数据来源为根据 1987 年、1997 年、2002 年、2007 年、2012 年、2015 年中国区域间投入产出表计算得到。

图 6-4　东北生产/使用(中间)工业产品的国内市场份额

观察图6-4,发现从1987年到2015年,不论是东北生产的(中间)工业品占据全国市场份额,还是使用的(中间)工业品占据全国市场份额,均呈现不断降低的趋势,说明东北工业产品的国内市场份额在缩减。东北生产工业产品的市场占比代表东北工业的影响力,而使用的工业产品占据市场份额则代表感应力。1987年,东北的(中间)工业品占国内市场份额为(12.3%)13.2%,此时东北工业在国内市场具有较强影响力,到2002年下降到(6.8%)7.2%,再到2015年的(5%)5.2%,仅为1987年的(41%)39%,国内的工业影响力大幅降低。类似的情况,东北工业在国内的工业感应力也大幅下降。1987年,东北使用的(中间)工业产品占据全国市场的(12.8%)12.1%,2002年降低到(7%)7.5%,2015年为(4.9%)5.1%,东北使用的(中间)工业品国内占比降低了一半以上。

进一步测算东北输出和输入东北的(中间)工业品占全国使用的份额,用来反映剔除本地区工业生产和消费影响的市场影响力与感应力。这里得到的趋势与前一部分基本一致,如图6-5所示。1987年东北输出的(中间)工业品占全国使用的市场份额为(2.8%)3%,2007年为(1.2%)1.4%,2015年为(1%)1.2%,降低为1987年的约1/3。1987年输入东北的(中间)工业品占全国使用的市场份额为(2.6%)2.6%,2007年为(1.2%)1.6%,2015年为(0.9%)1.1%,也是大幅降低。与前一部分的不同在于,1997和2002年的降低幅度更加明显,尤其是东北输出(中间)工业品占全国使用的比重,说明在中国融入全球价值链后,东北在国内的工业影响力快速下降。

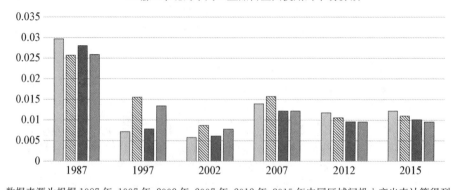

数据来源为根据1987年、1997年、2002年、2007年、2012年、2015年中国区域间投入产出表计算得到。

图6-5 东北输出/输入东北的(中间)工业产品的国内市场份额

东北工业脱节国内价值链，使其在国内市场的份额不断缩减，国内影响力和感应力双双下降，是东北工业衰退的重要机制。通过与东北工业技术衰退形成循环累积效应，造成东北工业的衰落。根据上一部分检验中介效应的方法，以东北生产的工业产品在国内市场占有率（dbpm）作为衡量市场缩减指标，也是中介变量，进行检验，发现东北工业市场缩减在脱节国内价值链造成东北工业衰退过程中起到了中介作用，中介效应占总效应的比重为26.3%，实证了市场缩减的中介效应的存在。

6.3.3　东北工业市场缩减与技术衰退的循环累积因果效应

前面已从理论角度分析了东北工业技术衰退和市场缩减相互促进，形成循环累积因果效应，造成东北工业衰退的机制，这一部分从数据角度实证二者的因果关系。运用面板数据的格兰杰因果检验方法，首先检验东北工业的市场缩减是否为技术衰退的原因，得到结果如表6-18所示，为滞后一、二、三期的格兰杰因果检验结果。看一期滞后的东北工业市场缩减对技术衰退的格兰杰因果检验，不论是Z-bar统计量，还是Z-bar tilde统计量，均拒绝原假设：市场缩减不是技术衰退的格兰杰原因。因此，东北工业的市场缩减是技术衰退的原因。进一步检验了滞后二期到滞后七期（最多滞后七期）的格兰杰因果检验，发现均得到相同的结果：市场缩减是技术衰退的格兰杰原因，说明这一结果是稳健的。为节省空间，仅展示滞后一期到滞后三期的格兰杰因果检验。

表6-18　东北工业市场缩减对技术衰退的格兰杰因果检验（一期到三期滞后）

Dumitrescu & Hurlin (2012)格兰杰非因果检验结果：		
Lag order：1	Lag order：2	Lag order：3
W-bar=1.8947	W-bar=6.3413	W-bar=7.2856
Z-bar=5.1399 （p-value=0.0000）	Z-bar=17.6342 （p-value=0.0000）	Z-bar=14.2137 （p-value=0.0000）
Z-bar tilde=3.9934 （p-value=0.0001）	Z-bar tilde=13.8327 （p-value=0.0000）	Z-bar tilde=10.1066 （p-value=0.0000）

H0：dbpm 不是 tfpch 的格兰杰原因。
H1：dbpm 至少一个面板数据变量是 tfpch 的格兰杰原因。

另一方面，检验东北工业的技术衰退是否为市场缩减的原因，得到结果如表6-19所示，为滞后一、二、三期的格兰杰因果检验结果。看一期滞后的东北工业技术衰退对市场缩减的格兰杰因果检验,不论是 Z-bar 统计量,还是 Z-bar tilde 统计量,均拒绝原假设:技术衰退不是市场缩减的格兰杰原因。因此,东北工业的技术衰退是市场缩减的原因。进一步检验了滞后二期到滞后七期(最多滞后七期)的格兰杰因果检验,发现均得到相同的结果:技术衰退是市场缩减的格兰杰原因,同样说明这一结果是稳健的。为节省空间,仅展示滞后一期到滞后三期的格兰杰因果检验。

表 6-19 东北工业技术衰退对市场缩减的格兰杰因果检验(一期到三期滞后)

Dumitrescu & Hurlin (2012)格兰杰非因果检验结果:		
Lag order:1	Lag order:2	Lag order:3
W-bar=3.6331	W-bar=3.0701	W-bar=4.4042
Z-bar=15.1259 (p-value=0.0000)	Z-bar=4.3469 (p-value=0.0000)	Z-bar=4.6571 (p-value=0.0000)
Z-bar tilde=12.5872 (p-value=0.0000)	Z-bar tilde=2.9064 (p-value=0.0037)	Z-bar tilde=2.7016 (p-value=0.0069)

H0:tfpch 不是 dbpm 的格兰杰原因。
H1:tfpch 至少一个面板数据变量是 dbpm 的格兰杰原因。

综合以上检验,得到结果:东北工业技术衰退和市场缩减显著互为因果关系。东北工业产品市场缩减,造成销售收入的减少,销售收入的减少必然导致研发投入的降低,从而将失去可能的创新和技术进步的机会,进而导致东北工业技术出现衰退。反过来说,东北工业技术的衰退,直接的结果是其产品失去市场竞争力,在全国范围内的激烈市场竞争中,必然导致市场份额的丧失,再进一步,市场缩减导致技术衰退,二者形成互为因果的恶性循环。在这样的情况下,"东北振兴"战略中大量向东北投入资金等"输血式"振兴手段,难以打破技术衰退和市场缩减恶性循环的路径依赖,进而不能培育起东北工业的内生增长动力,这是形成东北经济"振而不兴"的重要原因,以至于东北工业不断衰退和没落下去。

6.4 本章小结

经验研究发现脱节国内价值链显著阻滞了东北工业发展,解释了东北工业衰退。依次加入控制变量,结果依然显著、稳健。此外,发现资本对东北工业的解释效果最大,人力资本对东北工业的影响效果较小,说明东北工业发展仍是资本驱动型,人力资本对工业发展的创新效应有待进一步发挥。使用东北三省行政领导与外部地区调动数据作为工具变量,有效解决经验研究过程中的内生性问题。稳健性检验和异质性检验中加入"东北振兴"战略的虚拟变量、核心解释变量滞后项和替代变量,得到结果依然稳健,且不存在异质性问题。同时,发现实施"东北振兴"战略并没有通过促进东北工业融入国内价值而有效遏制东北工业衰退。从地区和行业角度进一步分析,对辽宁、吉林和黑龙江三省 22 个工业,以及资本、技术、劳动密集型工业数据的实证和工具变量检验、异质性检验、滞后项检验和交互项分析,总体上支持了脱节国内价值链对东北工业衰退的解释,从地区和行业角度证实了所得结论的稳健性和可靠性。

实证研究发现,技术衰退和市场缩减在脱节国内价值链导致东北工业衰退过程中表现为显著的中介效应,且二者具有循环累积因果效应。经验研究角度有效解释了东北工业衰退和"振而不兴"问题。测度东北三省的 22 个工业行业技术效率,发现各个区域和行业部门的工业技术效率具有稳健性。1987—2002 年,工业技术效率快速降低,多数年份的工业技术效率值小于 1,说明这一时期存在技术衰退。"东北振兴"战略实施期间,东北的工业技术效率明显提高,而随后进入高质量发展阶段,东北的工业技术效率呈现大幅降低趋势(小于 1),说明东北工业的技术效率在不断降低。按要素密集度分类,资本密集型工业的技术效率相对较高,对"东北振兴"战略的响应也较为积极。而技术密集型工业的表现不尽如人意,在"东北现象"和"新东北现象"两次衰退期间,东北的技术密集型工业衰退最为严重,"东北振兴"战略对其提升效果也较小。通过测度东北生产(使用)的(中间)工业品的市场份额,发现 1987—2015 年,不论是东北生产的(中间)工业品占据全国市场份额,还是使用的(中间)工业品占据全国市场份额,均呈现不断降低的趋势,说明东北工业产品的国内市场份额在缩减。通过中介效应测度,发现技术衰退和市场缩减在东北工业脱节国内价值链造成工业衰退过程中起到显著中介作用。此外,使用格兰杰因果检验,发现二者具有显著的循环累积因果关系。

第七章　东北工业价值链重构的产业选择

前文论证了东北工业脱节国内价值链造成工业衰退的理论机理，并进行了数据验证。基于以上事实，本书旨在通过反思东北老工业基地的现有研究，从价值链视角解释东北工业衰退，进而为振兴东北工业提出一条全新的实践思路。在明确东北工业脱节国内价值链的事实基础上，本章为东北工业价值链重构的产业选择提供一个尝试，从国内价值链和全球价值链两个层面入手，以选取能够产生广泛价值链关联和提高价值链重构效率与成功率为原则，通过测度东北工业的（区域间）影响力和感应力指数，科学判断产业的影响和感应程度，分别就不同类型的东北工业提出价值链重构策略。

7.1　测度方法与数据来源

7.1.1　测度方法

从产业关联视角研究东北可以优先发展的工业部门。区域产业影响力系数是指某区域—产业每增加一单位最终产出可以带动本区域和其他区域所有产业的生产需求影响；区域感应力系数是指所有区域—产业每增加一单位最终产品需求，对某区域—产业产生的生产需求影响。而将区域产业影响力系数和区域产业感应力系数剔除了本地生产的影响，即得到区域间产业影响力系数和区域间产业感应力系数。区域间产业影响力系数是指某区域—产业每增加一单位最终产出对其他地区—产业所产生的生产需求影响；同样，区域间产业感应力系数是指所有其他地区—产业每增加一单位最终产出对某区域—产业产生的生产需求影响。若系数大于1，说明该区域—产业的影响力（感应力）大于平均水平，能够产生带动（被诱发）效应；小于1则是小于平均水平，不能产生带动（被诱发）效应。借鉴张亚雄和赵坤（2006）、刘起运（2002）、Jones（1976）等学者的测度方法，计算公式如下所示：

$$区域产业影响力系数 = \frac{\sum_R \sum_i b_{ij}^{RS}}{\frac{1}{n*m} \sum_R \sum_S \sum_i \sum_j b_{ij}^{RS}} \qquad (7-1)$$

$$区域间产业影响力系数 = \frac{\sum_{R(R \neq S)} \sum_i b_{ij}^{RS}}{\frac{1}{n} \sum_{R(R \neq S)} \sum_i \sum_j b_{ij}^{RS}} \qquad (7-2)$$

$$区域产业感应力系数 = \frac{\sum_S \sum_j b_{ij}^{RS}}{\frac{1}{n*m} \sum_R \sum_S \sum_i \sum_j b_{ij}^{RS}} \qquad (7-3)$$

$$区域间产业感应力系数 = \frac{\sum_{S(S \neq R)} \sum_i b_{ij}^{RS}}{\frac{1}{n} \sum_{S(S \neq R)} \sum_i \sum_j b_{ij}^{RS}} \qquad (7-4)$$

公式(7-1)到公式(7-4)中,b_{ij}^{RS} 为完全消耗系数,R、S 表示区域,i、j 表示产业部门,m 为区域的个数,n 为部门个数。

7.1.2　数据来源

主要使用石敏俊和米志付编制的 2015 年中国 31 省(市)区域间投入产出表,以及将其嵌入 OECD 编制的 2015 年世界投入产出表的包含中国 31 省(市)的世界区域投入产出表。

7.2　东北工业国内价值链重构的产业选择

7.2.1　东北工业的国内影响力和感应力指数分析

计算 2015 年中国八大区域的区域工业影响力、感应力系数,如表 7-1 和表 7-2 所示。对比发现,中国各区域工业影响力系数显著高于感应力系数。也就是说,国内各区域工业产出易于带动国内其他区域—产业的生产,而不容易被其他地区—产业带动生产。区域角度看,内陆地区工业的影响力系数显著高于其他地区,沿海地区最低,东北地区居中。主要是因为沿海地区的加工贸易模式使其与国外的工业联系较多,所以在国内工业联系中影响力较小;内陆地区缺乏与世界经济关联的途径,产业联系均在国内,故与国内区域间的工业联系较强。

表 7-1 2015 年中国八大区域工业影响力系数

	东北	京津	北部沿海	东部沿海	南部沿海	中部	西北	西南
采选业	1.046	0.898	1.008	0.979	0.915	1.073	1.076	1.073
食品制造及烟草加工业	1.050	0.942	1.025	1.004	0.974	1.109	1.098	1.100
纺织服装业	1.025	1.022	1.048	0.993	0.951	1.099	1.091	1.083
木材加工及家具制造业	1.055	1.004	1.024	0.982	0.960	1.101	1.070	1.081
造纸印刷及文教用品制造业	1.019	0.940	1.011	0.946	0.844	1.072	1.037	1.061
化学工业	0.886	0.865	0.982	0.914	0.828	1.073	1.071	1.040
非金属矿物制品业	1.038	0.940	1.002	0.992	0.892	1.077	1.080	1.070
金属冶炼及制品业	0.989	0.830	0.916	0.905	0.817	1.031	1.032	1.002
电气机械及电子通信设备制造业	0.994	0.858	0.959	0.879	0.773	1.042	1.029	1.018
机械工业	0.960	0.773	0.970	0.821	0.859	1.047	1.028	1.016
交通运输设备制造业	0.960	0.785	0.886	0.785	0.652	0.991	1.021	0.903
其他制造业	1.028	0.979	0.964	0.913	0.773	1.046	1.060	1.053

表 7-2 2015 年中国八大区域工业感应力系数

	东北	京津	北部沿海	东部沿海	南部沿海	中部	西北	西南
采选业	1.170	0.821	1.127	0.335	0.523	1.295	2.326	1.049
食品制造及烟草加工业	0.685	0.410	0.569	0.659	0.533	0.948	0.639	0.974
纺织服装业	0.386	0.431	1.077	0.802	0.801	0.841	0.525	0.476
木材加工及家具制造业	0.470	0.358	0.425	0.403	0.468	0.488	0.375	0.542
造纸印刷及文教用品制造业	0.360	0.377	0.613	0.521	0.567	0.614	0.462	0.514
化学工业	1.084	0.733	1.536	1.548	1.020	1.483	1.406	1.015
非金属矿物制品业	0.478	0.237	0.510	0.353	0.365	0.650	0.486	0.430
金属冶炼及制品业	0.482	0.556	1.088	0.639	0.485	0.959	0.687	0.644
电气机械及电子通信设备制造业	0.435	0.436	0.772	0.697	0.368	0.594	0.420	0.438

	东北	京津	北部沿海	东部沿海	南部沿海	中部	西北	西南
机械工业	0.751	0.470	0.460	0.459	0.372	0.507	0.331	0.521
交通运输设备制造业	0.325	0.380	0.565	0.921	0.623	0.797	0.405	0.509
其他制造业	0.373	0.726	0.421	0.431	0.306	0.284	0.305	0.435

东北地区区域影响力系数大于1的工业有采选业、食品制造及烟草加工业、纺织服装业、木材加工及家具制造业、造纸印刷及文教用品制造业、非金属矿物制品业和其他制造业,这些工业门类的拉动能力高于全国的平均水平。而东北地区区域感应力系数大于1的工业仅有采选业和化学工业,说明这些产业易于被国内产业发展所带动。

剔除区域工业影响(感应)力系数中本地产业影响,得到区域间产业的关联程度。计算2015年中国八大区域的地区间工业影响力与感应力系数,结果如表7-3和表7-4所示。考察区域间工业影响力(感应力)系数,发现剔除自身因素影响后,沿海地区的区域间工业影响力(感应力)系数有所提升,如东部沿海的采选业、木材加工及家具制造业、化学工业、非金属矿物制品业、金属冶炼及制品业等的区域间影响力由小于1转变为大于1,说明沿海地区的工业影响力(感应力)在区域间表现得更加显著。而西部地区的区域间工业影响力较区域工业影响力有所降低,说明内陆地区的工业影响力主要体现在区域内。

表7-3 2015年中国八大区域间工业影响力系数

	东北	京津	北部沿海	东部沿海	南部沿海	中部	西北	西南
采选业	0.800	0.489	0.852	1.219	0.663	1.011	0.808	1.003
食品制造及烟草加工业	0.741	1.326	1.433	0.829	1.119	0.900	0.819	0.611
纺织服装业	1.583	1.539	1.086	0.923	0.792	1.009	1.139	1.171
木材加工及家具制造业	0.898	1.515	1.218	1.049	1.027	0.971	0.975	0.838
造纸印刷及文教用品制造业	1.428	1.158	0.964	0.954	0.813	1.065	1.292	1.067
化学工业	0.909	0.827	1.416	1.152	0.920	1.221	0.906	1.147
非金属矿物制品业	1.053	1.394	1.112	1.404	0.867	1.147	1.022	1.137

续 表

	东北	京津	北部沿海	东部沿海	南部沿海	中部	西北	西南
金属冶炼及制品业	1.149	0.692	0.937	1.463	1.035	1.283	1.039	1.230
电气机械及电子通信设备制造业	1.211	0.865	0.803	0.999	0.846	1.241	1.296	1.293
机械工业	0.891	0.839	1.574	0.916	1.187	1.155	1.519	1.342
交通运输设备制造业	1.340	1.039	0.808	0.833	0.654	1.079	1.388	1.074
其他制造业	1.130	0.555	0.870	0.896	0.817	1.243	1.109	1.060

表 7-4   2015 年中国八大区域间工业感应力系数

	东北	京津	北部沿海	东部沿海	南部沿海	中部	西北	西南
采选业	1.316	1.253	0.777	0.025	0.456	1.371	4.352	1.405
食品制造及烟草加工业	0.989	0.398	0.326	0.351	0.274	0.827	0.443	1.296
纺织服装业	0.062	0.085	1.349	0.853	1.128	0.639	0.191	0.214
木材加工及家具制造业	0.413	0.020	0.151	0.151	0.314	0.298	0.060	0.351
造纸印刷及文教用品制造业	0.054	0.184	0.554	0.315	1.184	0.380	0.054	0.173
化学工业	1.392	0.831	1.997	1.938	1.717	1.436	1.539	1.039
非金属矿物制品业	0.322	0.018	0.210	0.091	0.170	0.537	0.143	0.169
金属冶炼及制品业	0.272	0.604	1.177	0.509	0.470	1.042	0.857	0.790
电气机械及电子通信设备制造业	0.200	0.362	0.616	0.791	0.325	0.432	0.122	0.199
机械工业	0.679	0.843	0.161	0.444	0.244	0.211	0.056	0.577
交通运输设备制造业	0.083	0.456	0.287	1.392	0.852	0.689	0.135	0.382
其他制造业	0.032	0.300	0.058	0.094	0.428	0.152	0.020	0.192

东北地区的区域间工业影响力和感应力系数较区域工业影响力和感应力系数也有较大变化。从影响力系数看,东北的采选业、食品制造及烟草加工业、木材加工及家具制造业的区域间影响力系数由大于1变为小于1。也就是说,这些工业部门的带动能力主要体现在东北区域内部,剔除本地影响后,其对其他地区一产业的带动作用变得不显著了。东北的金属冶炼及制

品业、电气机械及电子通信设备制造业、交通运输设备制造业的区域间影响力系数由小于 1 变为大于 1，说明这些工业部门的区域间影响力大于区域内工业影响力，即剔除本地工业间影响因素后，其对其他地区—产业的带动作用增强了。感应力系数变化并不明显，依然是采选业、化学工业的区域间感应力系数大于 1，只是数值由 1.17、1.08 增加到 1.32 和 1.39，说明国内其他地区—产业的生产对东北这两个工业的拉动作用更强。

因此，从建立东北与其他地区工业关联角度来说，应该有选择性地发展纺织服装业、造纸印刷及文教用品制造业、非金属矿物制品业、金属冶炼及制品业、电气机械及电子通信设备制造业、交通运输设备制造业，因为这些工业部门的区域间影响力系数大于 1。同时，采选业、化学工业的感应力系数大于 1，有利于建立区域间工业联动。其中，东北的纺织服装业、造纸印刷及文教用品制造业、非金属矿物制品业为区域间影响力系数和区域影响力系数均大于 1 的工业部门，发展这些工业既可以带动本地工业发展，又可以拉动其他地区—工业的生产需求。其他区域间影响力系数大于 1 的工业部门，如金属冶炼及制品业、电气机械及电子通信设备制造业、交通运输设备制造业，可以拉动其他地区—工业发展，但不利于本地工业成长。此外，采选业、化学工业可以被所有地区—工业拉动，但受其他地区—工业的拉动效果更好。

7.2.2　东北省级层面工业的国内影响力和感应力指数分析

将东北区域细化到省级层面，使东北工业国内价值链重构的产业选择更具针对性和可操作性，分别研究辽宁、吉林、黑龙江的国内区域（间）影响力和感应力系数，并进行产业选择。

辽宁省国内区域工业影响力系数大于 1 而区域间工业影响力系数小于 1 的工业有采选业、食品制造及烟草加工业、木材加工及家具制造业、非金属矿物制品业，如表 7-5 所示，这些工业影响力主要体现在辽宁省域内的工业生产需求诱发上。区域和区域间工业影响力系数均大于 1 的工业有纺织服装业、造纸印刷及文教用品制造业、金属冶炼及制品业、电气机械及电子通信设备制造业、机械工业、交通运输设备制造业，这些工业部门的最终需求既可以拉动区域内工业生产，也可以带动其他区域—工业的生产需求。其中，辽宁的纺织服装业、造纸印刷及文教用品制造业、交通运输设备制造业在剔除本地工业生产影响因素后，其区域间的工业影响力系数提升了，说明这些工业对外部工业的拉动作用更加明显，而金属冶炼及制品业、电气机械及电子通信设备制造业、机械工业则对辽宁省域内工业的拉动作用更显著。辽宁省的区域与区域间工业感应力系数变化不大,两个指标均大于1的有化学工业、金属冶炼及制品业。剔除本区域影响因素后,化学工业的区域间影响力系数增加了,而金属冶炼及制品业却减小了,说明这两个工业容易受到内外部工业生产的拉动作用影响。同时,化学工业更易受到外界工业拉动,而金属冶炼及制品业则更易受到本地产业拉动。

表 7-5 2015 年辽宁省工业国内区域(间)影响力和感应力系数

	区域产业感应力系数	区域产业影响力系数	区域间产业感应力系数	区域间产业影响力系数
采选业	0.743	1.023	0.477	0.861
食品制造及烟草加工业	0.825	1.046	0.602	0.698
纺织服装业	0.283	1.187	0.101	1.781
木材加工及家具制造业	0.221	1.052	0.068	0.967
造纸印刷及文教用品制造业	0.180	1.179	0.083	1.505
化学工业	2.961	0.912	3.463	0.754
非金属矿物制品业	0.447	1.136	0.393	0.986
金属冶炼及制品业	1.524	1.304	1.223	1.085
电气机械及电子通信设备制造业	0.845	1.235	0.719	1.171
机械工业	0.747	1.149	0.776	1.139
交通运输设备制造业	0.393	1.277	0.235	1.450
其他制造业	0.081	0.901	0.068	1.018

吉林省区域工业影响力系数大于1而区域间工业影响力系数小于1的工业有食品制造及烟草加工业、纺织服装业、木材加工及家具制造业、机械工业,如表 7-6 所示,这些工业的拉动作用主要体现在吉林省域内。区域工业影响力系数小于1而区域间工业影响力系数大于1的有采选业,影响力主要在省域外。两个影响力指标都大于1的工业有造纸印刷及文教用品制造业、化学工业、非金属矿物制品业、金属冶炼及制品业、电气机械及电子通信设备制造业、交通运输设备制造业,这些工业部门的生产活动对所有区域产业都有拉动作用。其中,造纸印刷及文教用品制造业、非金属矿物制品

业、金属冶炼及制品业、电气机械及电子通信设备制造业、交通运输设备制造业的区域间影响力系数更大,表明这些工业对外部产业的带动作用更加显著,剩余的化学工业则对吉林内部产业有更强带动作用。感应力系数方面,食品制造及烟草加工业、化学工业、机械工业的区域与区域间感应力系数均大于1。剔除本地产业影响后,区域间感应力系数变大,说明这些工业受外部产业生产活动的拉动效果更好。

表7-6 2015年吉林省工业国内区域(间)影响力和感应力系数

	区域产业感应力系数	区域产业影响力系数	区域间产业感应力系数	区域间产业影响力系数
采选业	0.902	0.904	1.093	1.032
食品制造及烟草加工业	1.430	1.069	2.452	0.520
纺织服装业	0.309	1.165	0.121	0.769
木材加工及家具制造业	0.810	1.007	1.723	0.773
造纸印刷及文教用品制造业	0.264	1.239	0.102	1.469
化学工业	2.535	1.147	2.857	1.092
非金属矿物制品业	0.612	1.184	0.827	1.226
金属冶炼及制品业	1.009	1.254	0.501	1.510
电气机械及电子通信设备制造业	0.239	1.092	0.135	1.203
机械工业	2.118	1.090	2.493	0.697
交通运输设备制造业	0.253	1.079	0.148	1.257
其他制造业	0.095	1.292	0.043	1.313

黑龙江省区域工业影响力系数大于1而区域间工业影响力系数小于1的工业有木材加工及家具制造业,如表7-8所示,其拉动作用主要体现在黑龙江省域内。两个影响力指标都大于1的工业有纺织服装业、造纸印刷及文教用品制造业、化学工业、非金属矿物制品业、金属冶炼及制品业、电气机械及电子通信设备制造业、机械工业、交通运输设备制造业,这些工业部门对所有区域产业均有拉动作用。其中,纺织服装业、造纸印刷及文教用品制造业、金属冶炼及制品业、电气机械及电子通信设备制造业、交通运输设备制造业的区域间影响力系数更大,表明这些工业对外部产业的拉动作

更加显著,而非金属矿物制品业则对黑龙江内部产业有更强带动作用。感应力系数方面,食品制造及烟草加工业、化学工业的区域与区域间感应力系数均大于1。剔除本地产业影响后,区域间感应力系数变大,说明这些工业受外部产业生产活动的拉动效果更好。

表7-7 2015年黑龙江省工业国内区域(间)影响力和感应力系数

	区域产业感应力系数	区域产业影响力系数	区域间产业感应力系数	区域间产业影响力系数
采选业	0.955	0.575	2.041	0.517
食品制造及烟草加工业	1.066	0.951	2.271	0.657
纺织服装业	0.117	1.094	0.105	1.476
木材加工及家具制造业	0.554	1.191	0.875	0.952
造纸印刷及文教用品制造业	0.130	1.088	0.085	1.286
化学工业	1.359	0.812	1.542	0.853
非金属矿物制品业	0.291	1.092	0.142	1.031
金属冶炼及制品业	0.275	1.278	0.120	1.486
电气机械及电子通信设备制造业	0.096	1.185	0.095	1.454
机械工业	0.160	1.193	0.113	1.494
交通运输设备制造业	0.069	1.060	0.069	1.407
其他制造业	0.043	1.110	0.022	1.124

7.2.3 东北工业国内价值链重构的产业选择

将东北三省区域(间)工业影响力和感应力系数进行归类,如表7-8和表7-9所示。a1>1且a2<1表示对生产的拉动作用主要体现在省域内的工业部门;a1<1且a2>1表示对生产的拉动作用主要体现在省域外的工业部门;a1>1且a2>1表示对所有区域产业均有拉动作用,其中,a1>a2表示该工业部门对区域内工业的带动作用更加显著,而a1<a2则表示该工业部门对其他区域产业的带动作用更加显著。表7-9为感应力系数归类,只

有一类 b1＞1 且 b2＞1，表示能够受到所有地区工业带动作用，且 b2＞b1 时，受到区域外工业拉动作用更加显著。

表7-8 东北三省工业国内区域(间)影响力系数归类

	a1＞1 且 a2＜1	a1＜1 且 a2＞1	a1＞1 且 a2＞1	
			a1＞a2	a1＜a2
辽宁	采选业		纺织服装业	造纸印刷及文教用品制造业
	食品制造及烟草加工业		金属冶炼及制品业	交通运输设备制造业
	木材加工及家具制造业		电气机械及电子通信设备制造业	
	非金属矿物制品业		机械工业	
吉林	食品制造及烟草加工业	采选业	化学工业	造纸印刷及文教用品制造业
	纺织服装业			非金属矿物制品业
	木材加工及家具制造业			金属冶炼及制品业
	机械工业			电气机械及电子通信设备制造业
				交通运输设备制造业
黑龙江	木材加工及家具制造业		非金属矿物制品业	纺织服装业
				造纸印刷及文教用品制造业
				金属冶炼及制品业
				电气机械及电子通信设备制造业
				机械工业
				交通运输设备制造业

注:a1为区域产业影响力系数,a2为区域间产业影响力系数。

表7-9　东北三省工业国内区域(间)感应力系数归类

	辽宁	吉林	黑龙江
b1>1 且 b2>1	化学工业	食品制造及烟草加工业	食品制造及烟草加工业
	金属冶炼及制品业	化学工业	化学工业
		机械工业	

注:b1 为区域产业感应力系数,b2 为区域间产业感应力系数。

　　从区域(间)影响力和感应力两个角度来分析东北工业国内价值链重构的产业选择。从东北工业影响力角度看,根据影响力类型不同,分成三类分析国内价值链重构的产业选择。第一,有助于区域内和区域间价值链建立的产业选择。辽宁应该发展机械工业、电气机械及电子通信设备制造业、金属冶炼及制品业、纺织服装业、造纸印刷及文教用品制造业、交通运输设备制造业。其中,前四个工业门类在本区域内的产业影响更加显著,后两个工业门类在国内其他区域的产业影响更显著。吉林应该选择化学工业、交通运输设备制造业、电气机械及电子通信设备制造业、金属冶炼及制品业、非金属矿物制品业、造纸印刷及文教用品制造业。其中,第一个工业门类在本区域内的产业影响更加显著,后五个工业门类在国内其他区域的产业影响更显著。黑龙江应该选择非金属矿物制品业、造纸印刷及文教用品制造业、金属冶炼及制品业、电气机械及电子通信设备制造业、机械工业、交通运输设备制造业、纺织服装业。其中,第一个工业门类在本区域内的产业影响更加显著,后六个工业门类在国内其他区域的产业影响更显著。第二,仅有助于构建区域内价值链的产业选择。主要有辽宁的采选业、食品制造及烟草加工业、木材加工及家具制造业、非金属矿物制品业,吉林的机械工业、食品制造及烟草加工业、纺织服装业、木材加工及家具制造业,黑龙江的木材加工及家具制造业。第三,仅有助于构建区域间价值链的产业选择,如吉林的采选业。从东北工业感应力角度看,只有一类有助于区域内和区域间价值链建立的产业,辽宁应该选择发展化学工业和金属冶炼及制品业,吉林应该选择发展机械工业、化学工业、食品制造及烟草加工业,黑龙江应该选择发展化学工业和食品制造及烟草加工业。以上这些工业门类既能够被区域内产业生产带动,也易于被国内区域间产业生产带动。

7.3　东北工业全球价值链重构的产业选择

7.3.1　东北工业的全球影响力和感应力指数分析

测度东北的全球区域（间）影响力和感应力系数，如表 7 - 10 所示。首先，东北工业的区域影响力系数大于 1 的工业门类有非金属矿物制品业、金属冶炼及制品业、机械工业、交通运输设备制造业、电气机械及电子通信设备制造业、其他制造业、食品制造及烟草加工业、纺织服装业、木材加工及家具制造业、造纸印刷及文教用品制造业、化学工业，说明这些工业能够拉动全球范围内的地区—产业发展。东北工业的区域感应力系数大于 1 的工业门类有采选业、化学工业、金属冶炼及制品业，说明这些产业易于被全球范围内的产业发展所带动。

表 7 - 10　东北工业的全球区域（间）影响力和感应力系数

东北	区域感应力系数	区域影响力系数	区域间感应力系数	区域间影响力系数
采选业	1.072	0.975	0.651	0.917
食品制造及烟草加工业	0.654	1.243	0.373	0.794
纺织服装业	0.356	1.521	0.134	1.889
木材加工及家具制造业	0.327	1.405	0.216	1.114
造纸印刷及文教用品制造业	0.219	1.348	0.057	1.510
化学工业	1.976	1.403	1.050	1.724
非金属矿物制品业	0.756	1.322	0.322	1.229
金属冶炼及制品业	1.406	1.577	0.605	1.445
机械工业	0.387	1.511	0.173	1.564
交通运输设备制造业	0.499	1.435	0.186	1.403
电气机械及电子通信设备制造业	0.283	1.660	0.124	1.920
其他制造业	0.078	1.286	0.022	1.362

全球区域间影响（感应）力系数表示剔除本区域影响的东北工业在全球的产业关联能力。剔除东北区域自身产业关联影响后，发现东北地区的食品制造及烟草加工业的区域间影响力系数相较于区域影响力系数由大于 1

转变为小于1,说明该工业门类在世界范围内缺乏拉动能力。东北地区的机械工业、化学工业、电气机械及电子通信设备制造业、纺织服装业、造纸印刷及文教用品制造业、其他制造业的区域间影响力系数较区域影响力系数进一步增大,说明这些工业门类对国外的全球产业更具有拉动能力。东北地区的非金属矿物制品业、金属冶炼及制品业、交通运输设备制造业、木材加工及家具制造业的区域间影响力系数较区域影响力系数出现减小,说明这些工业门类在本区域的影响力更强。感应力系数角度,东北工业中的区域间感应力系数大于1的采选业、金属冶炼及制品业、化学工业较区域感应力系数均出现降低,且前两个工业门类的感应力系数转变为小于1,说明东北这些工业门类在国外的全球产业生产体系中被诱发的需要较小。

对比东部与东北工业的全球区域(间)影响力和感应力系数,如表7-11所示,发现东部工业的全球区域(间)感应力系数,尤其是区域间感应力系数大于1的工业门类显著多于东北地区,说明东部地区工业在世界上被引致需求的能力远高于东北。但是,东部地区在全球产业关联中区域(间)影响力系数大于1的工业门类并未显著多于东北地区,说明其全球的工业拉动能力并不强。

表7-11 东部工业的全球区域(间)影响力和感应力系数

东部	区域感应力系数	区域影响力系数	区域间感应力系数	区域间影响力系数
采选业	1.358	1.085	1.952	0.860
食品制造及烟草加工业	1.050	1.190	1.340	0.875
纺织服装业	5.048	1.526	9.206	0.853
木材加工及家具制造业	1.655	1.391	2.930	1.149
造纸印刷及文教用品制造业	2.770	1.316	4.904	0.863
化学工业	7.532	1.449	12.394	1.361
非金属矿物制品业	2.040	1.568	2.925	1.255
金属冶炼及制品业	6.098	1.617	9.868	1.358
机械工业	2.125	1.601	3.785	1.282
交通运输设备制造业	0.933	1.675	1.397	1.440
电气机械及电子通信设备制造业	6.749	1.684	13.142	1.558
其他制造业	0.454	1.252	0.714	0.975

将东北工业全球区域(间)影响力和感应力系数归类,如表7-12和表
7-13所示。东北工业的全球价值链构建应该首先考虑影响力系数,影响力
系数越大,其拉动能力越强,价值链网络的联动效果越好。然后再考虑感应
力系数,感应力越强,越容易被其他产业的发展所带动,有益于建立该产业
的生产关联,以及在本地的根植。因此,按照这样的选择标准,东北工业的
全球价值链构建应该选取金属冶炼及制品业、化学工业、交通运输设备制造
业、非金属矿物制品业、机械工业、电气机械及电子通信设备制造业、造纸印
刷及文教用品制造业、木材加工及家具制造业、纺织服装业。

表7-12　东北工业全球区域(间)影响力系数归类

| | a1>1 且 a2<1 | a1<1 且 a2>1 | a1>1 且 a2>1 | |
			a1>a2	a1<a2
东北	食品制造及烟草加工业		木材加工及家具制造业	纺织服装业
			非金属矿物制品业	造纸印刷及文教用品制造业
			金属冶炼及制品业	化学工业
			交通运输设备制造业	机械工业
				电气机械及电子通信设备制造业
				其他制造业

注:a1为区域产业影响力系数,a2为区域间产业影响力系数。

表7-13　东北工业全球区域(间)感应力系数归类

| | b1>1 且 b2<1 | b1<1 且 b2>1 | b1>1 且 b2>1 | |
			b1>b2	b1<b2
东北	采选业		化学工业	
	金属冶炼及制品业			

注:b1为区域产业感应力系数,b2为区域间产业感应力系数。

为进一步分析东北工业的全球区域(间)影响力和感应力系数及产业选
择问题,剔除国内区域对东北工业的关联影响,得到东北工业全球区域(间)
工业影响力和感应力系数归类,如表7-14和表7-15所示,发现原来东北
区域(间)工业影响力系数大于1的工业门类现仅剩化学工业,木材加工及

家具制造业、金属冶炼及制品业、机械工业、交通运输设备制造业、电气机械及电子通信设备制造业、食品制造及烟草加工业仅是区域影响力系数大于1。同时,感应力系数中,仅剩区域感应力系数大于1的工业门类,如化学工业和金属冶炼及制品业。这说明东北工业在国外的产业拉动能力和被带动能力均较弱,构建起全球价值链还应发挥其动态比较优势,如东北的装备制造业等。

表7-14　东北工业全球区域(间)影响力系数归类(剔除国内区域)

	a1>1 且 a2<1	a1<1 且 a2>1	a1>1 且 a2>1	
			a1>a2	a1<a2
东北	食品制造及烟草加工业		化学工业	
	木材加工及家具制造业			
	金属冶炼及制品业			
	机械工业			
	交通运输设备制造业			
	电气机械及电子通信设备制造业			

注:a1为区域产业影响力系数,a2为区域间产业影响力系数。

表7-15　东北工业全球区域(间)感应力系数归类(剔除国内区域)

	b1>1 且 b2<1	b1<1 且 b2>1	b1>1 且 b2>1	
			b1>b2	b1<b2
东北	化学工业			
	金属冶炼及制品业			

注:b1为区域产业感应力系数,b2为区域间产业感应力系数。

7.3.2　东北省级层面工业的全球影响力和感应力指数分析

使用2015年包含中国31省(市)的世界区域投入产出数据,计算得到辽宁、吉林和黑龙江省级层面工业全球区域(间)工业影响力和感应系数归类,如表7-16和表7-17所示。从影响力系数角度看,辽宁在全球范围内(包含国内各区域和国外)均能产生拉动效应的工业门类有机械工业、金属冶炼及制品业、非金属矿物制品业、木材加工及家具制造业、采选业、交通运输设备制造业、电气机械及电子通信设备制造业、化学工业、造纸印刷及文教用品制造业、纺织服装业。其中,前五个工业门类在本区域内的拉动效果更好,后五个工业门类在本区域外的拉动效果更好,而食品制造及烟草加工业仅在本区域有拉动作用。吉林在全球范围内(包含国内各区域和国外)均能产生拉动效应的工业门类有金属冶炼及制品业、机械工业、造纸印刷及文教用品制造业、电气机械及电子通信设备制造业。其中,前三个工业门类在本区域内的拉动效果更好,后一个工业门类在本区域外的拉动效果更好,而交通运输设备制造业、非金属矿物制品业、纺织服装业、木材加工及家具制造业、化学工业仅在本区域有拉动作用。黑龙江在全球范围内(包含国内各区域和国外)均能产生拉动效应的工业门类有木材加工及家具制造业、化学工业、非金属矿物制品业、金属冶炼及制品业、机械工业、交通运输设备制造业、电气机械及电子通信设备制造业、造纸印刷及文教用品制造业。其中,第一个工业门类在本区域内的拉动效果更好,后七个工业门类在本区域外的拉动效果更好,而食品制造及烟草加工业仅在本区域有拉动作用。

表 7 – 16　东北省级层面工业全球区域(间)影响力系数归类

	a1>1 且 a2<1	a1<1 且 a2>1	a1>1 且 a2>1	
			a1>a2	a1<a2
辽宁	食品制造及烟草加工业		采选业	纺织服装业
			木材加工及家具制造业	造纸印刷及文教用品制造业
			非金属矿物制品业	化学工业
			金属冶炼及制品业	交通运输设备制造业
			机械工业	电气机械及电子通信设备制造业
				其他制造业
吉林	纺织服装业		造纸印刷及文教用品制造业	电气机械及电子通信设备制造业
	木材加工及家具制造业		金属冶炼及制品业	
	化学工业		机械工业	
	非金属矿物制品业			
	交通运输设备制造业			
	其他制造业			

	a1>1 且 a2<1	a1<1 且 a2>1	a1>1 且 a2>1	
			a1>a2	a1<a2
黑龙江	食品制造及烟草加工业		木材加工及家具制造业	造纸印刷及文教用品制造业
				化学工业
				非金属矿物制品业
				金属冶炼及制品业
				机械工业
				交通运输设备制造业
				电气机械及电子通信设备制造业
				其他制造业

注:a1 为区域产业影响力系数,a2 为区域间产业影响力系数。

表7-17　东北省级层面工业全球区域(间)感应力系数归类

	b1>1 且 b2<1	b1<1 且 b2>1	b1>1 且 b2>1	
			b1>b2	b1<b2
辽宁	采选业		金属冶炼及制品业	化学工业
吉林	金属冶炼及制品业		采选业	食品制造及烟草加工业
			化学工业	非金属矿物制品业
黑龙江	化学工业			采选业

注:b1 为区域产业感应力系数,b2 为区域间产业感应力系数。

　　从感应力角度看,辽宁在全球范围内(包含国内各区域和国外)均能受到带动的工业门类有金属冶炼及制品业和化学工业。其中,第一个工业门类受到本区域产业生产带动的作用更显著,后一个工业门类受到本区域外产业生产的带动作用更显著。同时,采选业仅能受到本区域产业生产的带动。吉林在全球范围内(包含国内各区域和国外)均能受到带动的工业门类有采选业、化学工业、食品制造及烟草加工业、非金属矿物制品业。其中,前两个工业门类受到本区域产业生产带动的作用更显著,后两个工业门类受到本区域外产业生产的带动作用更显著。同时,金属冶炼及制品业仅能受到本区域产业生产的带动。黑龙江在全球范围内(包含国内各区域和国外)均能受到带动的工业门类有采选业,该产业受到本区域外产业生产的带动作用更显著。此外,化学工业仅能受到本区域产业生产的带动。

为更加有效地展示东北三省工业的全球区域(间)影响力和感应力系数,分别剔除中国国内区域产业的影响,发现辽宁省工业全球区域影响力系数大于 1 的工业门类有非金属矿物制品业、金属冶炼及制品业、机械工业、交通运输设备制造业、电气机械及电子通信设备制造业、食品制造及烟草加工业、木材加工及家具制造业、化学工业,如表 7-18 所示;全球区域感应力系数大于 1 的工业门类有化学工业和金属冶炼及制品业。剔除辽宁省内产业影响后,辽宁省工业全球区域间影响力系数大于 1 的工业门类仅剩化学工业,而全球区域间感应力系数没有大于 1 的工业门类。这说明辽宁省对国外工业的影响(感应)力较弱,即在剔除国内产业影响后,对全球产业的拉动能力和被带动能力均较弱。

表 7-18　辽宁省工业的全球区域(间)影响力和感应力系数

	区域感应力系数	区域影响力系数	区域间感应力系数	区域间影响力系数
采选业	0.893	0.980	0.154	0.523
食品制造及烟草加工业	0.509	1.221	0.043	0.415
纺织服装业	0.418	0.770	0.090	0.402
木材加工及家具制造业	0.228	1.128	0.064	0.544
造纸印刷及文教用品制造业	0.200	0.809	0.029	0.334
化学工业	1.727	1.295	0.281	1.505
非金属矿物制品业	0.649	1.081	0.073	0.589
金属冶炼及制品业	1.593	1.306	0.396	0.545
机械工业	0.539	1.140	0.109	0.447
交通运输设备制造业	0.348	1.017	0.037	0.456
电气机械及电子通信设备制造业	0.347	1.117	0.093	0.437
其他制造业	0.064	0.756	0.004	0.260

以类似的方式,借助吉林和黑龙江的全球区域(间)影响力和感应力系数来分析产业选择,如表 7-19 和表 7-20 所示,吉林省工业全球区域影响力系数大于 1 的工业门类有交通运输设备制造业、纺织服装业、木材加工及

家具制造业,全球区域感应力系数大于1的工业门类有化学工业和金属冶炼及制品业。剔除吉林省内产业影响后,全球区域间影响力和感应力系数均小于1。黑龙江省工业全球区域影响力系数大于1的工业门类有食品制造及烟草加工业和化学工业,全球区域感应力系数大于1的工业门类有化学工业。剔除黑龙江省内产业影响后,全球区域间影响力大于1的工业门类仅剩化学工业,而所有工业门类的全球区域感应力系数均小于1。这说明吉林和黑龙江工业发展缺乏带动国外产业发展的能力,同时也缺乏被国外产业发展拉动的可能。

表7-19 吉林省工业的全球区域(间)影响力和感应力系数

	区域感应力系数	区域影响力系数	区域间感应力系数	区域间影响力系数
采选业	0.722	0.688	0.005	0.161
食品制造及烟草加工业	0.587	0.848	0.009	0.177
纺织服装业	0.368	1.151	0.010	0.150
木材加工及家具制造业	0.293	1.084	0.021	0.183
造纸印刷及文教用品制造业	0.286	0.813	0.002	0.078
化学工业	1.363	0.807	0.025	0.152
非金属矿物制品业	0.595	0.818	0.005	0.101
金属冶炼及制品业	1.173	0.879	0.018	0.181
机械工业	0.189	0.761	0.003	0.119
交通运输设备制造业	0.666	1.043	0.012	0.466
电气机械及电子通信设备制造业	0.226	0.840	0.004	0.251
其他制造业	0.087	0.877	0.001	0.115

表7-20 黑龙江省工业的全球区域(间)影响力和感应力系数

	区域感应力系数	区域影响力系数	区域间感应力系数	区域间影响力系数
采选业	0.558	0.426	0.006	0.158
食品制造及烟草加工业	0.443	1.099	0.008	0.195
纺织服装业	0.123	0.612	0.015	0.139

	区域感应力系数	区域影响力系数	区域间感应力系数	区域间影响力系数
木材加工及家具制造业	0.228	0.996	0.021	0.385
造纸印刷及文教用品制造业	0.145	0.678	0.007	0.161
化学工业	1.339	1.146	0.042	1.695
非金属矿物制品业	0.774	0.772	0.010	0.368
金属冶炼及制品业	0.405	0.704	0.017	0.250
机械工业	0.069	0.651	0.008	0.144
交通运输设备制造业	0.125	1.000	0.003	0.225
电气机械及电子通信设备制造业	0.060	0.509	0.008	0.122
其他制造业	0.050	0.596	0.000	0.122

7.3.3　东北工业全球价值链重构的产业选择

归类总结辽宁、吉林和黑龙江工业全球区域(间)影响(感应)力系数,如表7-21和表7-22所示。剔除国内区域影响后,发现仅剩辽宁和黑龙江的化学工业门类的全球区域(间)工业影响力系数大于1。原来全球区域(间)影响力系数均大于1的工业门类,如辽宁的非金属矿物制品业、金属冶炼及制品业、机械工业、交通运输设备制造业、电气机械及电子通信设备制造业、木材加工及家具制造业,剔除国内区域影响后,转变为仅在全球区域工业生产上具有拉动作用。再如辽宁的采选业、纺织服装业、造纸印刷及文教用品制造业,吉林的造纸印刷及文教用品制造业、电气机械及电子通信设备制造业、金属冶炼及制品业、机械工业,黑龙江的木材加工及家具制造业、造纸印刷及文教用品制造业、化学工业、非金属矿物制品业、金属冶炼及制品业、机械工业、交通运输设备制造业、电气机械及电子通信设备制造业,均转变为全球区域(间)影响力系数小于1。以上情况说明,东北三省工业生产带动国外产业发展的能力相对较差。

表 7 - 21　东北省级层面工业全球区域(间)影响力系数归类(剔除国内区域影响)

		a1>1 且 a2<1	a1<1 且 a2>1	a1>1 且 a2>1	
				a1>a2	a1<a2
辽宁	食品制造及烟草加工业				化学工业
	木材加工及家具制造业				
	非金属矿物制品业				
	金属冶炼及制品业				
	机械工业				
	交通运输设备制造业				
	电气机械及电子通信设备制造业				
吉林	纺织服装业				
	木材加工及家具制造业				
	交通运输设备制造业				
黑龙江	食品制造及烟草加工业				化学工业

注:a1 为区域产业影响力系数,a2 为区域间产业影响力系数。

表 7 - 22　东北省级层面工业全球区域(间)感应力系数归类(剔除国内区域影响)

	b1>1 且 b2<1	b1<1 且 b2>1	b1>1 且 b2>1	
			b1>b2	b1<b2
辽宁	化学工业			
	金属冶炼及制品业			
吉林	化学工业			
	金属冶炼及制品业			
黑龙江	化学工业			

注:b1 为区域产业感应力系数,b2 为区域间产业感应力系数。

辽宁、吉林和黑龙江的工业全球区域(间)感应力系数归类情况中,剔除国内区域影响后发现,原来全球区域(间)感应力系数均大于1的工业门类,如辽宁的金属冶炼及制品业,吉林的采选业、食品制造及烟草加工业、非金属矿物制品业,黑龙江的采选业,均转变为难以被国外产业生产所带动的产业类型。综合辽宁、吉林和黑龙江工业生产对国外产业的拉动能力情况,以及被带动能力均较弱的事实,本书认为东北工业全球价值链重构的产业选择,应该运用动态比较优势理论,发挥东北装备制造业等优势产业在全球价值链中的比较优势,利用各种机遇和方式,积极参与全球化生产和分工。

7.4　本章小结

本章通过分析东北及其所含省份的工业影响力和感应力系数,发现发展某些工业门类有助于重构其价值关联。东北工业的国内价值链重构中,从影响力角度,辽宁应该发展机械工业、电气机械及电子通信设备制造业、金属冶炼及制品业、纺织服装业、造纸印刷及文教用品制造业、交通运输设备制造业;吉林应该选择化学工业、交通运输设备制造业、电气机械及电子通信设备制造业、金属冶炼及制品业、非金属矿物制品业、造纸印刷及文教用品制造业;黑龙江应该选择非金属矿物制品业、造纸印刷及文教用品制造业、金属冶炼及制品业、电气机械及电子通信设备制造业、机械工业、交通运输设备制造业、纺织服装业。从感应力角度,辽宁应该选择发展化学工业和金属冶炼及制品业;吉林应该选择发展机械工业、化学工业、食品制造及烟草加工业;黑龙江应该选择发展化学工业和食品制造及烟草加工业。东北工业的全球价值链重构中,综合辽宁、吉林和黑龙江工业生产对国外产业的拉动能力情况,以及被带动能力均较弱的事实,本书认为东北工业全球价值链重构的产业选择,应该运用动态比较优势理论,发挥东北装备制造业等优势产业在全球价值链中的比较优势,利用各种机遇和方式,积极参与全球化生产和分工。

第八章 结论、政策建议与展望

8.1 主要结论

第一部分:价值链重构视角探究东北工业崛起与衰退,得到的主要结论:

(1) 使用历史考察方法,从国内经济循环视角探究了东北工业崛起过程。多数研究认为,东北丰富的资源禀赋、较好的工业基础和国家的大力支持是东北工业崛起的主要原因。除以上原因外,本书发现我国的大规模建设和经济发展形成的东北在国内市场上广泛的工业联系,为东北工业崛起提供了重要支撑。经过国民经济恢复时期和"一五"时期的重点发展,东北工业迅速崛起,成为当时"共和国的总装备部"。然而,在计划经济体制下,东北建立的这种工业联系具有脆弱性,易于受到中国融入全球价值链造成国内价值链被重构的冲击而被破坏,为东北工业衰退埋下了伏笔。

(2) 改革开放以来,中国实行渐进的开放政策,以实施沿海发展战略、邓小平同志南方视察、加入等重要节点事件为标志,逐渐嵌入全球价值链,同时开启了国内区域间的不平衡改革开放进程,各区域的全球和国内价值链发生重构。在这一过程中,各区域工业的国内价值链参与度表现出 V 形走势。其中,随着沿海地区工业的全球价值链参与度不断提升,其国内价值链参与度由初始的国内最高转变为国内最低。内陆地区的转变则与沿海地区相反。在考察期间,与沿海和内陆地区的国内与全球价值链参与度出现此消彼长的变动趋势不同,东北工业的国内价值链参与度快速降低,且表现出国内与全球价值链参与度的"双低"状态。与此同时,东北工业逐渐衰落,经济的全国比重不断下降,亏损工业企业比例大幅增加,规模以上工业企业出现高亏损、低利润。此外,从事工业生产的劳动力数量大幅减少,出现"东北现象"和"振而不兴"问题。

第二部分:东北工业脱节国内价值链的经验研究,得到的主要结论:

（3）工业流动角度，总体上看，东北在国内区域间的工业流动系数表现出弱化趋势。纵向看，1987—2002 年，在中国渐进融入全球经济循环的过程中，东北在国内的工业流动系数显著降低；2003—2015 年，"东北振兴"战略实施以来，东北工业在国内的关联有所增强，但仍旧弱于前一阶段。横向看，东北的国内工业联系强度在八大区域中处于较低水平，尤其是重工业，长期处于全国最低位，其流出量少于流入量，呈现出东北地区与国内其他区域工业关联逐渐弱化，甚至脱节的趋势。

（4）区域联动角度，分解区际贸易的增加值，不论从区际工业贸易的增加值组成、增加值再流出看，还是从增加值的流动形式看，自中国加入全球经济循环以来，随着东部沿海深度嵌入全球价值链，工业能力得到显著提升，东北工业逐渐脱节国内价值链，工业品在国内的市场份额逐渐缩减，工业技术不断落伍，且在全球价值链中保持低参与度。

从增加值组成上看，东北流入东部沿海的工业品中包含的国内其他地区增加值份额（AV3）和国外创造的增加值份额（AV4）均显著低于东部沿海流入东北的工业品中包含的 AV3 和 AV4，在 AV4 上表现得尤为明显。同时，东北流出的工业品中的 AV3 和 AV4 表现出递减趋势。这说明东北在国内和全球价值链上的工业增加值互动弱于东部沿海，且表现出进一步弱化的趋势。

从增加值被吸收情况看，东北工业脱节国内价值链表现在两个逆转上。第一个逆转，在我国逐渐深度融入全球经济循环后，东北流入东部沿海并被吸收的工业增加值份额（AV11）由高于东部沿海流入东北的 AV11 逆转为低于该份额，且东北流入东部沿海的 AV11 在波动中递减。这说明加入全球经济秩序后，东部沿海工业的技术水平和价值创造能力得到迅速提升，而东北工业的技术水平和价值创造能力在衰退。第二个逆转与前面的逆转相反，在我国逐渐深度融入全球经济循环后，东北流入东部沿海再流出被国内其他地区吸收的份额（AV12）由低于东部沿海流入东北的 AV12 逆转为高于该份额，即后来东北工业品流入东部沿海后，增加其与国内其他地区的产业联动，而东部沿海工业品流入东北后，却降低了在国内的产业联动。这说明在我国加入全球化后，东北工业出现了脱节国内价值链的趋势。

此外，从被国外吸收的份额（AV13）看，流入东部沿海的工业品被国外吸收的份额一直远高于流入东北的工业品的 AV13，这是东部沿海深度嵌入全球价值链的增加值特征表现，同时表明东北在全球价值链中的低参与度状态。以流动的增加值形式看第三个逆转，在我国经济转向全球化后，东北流入东部沿海的工业品形式,以最终品为主转变为以中间品为主,东部沿海流入东北的工业品形式的转变则刚好相反。这体现出在中国加入全球经济循环后,东北与东部沿海在国内工业地位上发生了转换,东部沿海的工业能力逐渐超过东北地区,替代了其工业基地的地位。

(5)空间依存角度,通过分解工业产值,研究其中乘数效应、反馈效应和溢出效应。其一,东北工业生产规模在缩减,生产能力在衰退,且表现出增强的工业"生产—消费"自循环特征。其二,利用外部的中间品比例在降低,生产中区域联动在减弱。其三,东北与其他地区的溢出不对称,以及"高敏感低分散"特征,说明东北工业易于受到其他地区的影响,而没有能力去影响其他地区,在国内价值链上处于劣势地位和严重衰退的状态。

乘数效应为国内各区域工业生产中引致比例最高的效应,也就是说工业生产主要依靠本区域中间品供应。考察乘数效应,发现东北由乘数效应引致的工业产值比例在国内区域间处于较低水平,且快速降低至国内最低。根据消费地差异进一步分解乘数效应,发现东北本地消费通过乘数效应诱发的工业产值份额远高于东部地区,表明东北工业的生产规模在缩减,生产能力在衰退。同时,生产的工业产品更多比例用于本区消费,证明了东北工业的自循环特征。此外,东部地区的工业生产表现出强烈的外部依赖特点,国外消费通过乘数效应诱发的工业产值比例远高于东北,2007年竟超过本地消费通过乘数效应诱发的工业产值比例。此外,总体上,在溢出效应的区域相互作用中,东部需求对东北工业表现出单方面的相对重要性。

考察反馈效应,发现东北为国内反馈效应最低的区域,且在快速衰减,表明东北利用外部工业中间品的比例在降低,生产上的区域联动在减弱。

考察溢出效应,东北工业的溢出效应在国内处于较高水平,尤其在2007年后,其溢出效应一直保持国内的最高水平。从价值链治理角度看,东北工业处于价值链低端环节。此外,从区域互动角度看,东北与东部地区存在严重的溢出不对称现象,即在东北对各区域的溢出效应中,东北工业对东部的溢出效应最大,反观在东部对各区域的溢出效应中,对东北的溢出效应最小。更加严重的是,内陆对东北的溢出效应也为各区域最低水平。由此可见东北工业生产在国内价值链上的劣势地位和衰退程度。进一步研究发现,东北工业的敏感度指数在国内处于较高水平,且不断增强至国内最高水平,而东北工业的分散度指数表现低迷,远低于国内其他地区,且在波动中逐渐降低。这表明东北工业在国内工业领域已经由"领跑者"转变为"跟随者",易于受其他地区的需求影响,却没有能力去影响其他地区。东部地区则反之,在国内拥有较强的工业影响力。

第三部分:脱节国内价值链造成东北工业衰退的理论机制,得到的主要结论:

(6)理论机制部分主要借鉴 Blanchard 等(2016)的建模思路,将价值链嵌入变量加入生产贸易模型,经过一系列推导,得出结论:工业生产中,本地增加值占据主要地位时(存在数据支撑),东北工业脱节国内价值链,导致了东北工业衰退。接着在使用理论模型和经济学原理论证了脱节国内价值链中技术衰退和市场缩减两个途径作用于东北工业的理论机制的基础上,结合东北工业的实际情况加以分析。从技术衰退角度,脱节国内价值链通过抑制溢出、限制改善资源扭曲、阻滞分工深化等途径阻碍东北工业发展。从市场缩减角度,脱节国内价值链通过弱化工业中间品效应、大市场效应失灵和减弱竞争效应等途径阻碍东北工业发展。最后从市场缩减和技术衰退双面切入,分析二者通过循环累积因果效应造成东北工业衰退的理论机理。

第四部分:脱节国内价值链造成东北工业衰退的经验研究,得到的主要结论:

(7)经验研究发现,脱节国内价值链显著阻滞了东北工业发展,解释了东北工业衰退。依次加入控制变量,结果依然显著、可靠。此外,发现资本对东北工业的解释效果最大,人力资本对东北工业的影响效果较小,说明东北工业发展仍是资本驱动型,人力资本对工业发展的创新效应有待进一步发挥。使用东北三省行政领导与外部地区调动数据作为工具变量,有效解决经验研究过程中的内生性问题。稳健性检验和异质性检验中加入“东北振兴”战略的虚拟变量、核心解释变量滞后项和替代变量,得到结果依然稳健,且不存在异质性问题。同时,发现实施“东北振兴”战略并没有通过促进东北工业融入国内价值链而有效遏制东北工业衰退。从地区和行业角度进一步分析,对辽宁、吉林和黑龙江三省,以及资本、技术、劳动密集型工业数据的实证和工具变量检验、异质性检验、滞后项检验和交互项分析,总体上支持了脱节国内价值链造成东北工业衰退的解释,从地区和行业角度证实了所得结论的稳健性和可靠性。

测度东北三省的 22 个工业行业技术效率,发现各个区域和行业部门间表现出测度工业技术效率的稳健性。1987—2002 年,工业技术效率快速降低,多数年份工业技术效率值小于 1,说明这一时期东北工业存在技术衰退。“东北振兴”战略实施期间,东北的工业技术效率明显提高,而随后进入高质量发展阶段,东北工业技术效率再次出现大幅降低趋势,说明东北工业的技术效率在不断降低。按要素密集度分类,资本密集型工业的技术效率相对较高,对"东北振兴"战略的响应也较为积极。而技术密集型工业的表现不尽如人意,在"东北现象"和"新东北现象"两次衰退期间,东北的技术密集型工业衰退最为严重,"东北振兴"战略对其提升效果也较小。通过测度东北生产(使用)的(中间)工业品的市场份额,发现 1987—2015 年,不论是东北生产的(中间)工业品占据全国市场份额,还是使用的(中间)工业品占据全国市场份额,均呈现不断降低的趋势,说明东北工业产品的国内市场份额在缩减。通过中介效应测度,发现技术衰退和市场缩减在东北工业脱节国内价值链造成工业衰退过程中起到显著中介作用。使用格兰杰因果检验,发现东北工业的技术衰退和市场缩减具有显著的循环累积因果关系。

第五部分:重构东北工业价值链的产业选择,得到的主要结论:

(8) 通过分析东北及辽宁、吉林和黑龙江三个省份的工业影响力和感应力系数,发现发展某些工业门类有助于价值链重构。东北工业的国内价值链重构中,从影响力角度看,辽宁应该发展机械工业、电气机械及电子通信设备制造业、金属冶炼及制品业、纺织服装业、造纸印刷及文教用品制造业、交通运输设备制造业;吉林应该选择化学工业、交通运输设备制造业、电气机械及电子通信设备制造业、金属冶炼及制品业、非金属矿物制品业、造纸印刷及文教用品制造业;黑龙江应该选择非金属矿物制品业、造纸印刷及文教用品制造业、金属冶炼及制品业、电气机械及电子通信设备制造业、机械工业、交通运输设备制造业、纺织服装业。从感应力角度,辽宁应该选择发展化学工业和金属冶炼及制品业;吉林应该选择发展机械工业、化学工业、食品制造及烟草加工业;黑龙江应该选择发展化学工业和食品制造及烟草加工业。东北工业的全球价值链重构中,综合辽宁、吉林和黑龙江工业生产对国外产业的拉动能力情况,以及被带动能力均较弱的事实,本书认为东北工业全球价值链重构的产业选择,应该运用动态比较优势理论,发挥东北在全球价值链中的比较优势,利用各种机遇和方式,积极参与全球化生产和分工。

8.2 振兴东北工业的逻辑与启示

8.2.1 振兴东北工业的内在逻辑

东北工业反复出现衰退和"振而不兴"问题的原因在于,东北工业脱节国内经济循环,又难以融入全球经济循环,使东北工业陷入国内市场份额缩减与技术衰退的恶性循环。为提高经济发展质量,应对世界贸易保护主义抬头,以及新国际形势造成的产业链横向集聚和纵向缩短带来的不确定性增加(刘志彪,2020),中国提出了以国内大循环为主体,国内国际双循环相互促进新格局。国内国际双循环的国家战略契合了东北工业脱节国内经济循环困局,为振兴东北工业指明了方向。东北地区应积极利用国内国际双循环国家战略的重大转变,以对内开放为抓手,形成竞争有序的东北区域大市场,充分利用装备制造业优势,整合东北工业价值链,培育技术创新生态,重构技术与市场的良性互动,并不断深度融入国内经济循环和全球经济循环。

以双循环促进东北老工业基地振兴的内在逻辑中,开放、市场和技术是三个相互关联的关键环节,以开放形成技术与市场的互促机制,是东北工业融入国内经济循环和全球经济循环的实现路径。开放是破解东北工业市场缩减与技术衰退的切入点,开放可以分为对内开放和对外开放,二者辩证统一。东北地区对外开放困难的原因是对内开放不足,从两个层面来理解:第一,对内开放不足是东北老工业基地市场发育迟缓的主要原因,市场机制不健全,扭曲资源的配置效率,缺乏激活市场主体创新活力的驱动机制,造成企业缺少"走出去"的竞争力。第二,对内开放不足直接导致东北老工业基地市场容量狭小,如东北的内需潜力仅为长三角地区的 0.31①,这较大程度上压低了企业发展的天花板,对外资没有足够的吸引力,缺乏"引进来"的条件。因此,东北地区首先要以对内开放破题,以对内开放促进对外开放的水平与质量。从需求侧和供给侧阐释对内开放之于振兴东北老工业基地的机制。从需求侧视角看,对内开放意味着,消费者拥有更多的选择空间和消费需求,投资者拥有更大的投资空间和置买设备动机,释放东北强大的内需潜力,以内需驱动东北老工业基地实现高质量发展。此外,内需市场的扩大能够实现更强大的购买力,吸引外资进入东北,使东北工业融入跨国企业控制的垂直一体化全球价值链。从供给侧视角看,对内开放是破除本国(地区)内一切行政权力造成的市场分割和行政壁垒,实行自由进入和自由退出(刘志彪,2019)。构建起东北区域大市场,以效率和创新为导向,增强企业创新动力,提高东北工业产品供给质量和多样性,使东北工业企业有能力走出

---

① 采用刘志彪和凌永辉(2020)对内需概念的界定,即来自国内对商品和服务的需求能力。具体公式:潜在内需=居民人数*人均可支配收入;实际内需=居民人数*人均消费。测算出结果发现,东北内需/长三角内需比值不断降低,同时东北内需潜力的挖掘率已经达到 72%,比长三角地区高出 6 个百分点。

去,建立以东北优势工业企业为"链主"的国内价值链和全球价值链。

　　技术和市场是实施区域赶超战略的两条途径,二者互为补充和支撑。以技术创新支撑市场扩张,反过来,市场份额提高又使企业有能力投入更多创新研发费用,提高企业创新能力和技术水平。目前,东北老工业基地在国内的工业市场份额不断缩减,技术创新停滞不前,二者形成恶性循环。因此,打通东北地区市场扩张和技术创新的堵点,形成技术与市场的良性互动,成为振兴东北老工业基地的关键环节。

　　从东北市场环境和技术创新生态来看,打通堵点并非易事,东北老工业基地是我国执行计划经济时间最长的区域,深受计划经济浸染,形成了条块分割的商品和要素市场。严重的市场分割延续到社会主义市场经济时期,这一时期,政府间激烈的"财政锦标赛",狭隘的地方保护主义,成为各地方政府的理性选择,使得区际形成行政壁垒(周黎安,2004)。市场分割和行政壁垒造成东北地区工业重复建设,浪费有限资源,地区间形成恶性竞争,制约了东北工业的规模效应和本地市场效应的发挥,造成东北地区市场机制发育缓慢,企业缺乏活力。此外,东北的技术创新生态不容乐观,计划经济为东北地区留下大量国有企业,经过多轮国企改制,东北仍是我国国企占比最高的地区,"大而全""小而全"的国企模式抑制了东北地区技术创新生态的发育,从配件到成品,全部在企业内部包办,造成两方面影响:一方面,自身由于经营产品过于宽泛,无法聚焦主业,激烈竞争的市场上必然导致技术升级滞后,创新动力缺失;另一方面,工业企业不把副业分离出来,生产性服务业难以形成规模,市场上难以形成成熟的生产性服务业业态,造成产业分工难以深入,生产迂回度不够,中小工企难以将产品和服务做精做细,这使得东北地区工业企业虽有集中,但没有工业集聚,难以培育出良性的技术创新生态。

　　从东北经济屡振不兴的事实中发现,东北的技术和市场的恶性循环具有较强的路径依赖性,很难通过"输血式"的工业投资和补贴加以振兴。根本上解决东北问题,应该从内部入手,培育东北地区的"造血能力"。借助国家战略层面推进国内国际双循环的时机,东北地区迎来了重要的发展机遇期,以对内开放为突破口,形成对内对外开放的良性互动,分三个阶段,即区域内开放、融入国内经济循环及融入全球经济循环,构建起东北地区市场与技术的互促机制。通过对内开放统一东北区域市场,将碎片化的市场整合起来。根据斯密定理,专业的生产者只有市场发育到一定程度才会出现和存在。随着东北地区市场规模的扩大,分工和专业化会随之提高,这将有效延伸东北地区工业价值链长度,培育出大量与国有企业有能力竞争和生产配套的大中小民营企业,有效改善工业链内部的技术创新生态,带动东北企业进行技术创新。以创新提升产品竞争力,去扩张在国内或全球的市场,形成与技术创新的互促机制。利用比较优势主动融入国内国际双循环,建立与国内外各地区的协同发展机制,降低经济发展的不确定性,实现东北老工业基地全面振兴。

8.2.2 东北工业的振兴启示

结合本书的理论机制和实证分析结果,首先从价值链重构角度提出东北工业的振兴启示,然后围绕价值链重构振兴东北工业内在逻辑中的开放、市场、技术等关键环节提出相应启示。

8.2.2.1 以重构价值链促进东北工业振兴

重构国内与全球价值链,连接起东北与国内各区域及世界各国的技术、市场和制度关联,有效支撑东北工业的全面振兴。从两个层面实施:其一,重构东北与东部、内陆地区的经济循环,全力融入国内价值链;其二,构建东北与日、韩、俄等东北亚国家为主的经济循环,积极融入全球价值链。

重构东北国内价值链的重点应该放在与东部沿海的工业关联上。其一,东部沿海作为我国工业经济最为发达的区域,技术发展水平最高,东北建立与其的技术关联,衔接起技术溢出机制,带动实现技术进步。其二,东部沿海对外开放倒逼自身进行市场化改革的历史经验,衔接起二者的制度联系,对东北的制度变革具有重要的借鉴意义。其三,东部沿海既为国内最大工业品产区,也是最大的工业品消费区域,建立与东部沿海的市场关联,能够最直接有效地解决产品市场问题。此外,重构东北工业与中西部等内陆地区价值链的切入点在于资源和产业发展的互补性。对于如何建立东北与国内各个地区的工业价值链,就东北自身来说,首先,应该发展机械工业、金属冶炼与加工制造业等具有广泛拉动和感应效应的工业门类,使各区域工业与东北工业的发展相互受益,比较容易建立生产联系。其次,发掘东北工业与各区域的互补优势,处于国内价值链上游的东北装备制造业,如沈飞、哈电等"链主型"企业,可以将价值链延伸到其他区域,如随着国内高效交通网络的建立,部分零部件的生产放在具有配套优势的国内地区。同时,东北处于国内价值链中下游的制造企业除配套本地企业外,还应主动扩展到其他地区,建立与东中西部地区工业关联的"毛细血管"。此外,中央政府应该有效协调东北与国内其他地区的经济联系,加强区域间领导干部的人员交流,带动产业交流。同时,在市场作用范围外,为地区间产业发展建立常态化联动机制,有助于实现区域产业互补和国内价值链的完善。

构建东北全球价值链的重点应该放在日、韩、俄等东北亚国家。其一,区位条件所决定,东北地处东北亚核心区域,拥有较好的地缘优势。其二,拥有较好的合作基础,东北亚贸易博览会的连年举办、中日韩自由贸易协定的不断推进等提供了合作机会。其三,相对稳定的国际局势,为国际贸易的发生创造了有利的外部条件。具体到嵌入全球价值链的途径,东北应借鉴沿海地区的有益经验,中央政府给予东北充分的对外开放政策支持,开放和转变东北的"等、靠、要"思想,结合当下的国内外环境,激发出东北创新融入全球经济循环的方式方法。虽然东北工业在全球缺乏影响力和感应力,但可以从最基本的力所能及的方面做起,如积极承接发达经济体的发包和产业转移。从自身角度来说,努力改善营商环境,培育东北的优势产业,加强产业配套能力,充分发挥辽宁、吉林和黑龙江的沿海沿边优势,广泛吸引FDI(对外直接投资)或主动向国外投资,积极加入全球经济秩序。

8.2.2.2　以扩大开放促进东北工业振兴

培育东北地区成为对内对外开放新高地,推进东北工业"引进来"和"走出去"。对内开放是对外开放的基础和前提,对外开放是对内开放的延伸和支撑。目前,东北老工业基地对内开放的紧迫性已经超越对外开放,以对内开放整合东北区域市场,提升发展质量,带动对外开放。对内开放应该遵从先易后难的原则,首先减少东北区域内的贸易壁垒,降低贸易成本,其中既要降低商品和要素的流动成本,也要降低劳动力的流动成本,如在东北区域内互认医疗保险、养老保险系统等关乎劳动者切身利益的保险和公积金等。其次,对内开放资本市场,消除外来资本的投资退出限制,增强资本流动性和市场活力。此外,开放企业的融资限制,特别是要针对市场中的中小企业,拓宽融资渠道。再者,逐步放松,直至全面放开户籍对人员流动的限制,这对于东北对内开放来说是尤为重要的一环,释放大量农业户籍人口的潜在需求,并激活劳动力红利,这是推动形成东北老工业基地高质量发展动力的重要方法。

统筹考虑东北老工业基地内部与外部双循环,把对内开放与对外开放结合起来,对内开放是对外开放的前提和基础,对外开放是对内开放的支撑和延伸。以对内开放提升对外开放的质量和层次,通过东北地区内需的扩大,市场机制的完善,虹吸国内外创新要素"引进来",提升东北老工业基地的创新水平,提升企业竞争力,让企业有能力"走出去""走上去"。深度开放中的"引进来"和"走出去",都可以成为嵌入 GVC(全球价值链)的途径和手段。"引进来"可以 FDI 引进跨国企业所控制的垂直一体化 GVC,或者建立市场交易型松散的 GVC;"走出去"则可以通过对外投资、并购等手段,建立以我为主的 GVC。在这方面,可以学习东部沿海地区在开放中嵌入 GVC 的既有经验,汲取重要的教训。比如,更新和建设基础设施,东北地区当前急需建设北部的出海口;在营商环境方面,政府要不断优化制度环境,改革落后的企业组织制度。再如,要避免走"市场换技术"的老路,实践证明,只有自身研发水平和科技成果产业化水平达到一定程度,才可以通过产业链吸引外资,建设世界级先进制造业集群,更好地嵌入到 GVC 中(刘志彪和全文涛,2019,2021)。此外,要加快中韩、中日韩自由贸易区的谈判和落地,发挥东北老工业基地东北亚中心区位优势,探索国际合作新模式,如共建工业园区、自贸区,把东北老工业基地打造成对外开放新高地。

8.2.2.3 以整合市场促进东北工业振兴

构建东北区域统一大市场,激活工业企业生产效率。东北老工业基地应以对内开放为抓手,破除市场壁垒,完善市场机制,建立市场中性竞争原则,激活企业发展活力。利用辽宁、吉林、黑龙江及蒙东地区习俗相近、血脉相亲、文脉相连的天然优势,搭建一体化平台。学习长三角地区一体化过程中的有益经验,中央政府应该在东北地区设立市场一体化办公室,由中央直接领导,总领东北三省及蒙东地区对内开放事务,负责东北地区对内开放的中长期战略规划的制定和实施,组建辽宁、吉林、黑龙江和内蒙四省(自治区)省长联席会议,定期商讨,议题应包含东北地区基础设施互联互通、养老医疗体系一体化、各种地方标准体系互认、投资壁垒的消除等。此外,在东北市场一体化建设和内需扩大等事务中,应该建立激励相容机制,如构建利益共享、成本共担的推进机制及补偿机制,保障参与主体的应得收益,保证构建东北区域统一大市场的顺利推进。

建立竞争有序市场,要明确政府与市场的边界,地方政府应积极转向服务职能,全能型政府抑制市场发育,应该把决策权和选择权还给企业和消费者,营造出自由宽松的经营环境,为消费者提供多样化的选择空间。政府自身应专职做好服务工作,有效率地提供公共产品,弥补市场失灵。此外,应加快国有企业改制,国有企业作为东北老工业基地的企业主体,代表东北老工业基地的先进生产力,如果国企不能实现创新发展,必然导致老工业基地技术的退步。国企改制不应该只是一种形式,以科技创新和盈利能力作为国企负责人主要考核指标,并与个人绩效挂钩。从企业办社会中脱离出来,鼓励国有企业进行兼并重组，允许"僵尸企业"申请破产，为市场新生力量腾出发展空间，为东北地区大市场的形成注入活力。以竞争中性强调民营企业与国有企业的平等地位，消除东北老工业基地国有企业享有行政垄断特权，破除民营企业对国有企业的依附，建立平等的竞争地位，以创新和效率为导向，提高所有市场参与者的竞争力。有效的市场要求国有企业想要在竞争中生存下去，必须提高生产效率和创新能力。为了在优胜劣汰的环境中生存下来，企业可以整合市场资源，盘活东北老工业基地庞大的工业资本存量。

8.2.2.4 以提升技术促进东北工业振兴

整合东北老工业基地为主体的工业价值链，培育技术创新生态。东北地区在基础工业材料制造业、工业机械制造业等重工业相关领域，具有国内市场上的比较优势，这是振兴东北工业的突破点和抓手。如沈鼓、沈飞、一汽、哈电等优势企业可以凭借前期积累的技术优势，整合东北老工业基地内部的工业价值链，将非核心业务全部外包给中小企业。一方面，可以让企业聚焦于核心业务，提升研发创新能力；另一方面，有利于本地生产性服务业的发展壮大，延伸工业价值链，提高生产专业化水平。鼓励中小企业把中间产品做细做精，建立制度化的激励机制，弘扬工匠精神，培育东北老工业基地的"隐形冠军"，促使"链主型"企业和配套企业形成优势互补、分工明确的工业价值链。

强化东北老工业基地内部工业价值链的同时，注重加强外部工业价值链。要在贸易全球化受阻，国内市场快速扩张的情势下，把东北老工业基地的优势产品大力推向国内市场。利用逐渐扩大的国内需求，迅速把产品做精做强，先从优势产品上打开突破口，为其他企业树立示范效应，以点带面，实现整体工业振兴。引导国内的工业中间品流向东北老工业基地，鼓励国内工业企业购买东北自产工业设备，培育东北重工业的本地市场效应。同时，鼓励东北工业企业建立与国内其他区域的工业关联，尽量在国内市场采购中间品，消除东北工业产品在国内的流通壁垒，延长国内工业链长度，增强东北工业发展韧性和根植性，形成国内区域间有效协同的工业价值链。此举除了强化国内工业价值链外，还有一个重要目的，即融入国内工业价值链，能够分享沿海地区的工业发展红利，延长国内工业价值链，将工业价值链中高附加值留在国内。这对于国内的工业企业来说，将形成巨大的技术创新动机。同时，将国内竞争机制引入东北老工业基地，实现区域间联动发展。

8.2.2.5 以改善风气促进东北工业振兴

加强与沿海地区的交流与互动,转变东北"等、靠、要"的社会风气。不仅要加强东北与沿海地区的工业关联和生产互动,也要加强民间互动与交往。沿海地区往往具有更强的敢为人先、开拓进取精神,加强与这些地区的联系,有助于改善东北在计划经济时期形成的思想上的路径依赖。首先,需要培育良好的环境和氛围,良好的营商环境是吸引外部企业进入东北的首要条件,良好的人居环境是吸引外部居民进入东北的基本条件。要以大量外部人员和企业的进入,促进文化融合,改善社会风气。其次,加强法治建设,促进政府转型。东北的大政府小市场是东北市场经济不够活跃的重要原因,通过完善东北法治建设,限制政府对市场的干预行为,促使政府转向服务职能,是有效扭转政府干预过多而导致的项目怪圈等现象的根本途径。再次,以市场手段明确企业预期,增强发展信心。东北民营经济不发达的原因在于市场机制不稳固,对市场缺乏良好的预期,民营企业家就不会大量进行投资。只有削弱政府主导市场资源配置的方式,通过市场手段明确企业预期,才能从根本上加强市场信心,活跃市场经济。此外,还应该加大宣传力度,强化规则意识。保守的社会风气不是一朝一夕形成的,是经过几十年的累积,渗透到社会的方方面面,人们生活的角角落落,改变它并非易事。加大对市场经济的宣传力度,让人们认识到市场经济的好处,感受实惠,破除人情社会的关系网络,强化规则意识,使之深入人心,构建市场经济的社会基础,这样才能够真正意义上转变东北的不良社会风气。

8.3 展望

东北作为中国老工业基地,其工业振兴具有多重意义:其一,东北工业振兴有效盘活庞大的工业资本存量,能够大大增强我国的工业实力。其二,完善国内工业价值链,助力我国工业向全球价值链高端攀升。其三,带动东北经济实现复兴,彻底解决现阶段东北存在的人才流失等问题。其四,实现区域协调发展,补齐我国区域经济发展中的东北短板。其五,有效融入东北亚经济圈,加强与日、韩、俄的工业互动,深度嵌入全球价值链。

从 20 世纪 90 年代"东北现象"出现算起,东北问题已存在 30 余年;自"东北振兴"战略从 2003 年实施算起,国家层面的东北工业振兴也有将近 20 年。东北经济曾一度获得快速的发展,但工业发展中存在的深层次问题依然未得到彻底解决。从德国鲁尔区、美国中西部"锈带"等先发国家老工业基地的振兴实践看,应该充分预计到东北老工业基地振兴任务的艰巨性,但同时应该对东北老工业基地的振兴抱有希望和信心,主要依据有以下几点:其一,中国拥有举国体制优势,能够为东北工业振兴集中力量,提供资金、人力资本、对口支援等多种形式的支持;其二,不断完善的市场和法治环境,能够有效增强东北工业振兴政策的效果;其三,勤劳、勇敢、热情的东北人民是东北工业振兴中最可靠的力量,大量的产业工人是宝贵财富;其四,东北工业振兴实践中的有益试错,排除了不可行的振兴举措,不断提高着振兴措施的有效性。因此,我们有理由相信,在党和政府的正确领导下,不久的将来,东北工业必将实现真正的全面振兴。

附录

附录A:中国区域间轻、重工业流动系数

表A-1　1997年国内区域间的轻工业流动系数

1997年	东北地区	京津地区	北部沿海	东部沿海	南部沿海	中部地区	西北地区	西南地区	合计
东北地区	79.37	1.05	5.74	4.51	3.26	4.40	0.80	0.87	100
京津地区	1.50	79.80	8.49	2.49	1.86	3.81	1.44	0.61	100
北部沿海	0.70	0.98	86.70	5.14	1.77	3.70	0.47	0.54	100
东部沿海	0.30	0.29	3.16	87.81	3.24	4.29	0.31	0.58	100
南部沿海	0.27	0.36	2.31	5.32	83.81	5.44	0.25	2.25	100
中部地区	0.29	0.30	3.87	4.00	2.95	86.90	0.55	1.14	100
西北地区	1.40	1.10	7.55	6.01	5.77	9.17	65.93	3.06	100
西南地区	0.29	0.25	2.60	2.89	6.20	5.15	0.75	81.87	100

注:东北地区包含辽、吉、黑;京津地区包含京、津;北部沿海包含冀、鲁;东部沿海包含沪、苏、浙;南部沿海包含闽、粤、琼;中部地区包含晋、豫、皖、赣、湘、鄂,西北地区包含陕、甘、青、宁、新、蒙;西南地区包含川、贵、渝、滇、桂、藏。下同。

表A-2　1997年国内区域间的重工业流动系数

1997年	东北地区	京津地区	北部沿海	东部沿海	南部沿海	中部地区	西北地区	西南地区	合计
东北地区	86.91	1.23	3.46	3.97	1.72	1.90	0.45	0.34	100
京津地区	1.52	83.93	6.25	2.40	1.21	3.01	1.31	0.37	100
北部沿海	1.94	1.77	84.08	5.42	1.50	4.12	0.73	0.45	100
东部沿海	0.92	0.93	4.92	81.04	4.01	6.37	0.83	0.99	100

1997 年	东北地区	京津地区	北部沿海	东部沿海	南部沿海	中部地区	西北地区	西南地区	合计
南部沿海	0.62	1.11	3.60	9.97	73.94	7.20	0.78	2.78	100
中部地区	0.79	0.87	5.32	7.43	3.51	78.57	2.34	1.16	100
西北地区	2.47	3.31	7.62	7.15	4.40	8.73	63.27	3.05	100
西南地区	0.66	0.59	2.96	5.09	6.34	5.47	2.04	76.85	100

表 A-3　2002 年国内区域间的轻工业流动系数

2002 年	东北地区	京津地区	北部沿海	东部沿海	南部沿海	中部地区	西北地区	西南地区	合计
东北地区	83.13	0.46	3.88	2.82	3.56	2.41	0.80	2.94	100
京津地区	3.24	37.76	30.09	5.63	7.54	8.62	2.39	4.73	100
北部沿海	1.22	0.83	81.93	2.78	3.37	6.07	0.99	2.81	100
东部沿海	0.08	0.04	0.96	92.86	2.39	2.73	0.22	0.72	100
南部沿海	0.19	0.10	1.97	5.20	82.48	3.96	0.60	5.50	100
中部地区	0.29	0.08	1.91	7.11	3.34	84.75	0.61	1.92	100
西北地区	1.61	0.47	5.59	5.61	9.54	7.28	55.67	14.23	100
西南地区	0.16	0.03	0.60	1.65	5.06	1.86	0.44	90.21	100

表 A-4　2002 年国内区域间的重工业流动系数

2002 年	东北地区	京津地区	北部沿海	东部沿海	南部沿海	中部地区	西北地区	西南地区	合计
东北地区	90.24	1.29	1.27	1.74	3.11	1.26	0.41	0.69	100
京津地区	7.80	62.35	12.93	4.97	5.91	4.15	1.04	0.85	100
北部沿海	4.41	4.28	74.43	5.51	3.45	5.83	1.28	0.80	100
东部沿海	0.56	0.29	0.89	91.17	2.54	3.32	0.57	0.66	100
南部沿海	1.54	1.48	1.03	6.50	81.01	4.83	0.91	2.70	100
中部地区	1.52	0.43	2.12	12.13	4.75	77.10	0.94	1.01	100
西北地区	4.74	1.27	4.24	6.66	11.77	7.69	57.03	6.59	100
西南地区	1.64	0.18	0.59	1.63	8.92	1.88	1.26	83.92	100

表 A-5　2007 年国内区域间的轻工业流动系数

2007 年	东北地区	京津地区	北部沿海	东部沿海	南部沿海	中部区域	西北地区	西南地区	合计
东北地区	83.85	1.20	3.55	0.80	6.22	0.92	2.26	1.20	100
京津地区	4.37	42.79	32.03	1.78	10.41	2.78	4.68	1.15	100
北部沿海	1.40	2.78	87.25	0.65	2.61	2.13	2.26	0.92	100
东部沿海	0.70	0.40	2.02	83.93	4.27	5.87	1.75	1.06	100
南部沿海	1.08	0.31	3.23	4.56	77.69	4.89	2.29	5.95	100
中部区域	1.06	0.54	6.05	2.01	8.21	77.15	2.38	2.59	100
西北地区	3.14	1.73	10.33	2.33	16.19	4.12	56.91	5.26	100
西南地区	1.46	0.27	2.35	1.19	21.94	1.37	2.39	69.03	100

表 A-6　2007 年国内区域间的重工业流动系数

2007 年	东北地区	京津地区	北部沿海	东部沿海	南部沿海	中部区域	西北地区	西南地区	合计
东北地区	83.08	2.24	3.97	1.57	5.50	1.59	1.36	0.69	100
京津地区	6.43	59.76	19.21	3.48	5.89	2.86	1.89	0.48	100
北部沿海	2.74	4.66	79.60	2.82	3.28	4.98	1.45	0.47	100
东部沿海	1.29	0.72	2.58	82.56	3.23	6.61	1.75	1.26	100
南部沿海	2.39	1.42	2.87	10.88	68.12	6.93	2.31	5.07	100
中部区域	2.32	1.21	6.77	9.57	7.27	69.72	2.15	1.00	100
西北地区	4.09	2.25	8.69	5.74	14.17	7.10	54.60	3.35	100
西南地区	3.23	0.61	2.25	2.78	15.08	2.55	3.46	70.05	100

附录 B:国际区域的工业品流动系数

表 B-1　国际区域的初级工业品流动系数(剔除国内其他区域)

初级工业品流动系数	中国东北	华北	华东	华南	华中	中国西南	中国西北	日本北海道	日本东北	日本关东	日本中部
中国东北	94.35							0.02	0.03	0.79	0.26

初级工业品流动系数	中国东北	华北	华东	华南	华中	中国西南	中国西北	日本北海道	日本东北	日本关东	日本中部
中国华北		95.00						0.01	0.01	0.40	0.13
中国华东			90.36					0.02	0.04	1.01	0.33
中国华南				84.03				0.03	0.05	1.43	0.46
中国华中					96.24			0.01	0.01	0.36	0.12
中国西南						97.45		0.01	0.01	0.35	0.11
中国西北							95.73	0.01	0.01	0.37	0.12
日本北海道	0.26	0.27	0.72	0.37	0.23	0.08	0.08				
日本东北	0.18	0.19	0.51	0.26	0.16	0.06	0.06				
日本关东	0.14	0.15	0.40	0.20	0.13	0.04	0.05				
日本中部	0.17	0.18	0.48	0.25	0.15	0.05	0.06				
日本近畿	0.21	0.22	0.57	0.29	0.18	0.06	0.07				
日本本州岛	0.20	0.21	0.56	0.29	0.18	0.06	0.07				
日本四国岛	0.12	0.13	0.34	0.18	0.11	0.04	0.04				
日本九州	0.26	0.28	0.73	0.37	0.23	0.08	0.09				
日本冲绳岛	0.12	0.12	0.33	0.17	0.10	0.04	0.04				
韩国首都圈	0.36	0.71	0.69	0.16	0.43	0.11	0.09				
韩国中部圈	0.35	0.69	0.67	0.16	0.41	0.11	0.09				
韩国岭南圈	0.37	0.74	0.72	0.17	0.44	0.12	0.10				
韩国湖南圈	0.41	0.81	0.80	0.19	0.49	0.13	0.11				

续　表

初级工业品流动系数	中国东北	华北	华东	华南	华中	中国西南	中国西北	日本北海道	日本东北	日本关东	日本中部
东南亚	0.75	0.82	1.19	0.79	0.28	0.10	0.23				
美国	0.06	0.23	0.50	0.55	0.09	0.02	0.03				

注1:东北地区包含辽、吉、黑;华北地区包含京、津、冀、鲁;华东地区包含沪、苏、浙;华南地区包含闽、粤、琼;华中地区包含晋、皖、赣、豫、鄂、湘;西北地区包含蒙、陕、甘、青、宁、新;西南地区包含桂、渝、川、贵、滇、藏。

注2:简单工业品包含造纸、印刷与出版、合成树脂与纤维、基本工业化学品、化肥与农药、药品、其他化学产品、精炼石油及其产品、塑料制品、轮胎与内胎、其他橡胶制品、水泥与水泥产品、玻璃与玻璃产品、其他非金属矿产品、钢铁、有色金属、金属制品。复杂工业品包含锅炉发动机与涡轮机、通用机械、金属加工机械、专业机械、重型电气装备、电视机收音机音响与通信设备、电子计算机设备、半导体和集成电路、其他电子产品、家用电器、照明设备电池电线与其他、汽车、摩托车、造船、其他运输设备、精密机械。如无特殊说明,下表同。

表 B-1(续)

简单工业品流动系数	日本近畿	日本本州岛	日本四国岛	日本九州	日本冲绳岛	韩国首都圈	韩国中部圈	韩国岭南圈	韩国湖南圈	东南亚	美国
中国东北	0.54	0.37	0.06	0.19	0.00	0.32	0.25	0.88	0.47	0.39	0.90
华北	0.28	0.19	0.03	0.10	0.00	0.37	0.29	1.01	0.54	0.59	0.76
华东	0.70	0.48	0.07	0.25	0.00	0.44	0.34	1.19	0.64	1.24	1.18
华南	0.99	0.67	0.10	0.35	0.00	0.48	0.37	1.30	0.70	2.75	1.64
华中	0.25	0.17	0.03	0.09	0.00	0.16	0.12	0.42	0.23	0.52	0.74
中国西南	0.24	0.16	0.03	0.09	0.00	0.03	0.03	0.09	0.05	0.28	0.78
中国西北	0.26	0.17	0.03	0.09	0.00	0.16	0.13	0.44	0.24	0.88	0.82

表 B-2　国际区域的深加工业品流动系数(剔除国内其他区域)

深加工工业流动系数	中国东北	华北	华东	华南	华中	中国西南	中国西北	日本北海道	日本东北	日本关东	日本中部
中国东北	89.96							0.01	0.05	2.48	0.94
华北		82.22						0.01	0.04	1.75	0.66
华东			79.48					0.01	0.04	1.88	0.71

深加工工业流动系数	中国东北	华北	华东	华南	华中	中国西南	中国西北	日本北海道	日本东北	日本关东	日本中部
华南				69.14				0.02	0.08	3.73	1.41
华中					87.85			0.01	0.06	2.85	1.08
中国西南						78.27		0.01	0.07	3.19	1.21
中国西北							87.98	0.01	0.05	2.32	0.88
日本北海道	0.15	0.24	1.18	0.95	0.02	0.00	0.02				
日本东北	0.32	0.53	2.56	2.07	0.05	0.01	0.03				
日本关东	0.13	0.22	1.08	0.87	0.02	0.00	0.01				
日本中部	0.10	0.16	0.81	0.65	0.02	0.00	0.01				
日本近畿	0.23	0.38	1.87	1.51	0.04	0.01	0.02				
日本本州岛	0.12	0.19	0.94	0.76	0.02	0.00	0.01				
日本四国岛	0.34	0.56	2.72	2.20	0.05	0.01	0.03				
日本九州	0.18	0.29	1.44	1.16	0.03	0.00	0.02				
日本冲绳岛	0.04	0.06	0.29	0.24	0.01	0.00	0.00				
韩国首都圈	0.15	0.96	1.23	0.94	0.03	0.01	0.01				
韩国中部圈	0.12	0.76	0.97	0.75	0.02	0.01	0.01				
韩国岭南圈	0.13	0.80	1.03	0.79	0.02	0.01	0.01				
韩国湖南圈	0.07	0.46	0.59	0.45	0.01	0.00	0.00				
东南亚	0.22	1.28	4.14	2.55	0.11	0.05	0.13				
美国	0.06	0.65	2.31	2.39	0.06	0.02	0.02				

表 B-2(续)

深加工工业流动系数	日本近畿	日本本州岛	日本四国岛	日本九州	日本冲绳岛	韩国首都圈	韩国中部圈	韩国岭南圈	韩国湖南圈	东南亚	美国
中国东北	1.57	0.18	0.02	0.29	0.00	1.22	0.36	0.77	0.06	0.88	1.00
中国华北	1.11	0.13	0.01	0.20	0.00	3.60	1.06	2.25	0.17	3.43	2.36
中国华东	1.19	0.14	0.01	0.22	0.00	2.64	0.78	1.65	0.12	5.92	1.60
中国华南	2.36	0.27	0.03	0.43	0.00	2.88	0.85	1.80	0.13	9.52	1.95
中国华中	1.81	0.21	0.02	0.33	0.00	0.76	0.22	0.47	0.04	0.82	2.02
中国西南	2.02	0.23	0.02	0.37	0.00	0.88	0.26	0.55	0.04	1.63	9.21
中国西北	1.47	0.17	0.02	0.27	0.00	0.53	0.16	0.33	0.03	0.98	3.74

表 B-3 国际区域的初级工业品流动系数

初级工业品流动系数	中国东北	中国华北	中国华东	中国华南	中国华中	中国西南	中国西北	日本北海道	日本东北	日本关东	日本中部
中国东北	81.47	6.77	0.88	1.77	1.54	1.88	0.83	0.01	0.02	0.68	0.22
中国华北	3.37	81.73	2.34	1.68	4.50	1.68	0.40	0.01	0.01	0.34	0.11
中国华东	1.57	3.81	73.17	3.12	7.02	2.09	1.42	0.02	0.03	0.81	0.27
中国华南	2.48	4.30	6.39	60.15	7.01	2.75	5.49	0.02	0.04	1.02	0.33
中国华中	2.14	7.95	7.57	3.95	72.53	2.24	0.79	0.01	0.01	0.27	0.09
中国西南	4.10	11.67	3.82	5.12	7.46	63.57	2.60	0.00	0.01	0.23	0.07
中国西北	4.03	3.51	2.55	7.90	2.71	4.52	71.58	0.01	0.01	0.28	0.09
日本北海道	0.25	0.27	0.71	0.36	0.22	0.08	0.08	47.96	2.43	25.68	6.65
日本东北	0.18	0.19	0.50	0.26	0.16	0.05	0.06	4.05	40.52	32.14	7.15
日本关东	0.14	0.15	0.39	0.20	0.12	0.04	0.05	1.28	2.94	69.91	7.93
日本中部	0.17	0.18	0.48	0.24	0.15	0.05	0.06	0.82	1.21	15.64	56.04
日本近畿	0.20	0.21	0.57	0.29	0.18	0.06	0.07	0.51	1.53	12.64	10.46
日本本州岛	0.20	0.21	0.55	0.28	0.17	0.06	0.06	0.27	0.92	9.70	4.79

初级工业品流动系数	中国东北	中国华北	中国华东	中国华南	中国华中	中国西南	中国西北	日本北海道	日本东北	日本关东	日本中部
日本四国岛	0.12	0.13	0.34	0.17	0.11	0.04	0.04	0.21	0.92	12.66	7.60
日本九州	0.26	0.27	0.72	0.37	0.23	0.08	0.08	0.20	0.86	13.07	6.15
日本冲绳岛	0.12	0.12	0.33	0.17	0.10	0.03	0.04	0.87	0.60	15.01	6.03
韩国首都圈	0.35	0.69	0.68	0.16	0.42	0.11	0.09	0.05	0.07	0.96	0.30
韩国中部圈	0.34	0.67	0.66	0.15	0.40	0.11	0.09	0.09	0.12	1.82	0.57
韩国岭南圈	0.36	0.72	0.71	0.17	0.43	0.11	0.09	0.08	0.11	1.61	0.51
韩国湖南圈	0.40	0.80	0.78	0.18	0.48	0.12	0.10	0.10	0.13	1.95	0.62
东南亚	0.73	0.80	1.15	0.76	0.27	0.09	0.22	0.07	0.03	2.83	0.96
美国	0.06	0.22	0.49	0.54	0.09	0.02	0.03	0.00	0.01	0.23	0.09

表 B‑3(续)

日本近畿	日本本州岛	日本四国岛	日本九州	日本冲绳岛	韩国首都圈	韩国中部圈	韩国岭南圈	韩国湖南圈	东南亚	美国
0.47	0.32	0.05	0.17	0.00	0.28	0.22	0.76	0.41	0.33	0.77
0.24	0.16	0.03	0.09	0.00	0.32	0.25	0.86	0.46	0.51	0.65
0.56	0.38	0.06	0.20	0.00	0.35	0.27	0.96	0.52	1.00	0.96
0.71	0.48	0.07	0.25	0.00	0.34	0.27	0.93	0.50	1.97	1.18
0.19	0.13	0.02	0.07	0.00	0.12	0.09	0.32	0.17	0.39	0.55
0.16	0.11	0.02	0.06	0.00	0.02	0.02	0.06	0.03	0.18	0.51
0.19	0.13	0.02	0.07	0.00	0.12	0.09	0.33	0.18	0.66	0.61
6.57	3.23	1.03	0.96	0.01	0.30	0.12	0.87	0.28	0.39	1.44

日本近畿	日本本州岛	日本四国岛	日本九州	日本冲绳岛	韩国首都圈	韩国中部圈	韩国岭南圈	韩国湖南圈	东南亚	美国
6.34	2.81	1.09	1.58	0.03	0.18	0.07	0.52	0.17	1.34	0.44
7.16	3.29	1.84	1.42	0.02	0.12	0.05	0.34	0.11	0.86	1.39
11.80	6.22	2.11	1.80	0.01	0.14	0.06	0.41	0.13	1.25	0.68
57.01	7.45	2.92	2.69	0.01	0.13	0.05	0.38	0.12	0.89	1.24
8.59	63.60	2.82	4.18	0.01	0.41	0.16	1.19	0.38	0.94	0.35
16.84	12.45	38.87	4.79	0.00	0.30	0.12	0.86	0.27	2.08	0.60
9.24	12.80	3.54	48.69	0.23	0.21	0.08	0.62	0.20	1.12	0.56
9.47	4.51	2.08	8.18	46.95	0.62	0.25	1.82	0.58	0.41	0.96
0.61	0.64	0.08	0.24	0.00	44.94	13.27	20.49	12.89	0.97	1.66
1.16	1.21	0.16	0.45	0.00	21.74	32.91	22.07	11.13	1.11	2.40
1.02	1.07	0.14	0.39	0.00	9.54	6.72	63.00	10.24	0.87	1.80
1.24	1.30	0.17	0.48	0.01	8.49	8.08	14.61	55.89	1.03	2.55
2.37	0.63	0.35	0.70	0.03	0.41	0.28	0.91	0.34	2.31	3.30
1.47	0.87	0.06	0.57	0.01	0.47	0.23	1.43	0.66	80.96	3.11
0.16	0.02	0.01	0.03	0.00	0.07	0.04	0.16	0.07	0.38	96.97

表 B-4　国际区域的深加工工业品流动系数

深加工工业品流动系数	中国东北	中国华北	中国华东	中国华南	中国华中	中国西南	中国西北	日本北海道	日本东北	日本关东	日本中部
中国东北	72.69	4.47	3.36	9.12	1.62	0.31	0.31	0.01	0.04	2.00	0.76
中国华北	2.95	66.69	4.65	7.01	3.25	0.60	0.43	0.01	0.03	1.42	0.54
中国华东	0.14	0.21	76.14	1.64	2.06	0.07	0.08	0.01	0.04	1.80	0.68
中国华南	1.65	2.59	12.41	52.26	4.39	0.99	2.39	0.01	0.06	2.82	1.07
中国华中	2.99	6.54	18.32	14.53	48.02	1.61	1.34	0.01	0.03	1.56	0.59
中国西南	4.55	7.52	12.26	25.51	5.55	31.71	4.10	0.01	0.03	1.29	0.49
中国西北	2.13	1.65	4.34	23.55	2.28	1.72	56.60	0.01	0.03	1.49	0.56

深加工工业品流动系数	中国东北	中国华北	中国华东	中国华南	中国华中	中国西南	中国西北	日本北海道	日本东北	日本关东	日本中部
日本北海道	0.14	0.23	1.17	0.94	0.02	0.00	0.01	19.87	3.92	28.82	16.94
日本东北	0.30	0.50	2.49	2.00	0.05	0.01	0.03	0.23	40.11	23.26	14.03
日本关东	0.13	0.21	1.07	0.86	0.02	0.00	0.01	0.29	4.97	58.35	12.76
日本中部	0.10	0.16	0.80	0.64	0.02	0.00	0.01	0.46	1.63	18.53	61.76
日本近畿	0.22	0.37	1.83	1.47	0.03	0.00	0.02	0.19	2.19	19.47	17.83
日本本州岛	0.11	0.19	0.93	0.75	0.02	0.00	0.01	0.13	1.82	15.00	13.52
日本四国岛	0.32	0.53	2.64	2.12	0.05	0.01	0.03	0.39	3.81	21.16	12.25
日本九州	0.17	0.28	1.41	1.14	0.03	0.00	0.02	0.22	3.16	24.41	18.86
日本冲绳岛	0.04	0.06	0.29	0.24	0.01	0.00	0.00	0.24	1.93	28.34	22.16
韩国首都圈	0.15	0.94	1.21	0.92	0.02	0.01	0.01	0.01	0.05	2.75	0.42
韩国中部圈	0.12	0.74	0.96	0.73	0.02	0.01	0.01	0.01	0.06	3.50	0.54
韩国岭南圈	0.12	0.79	1.01	0.77	0.02	0.01	0.01	0.01	0.07	3.87	0.60
韩国湖南圈	0.07	0.45	0.58	0.44	0.01	0.00	0.00	0.01	0.05	2.79	0.43
东南亚	0.20	1.19	3.97	2.40	0.10	0.05	0.12	0.02	0.16	5.03	1.90
美国	0.06	0.62	2.24	2.31	0.06	0.02	0.02	0.01	0.06	3.05	1.01

表 B-4(续)

日本近畿	日本本州岛	日本四国岛	日本九州	日本冲绳岛	韩国首都圈	韩国中部圈	韩国岭南圈	韩国湖南	东南亚	美国
1.27	0.15	0.02	0.23	0.00	0.99	0.29	0.62	0.05	0.71	0.81
0.90	0.10	0.01	0.17	0.00	2.92	0.86	1.83	0.14	2.78	1.91

续　表

日本近畿	日本本州岛	日本四国岛	日本九州	日本冲绳岛	韩国首都圈	韩国中部圈	韩国岭南圈	韩国湖南	东南亚	美国
1.14	0.13	0.01	0.21	0.00	2.53	0.74	1.58	0.12	5.67	1.53
1.79	0.21	0.02	0.33	0.00	2.17	0.64	1.36	0.10	7.20	1.48
0.99	0.11	0.01	0.18	0.00	0.41	0.12	0.26	0.02	0.45	1.11
0.82	0.09	0.01	0.15	0.00	0.36	0.11	0.22	0.02	0.66	3.73
0.94	0.11	0.01	0.17	0.00	0.34	0.10	0.21	0.02	0.63	2.41
13.34	6.06	1.35	2.04	0.00	0.22	0.30	0.16	0.04	0.83	3.45
7.96	2.69	0.71	1.54	0.00	0.38	0.50	0.27	0.07	1.71	0.89
7.74	3.20	0.74	2.06	0.00	0.19	0.25	0.14	0.03	1.99	4.01
6.90	2.49	0.30	1.78	0.00	0.19	0.26	0.14	0.03	1.32	1.27
41.97	6.02	0.77	2.17	0.00	0.15	0.20	0.11	0.03	2.50	1.42
11.40	46.85	0.50	2.69	0.00	0.98	1.31	0.71	0.17	1.55	1.08
16.23	8.46	22.02	3.84	0.00	0.62	0.83	0.45	0.11	3.07	0.53
9.75	7.21	1.00	23.31	0.00	0.63	0.85	0.46	0.11	3.09	1.38
13.34	6.35	0.30	6.64	10.54	0.03	0.04	0.02	0.01	0.09	9.06
1.36	0.64	0.02	0.62	0.00	44.49	10.13	19.81	2.39	4.13	7.03
1.73	0.81	0.03	0.79	0.00	24.01	34.51	20.91	3.00	1.42	4.05
1.91	0.90	0.03	0.88	0.00	16.45	8.71	53.11	2.33	3.42	3.35
1.38	0.65	0.02	0.63	0.00	21.91	9.19	22.43	31.17	1.36	3.99
4.33	0.53	0.03	1.27	0.28	3.71	3.65	1.28	0.45	8.53	6.65
2.83	0.26	0.05	0.99	0.00	1.25	0.42	0.89	0.26	68.18	6.05
0.84	0.18	0.02	0.33	0.00	0.70	0.30	0.59	0.10	2.93	83.29

参考文献

［1］ P. Aghion, N. Bloom, R. Blundell, R. Griffith and P. Howitt, Competition and Innovation: An Inverted U Relationship, *Quarterly Journal of Economics*, 2005, 120(2), 701 – 728.

［2］ P. Aghion, R. Blundell, R. Griffith, P. Howitt, and S. Prantl, The Effects of Entry on Incumbent Innovation and Productivity, *The Review of Economics and Statistics*, 2009, 91(1), 20 – 32.

［3］ Allen T. J. , *Managing the Flow of Technology*, Cambridge: MIT Press, 1977.

［4］ Amiti M. and Konings J. , Trade Liberalization, Intermediate Inputs, and Productivity: Evidence from Indonesia ［J］, *The American Economic Review*, 2007, 97(5), 1611 – 1638.

［5］ Arndt S. , and Kierzkowski H. , Fragmenttation, New Production Pattern in the World Economy ［M］, Oxford University Press, 2001.

［6］ Baldwin J. and Yan B. , Global Value Chains and the Productivity of Canadian Manufacturing Firms, Economic Analysis ［M］, *Statistics Canada Economic Analysis Research Paper Series*, No. 090, 2014.

［7］ Baldwin R. and J. Lopez-Gonzalez, Supply Chain Trade: A Portrait of Global Patterns and Several Testable Hypotheses, *NBER Working Paper*, 2013, No. 18957.

［8］ Bela Balassa, *Trade Liberalization among Industrial Countries* ［M］, New York: McGrawHill, 1967.

［9］ Bernard A. , Bradford, Jensen J. and Schott P. , Survival of the Best Fit: Exposure to Low-Wage Countries and the (Uneven) Growth of U. S. Manufacturing Plants, *Joural of International Economics*,

2006,68(1),219 - 237.

[10] Beyers W. B., Empirical Identification of Key Sectors: Some Further Evidence, *Envion*, 1976, Plann, A8,231 - 360.

[11] Bøler E. A., A. Moxnes and K. H. Ulltveit-Moe, R&D, International Sourcing and the Joint Impact on Firm Performance, *The American Economic Review*, 2015,105(12),3704 - 3739.

[12] Bugamelli M., F. Schivardi and R. Zizza, The Euro and Firm Restructuring, *NBER Working Paper*, 2008, No.14454.

[13] Chiarvesio M., Di-Maria E. and Micelli S., Global Value Chains and Open Networks: The Case of Italian Industrial Districts [J], *European Planning Studies*, 2010,18(3),333 - 350.

[14] Chong-en Bai and Yingjuan Du, Local Protectionism and Regional Specializing: evidence from China's Industries [J], *Joural of International Economics*, 2004,63,397 - 417.

[15] Daudin, Guillaume, Christine Rifflart, and Danielle Schweisguth, Who Produces for Whom in the World Economy? [J], *Canadian Journal of Economics*, 2011,44(4),1403 - 1437.

[16] David Hummels, Jun Ishii and Keimu Yi, The Nature and Growth of Vertical Specialization in World Trade [J], *Journal of Internationnal Economics*, 2001,54,75 - 96.

[17] Dietzenbacher E., Interregional Multipliers: Looking Backward, Looking Forward [J], *Regional Studies*, 2002, vol.36(2),125 - 136.

[18] Duranton Gilles and Puga Diego, Diversity and Specialisation in Cites: Why, Where and When Does it Matter? [J], *Urban Studies*, 2000,37(3),533 - 555.

[19] Eaton J., Kortum S., Technology, trade, and growth: A unified framework[J], *European Economic Review*, 2001,45(4),742 - 755.

[20] Emily J. Blanchard, Chad P. Bown and Robert C. Johnson, Global Supply Chains and Trade Policy [J], *NBER Working Papers*, 2016, No.DP11044.

[21] Felice G. and Tajoli L., Innovation and the International Fragmentation of Production: Complements or Substitutes? [R], *Unpublished Working Paper*, 2015.

[22] Gefeffi G., International Trade and Industrial Upgrading in the Apparel Commodity Chains [J], *Journal of International Economics*, 1999a(48),37 – 70.

[23] Gefeffi G., A Commodity Chains Framework for Analyzing Global Industries [J], *Institute of Development Studies*, 1999b, 1 – 9.

[24] Gunnar Myrdal, *Economic Theory and Underdeveloped Regions* [M], Harper & Row, 1957.

[25] Gereffi G., Beyond the Producer-driven/Buyer-driven Dichotomy—the Evolution of Global Value Chains in the Internet Era [J], *IDS Bulletin*, 2001a, 32(3),30 – 40.

[26] Gereffi G., Shifting Governance Structures in Global Commodity Chains, with Special Reference to the Internet [J], *American Behavior Scientist*, 2001b, 44(10),1616 – 1637.

[27] Gereffi G., Humphrey J. and Sturgeon T., The Governance of Global Value Chains [J], *Review of International Political Economy*, 2005,12(1),78 – 104.

[28] Gibbon P., J. Bair and S. Ponte, Governing Global Value Chains: An Introduction [J], *Economy and Society*, 2008,37(3),315—338.

[29] Glass A. J. and Saggi K., Innovation and wage effects of international outsourcing [J], *European Economic Review*, 2001(45), 67 – 86.

[30] Grossman G. M. and E. Helpman, Protection for Sale [J], *The American Economic Review*, 1994,84(4),833 – 850.

[31] Hendersen J. V., Marshall's Scale Economics [J], *Journal of Urban Economics*, 2003,53(1),1 – 28.

[32] Hovhannisyan N. and W. Keller, International Business Travel: An Engine of Innovation ? [R], *NBER Working Paper*, 2011, No.17100.

[33] Humphrey J. and Schmitz H., How does insertion in global value chains affect upgrading in industrial clusters? [J], *Reg. Studies*, 2002,36,1017 – 1027.

[34] Humphrey J. and Schmitz H., Governance and Upgrading: Linking Industrial Cluster and Global Value Chain Research [R], *Institute*

of Development Studies (IDS) working paper, 2000, No.120.

[35] Jae Ho Chung, Hongyi Lai and Jang-Hwan Joo, Assessing the "Revive the Northeast" (zhenxing dongbei) Programme: Origins, Policies and Implementation [J], *The China Quarterly*, 2009(03), 108 – 125.

[36] John Humphrey and Hubert Schmitz, *Chain governance and upgrading: taking stock*, in Hubert Schmitz (ed.) [M], *Local Enterprises in the Global Economy*, chapter 13, Edward Elgar Publishing, 2004.

[37] Johnson Robert C. and Guillermo Noguera, Accounting for Intermediates: Production Sharing and Trade in Value Added [J], *Journal of International Economics*, 2012,86(2):224 – 236.

[38] Jones L., The Measurement of Hirchmanian Linkages [J], *Quarterly Journal of Economics*, 1976, vol.90,323 – 333.

[39] Keller W., Trade and the transmission of technology [J], *Journal of Economic Growth*, 2002,7(1),5 – 24.

[40] Kelly W., International Technology Diffusion [J], *Journal of Econ-omic Literatur*, 2004,42(3),752 – 782.

[41] Kim L. and R. Nelson, *Technology, Learning, and Innovation: Ex-periences of Newly Industrializing Economies* [M], Cambridge University Press, 2000.

[42] Kogut B., Designing Global Strategies: Comparative and Competive Value Added Chains [J], *Sloan Management Review*, 1985,85(4), 15 – 28.

[43] Lieberman M. B., The learning curve and pricing in the chemical processing industries [J], *Rand Journal of Economics*, 1984, vol. 15,213 – 228.

[44] Marc J. Melitz, The Impact of Trade on Intra-Industry Reallocations and Aggregate Industry Productivity [J], *Econometrica*, 2003, 71 (6),1695 – 1725.

[45] Mary Amiti, Oleg Itskhoki and Jozef Konings, Importers, Exporters, and Exchange Rate Disconnect [J], *American Economic Review*, 2014,104(7),1942 – 1978.

[46] Meng Bo, Production Networks and Spatial Economic Interdependence: An International Input-Output Analysis of the Asia-Pacific Region [R], *IDE Discussion Paper*, No.2344/818,2009.

[47] Miller R. E., and Blair P. D., *Input-Output Analysis: Foundations and Extensions* [M], Englewood Clis: Prentie-Hall, 1985.

[48] Mowery D. C., The relationship between intrafirm and contractual forms of industrial research in American manufacturing I900 – I940 [J], *Explorations in Economic History*, 1983,20,35I – 74.

[49] Peretto P. F., Endogenous Market Structure and the Growth and Welfare Effects of Economic Integration [J], *Journal of International Economics*, 2003,60(1),177 – 201.

[50] Perez-Aleman P. and M. Sandilands, Building Value at the Top and the Bottom of the Global Supply Chain: MNC-NGO Partnerships [J], *California Management Review*, 2008,51(1),24—48.

[51] Pietrobelli C. and F. Saliola, Power Relationships along the Value Chain: Multinational Firms, Global Buyers and Performance of Local Suppliers [J], *Cambridge Journal of Economics*, 2008, 32, 947 – 962.

[52] Pietrobelli C. and R. Rabellotti, Global Value Chains Meet Innovation Systems: Are There Learning Opportunities for Developing Countries? [J], *World Development*, 2011,39(7),1261 – 1269.

[53] Goldberg P. K., Khandelwal A. K., Pavcnik N. and Topalova P., Imported Intermediate Inputs and Domestic Product Growth: Evidence from India [R], *NBER Working Paper*, 2009, No.14416.

[54] Pol Antràs, Conceptual Aspects of Global Value Chains [J], *The World Bank Economic Review*, 2020(01),1 – 24.

[55] Porter M. E., *Competitive advantage: creating and sustaining superior performance* [M], New York: Free Press, 1985.

[56] Porter M. E., *The Competitive Advantage of Nations* [M], New York: Free Press, 1990.

[57] Ren Wanxia, Xue Bing, Yang Jun and Lu Chengpeng, Effects of the Northeast China Revitalization Strategy on Regional Economic Growth and Social Development [J], *Chinese Geographical Science*,

2020,30(5),791－809.

[58] Robert Koopman, Zhi wang and Shang-Jin Wei, Tracing Value-Added and Double Counting in Gross Exports [J], *American Economic Review*, 2014,104(2),459－494.

[59] Rosenthal Stuart S. and Strange William C., Evidence on the Nature and Sources of Agglomeration Economics [J], *Handbook of Regional and Urban Economics*, 2004,4,2119－2171.

[60] Schmitz H., Local Upgrading in Global Chains: Recent Findings [C], *Paper to Be Presented at the DRUID Summer Conference*, 2004.

[61] Spence A. M., The learning curve and competition [J], *The Bell Journal of Economics*, 1981,12,49－70.

[62] Stehrer Robert, Neil Foster and Gaaitzen de Vries, Value Added and Factors in Trade: A Comprehensive Approach [R], *Vienna Institute for International Economic Studies Working Paper*, 2012, No.80.

[63] Sutton J., *Competing in Capabilities: The Globalization Process* [M], UK: Oxford University Press, 2012.

[64] Tilton J. H., *International Diffusion of Technology: The Case of Semiconductors* [M], Washington D. C.: Brookings Institution, 1971.

[65] Wang Yan and Yudong Yao, Sources of Chinas Economic Growth, 1952—99: Incorporating Human Capital Accumulation [J], *China Economic Review*, 2003,14(1),32－52.

[66] Wesley M. Cohen and Daniel A. Levinthal, Innovation and Learning: the Two Faces of R&D [J], *The Economic Journal*, 1989, 99 (397), 569－596.

[67] Whittaker D. H., Zhu Tianbiao, Sturgeon T. Tai, Mon Han and Okita Toshi, Compressed Development [J], *Studies in Comparative International Development*, 2010,45(4),439－467.

[68] Wolfgang Keller, International Technology Diffusion [J], *Journal of Economic Literature*, 2004,42(3),752－782.

[69] WTO, IDE-JETRO, RCGVC-UIBE, WBG and CDRF: Global value chain development report 2019-Technological innovation, supply chain trade, and workers in a globalized world [R], 2019.

[70] Xiao Geng and John Weiss, Development in North East People's Republic of China: An Analysis of Enterprise Performance 1995 – 2002 [R], *ADB Institute Discussion Paper*, 2005, No.34.

[71] Young Alwyn, Gold into Base Metals, Productivity Growth in the Peoples Republic of China during the Reform Period [R], *NBRE working paper*, 2000, No.7856.

[72] Zhi Wang, Shang-Jin Wei and Kunfu Zhu, Quantifying International Production Sharing at the Bilateral and Sector Levels [J], *NBER Working Paper*, 2013, No.19677.

[73]《当代中国》丛书编辑部:当代中国的黑龙江(上)[M],中国社会科学出版社,1991。

[74]《当代中国》丛书编辑部:当代中国的吉林(上)[M],当代中国出版社,1991。

[75]《当代中国》丛书编辑部:当代中国的辽宁(上)[M],当代中国出版社,1994。

[76] 振兴老工业基地研究课题组:中国老工业基地振兴之路[J],改革,2000(05),5-19。

[77] Cécile. Batisse:专门化、多样化和中国地区工业产业增长的关系[J],世界经济文汇,2002(04),49-62。

[78] Lawrence J. Lau、陈锡康、杨翠红、Leonard K. Cheng、K.C. Fung、Yun-Wang Sung、祝坤福、裴建锁、唐志鹏:非竞争型投入占用产出模型及其应用—中美贸易顺差透视[J],中国社会科学,2007(05),91-105。

[79] 白雪梅:中国区域经济发展的比较研究[M],中国财政经济出版社,1998。

[80] 薄文广:外部性与产业增长——来自中国省级面板数据的研究[J],中国工业经济,2007(01),37-44。

[81] 邴正:振兴东北与振兴东北文化[J],社会科学战线,2004(5),133-142。

[82] 常健:中国对外开放进程[C],第六期中国现代化研究论坛论文集,2008。

[83] 陈良文、杨开忠:产业集聚、市场结构与生产率——基于中国省份制造业面板数据的实证研究[J],地理科学,2008(03),325-330。

［84］ 陈耀:新一轮东北振兴战略要思考的几个关键问题［J］,经济纵横,
2017(01),8-12。

［85］ 程大中:中国参与全球价值链分工的程度及演变趋势——基于跨国
投人——产出分析［J］,经济研究,2015(09),4-17。

［86］ 丁四保:克服"东北现象"的出路［J］,开放导报,2003(09),24-26。

［87］ 东北亚研究中心"东北老工业基地振兴"课题组:东北老工业基地振兴
与区域经济的协调发展［J］,吉林大学社会科学学报,2004(1),14-25。

［88］ 董香书、肖翔:"振兴东北老工业基地"有利于产值还是利润?［J］,管
理世界,2017(07),24-36。

［89］ 董有德、唐云龙:中国产业价值链位置的定量测算——基于上游度和
出口国内增加值的分析［J］,上海经济研究,2017(02),42-49。

［90］ 杜大伟、若泽·吉勒尔梅·莱斯、王直:全球价值链发展报告(2017)
［R］,社会科学文献出版社,2018。

［91］ 樊海潮、张丽娜:中间品贸易与中美贸易摩擦的福利效应:基于理论
与量化分析的研究［J］,中国工业经济,2018(09),41-59。

［92］ 樊茂清、黄薇:基于全球价值链分解的中国贸易产业结构演进研究
［J］,世界经济,2014(02),50-70。

［93］ 范剑勇、冯猛、李方文:产业集聚与企业全要素生产率［J］,世界经济,
2014(05),51-73。

［94］ 范剑勇、李方文:中国制造业空间集聚的影响:一个综述［J］,南方经
济,2011(06),53-66+6。

［95］ 范剑勇、石灵云:产业外部性、企业竞争环境与劳动生产率［J］,管理
世界,2009(08),65-72+187。

［96］ 高煜、杨晓:国内价值链构建与区域产业互动机制研究［J］,经济纵
横,2012(03),41-44。

［97］ 龚六堂、谢丹阳:我国省份之间的要素流动和边际生产率的差异分析
［J］,经济研究,2004(01),45-53。

［98］ 国家发改委:中国营商环境报告 2020［R］,2020。

［99］ 国家统计局:新中国 60 年［M］,中国统计出版社,2009。

［100］ 国家统计局:新中国五十年统计资料汇编［M］,中国统计出版
社,1999。

［101］ 国务院:关于全面振兴东北地区等老工业基地的若干意见,http://
www.gov.cn/zhengce/2016-04/26/content_5068242.htm。

[102] 国务院:沿海部分城市座谈会纪要,1984.04.30,法宝引证码:CLI.2.7209。

[103] 何枫、陈荣、何林:我国资本存量的估算及其相关分析[J],经济学家,2003(05),29-35。

[104] 贺灿飞、潘峰华:中国城市产业增长研究:基于动态外部性与经济转型视角[J],地理研究,2009(03),726-737。

[105] 靳继东、杨盈竹:东北经济的新一轮振兴与供给侧改革[J],财经问题研究,2016(05),103-108。

[106] 康锦江、刘明刚、肖玉良:东北老工业基地国有经济的现状及制约因素[J],经济纵横,2000(04),50-53。

[107] 黎峰:进口贸易、本土关联与国内价值链重塑[J],中国工业经济,2017(09),25-43。

[108] 黎峰:双重价值链嵌入下的中国省级区域角色——一个综合理论分析框架[J],中国工业经济,2020(01),136-154。

[109] 黎峰:外资进入如何影响了中国国内价值链分工?[J],财经研究,2017(11),70-83。

[110] 李诚固、李振泉:"东北现象"特征及形成因素[J],经济地理,1996(03),34-38。

[111] 李诚固:东北老工业基地衰退机制与结构转换研究[J],地理科学,1996(05),106-114。

[112] 李根强、潘文卿:国内价值链如何嵌入全球价值链:增加值的视角[J],管理世界,2016(07),10-23。

[113] 李怀:东北现象:问题的实质与根源[J],管理世界,2000(04),206-207+216。

[114] 李金滟、宋德勇:专业化、多样化与城市集聚经济——基于中国地级单位面板数据的实证[J],管理世界,2008(02),25-34。

[115] 李善同、何建武、刘云中:全球价值链视角下中国国内价值链分工测算研究[J],管理评论,2018(05),9-18。

[116] 李正、武友德、胡平平:1995—2011年中国制造业全球价值链动态演进过程分析——基于TiVA数据库的新兴市场国家比较[J],国际贸易问题,2019(05),69-84。

[117] 李政:当前东北地区经济增长问题成因与创新转型对策[J],经济纵横,2015(07),14-17。

[118] 李治国、唐国兴:资本形成路径与资本存量调整模型——基于中国转型时期的分析[J],经济研究,2003(02),34-42+92。

[119] 林木西、林毅夫:"振兴东北"警惕新一轮赶超[J],中国经营报,2003年9月15日。

[120] 林毅夫、刘培林:振兴东北,不能采取发动新一轮赶超战略[J],国际融资,2004(04),20-22。

[121] 刘景卿、车维汉:国内价值链与全球价值链:替代还是互补?[J],中南财经政法大学学报,2019(01),86-99。

[122] 刘起运:关于投入产出系数结构分析方法的研究[J],统计研究,2002(2):40-42。

[123] 刘瑞翔、范金、戴枫:沿海地区与内陆省份经济增长的比较测度[J],数量经济技术经济研究,2020(06),148-168。

[124] 刘瑞翔、颜银根、范金:全球空间关联视角下的中国经济增长[J],经济研究,2017(05),89-102。

[125] 刘树成:中国地区经济发展研究[M],中国统计出版社,1994。

[126] 刘维林、李兰冰、刘玉海:全球价值链嵌入对中国出口技术复杂度的影响[J],中国工业经济,2014(06),83-95。

[127] 刘修岩:产业集聚与经济增长:一个文献综述[J],产业经济研究,2009(03),70-78。

[128] 刘再兴:中国生产力总体布局研究[M],中国物价出版社,1995。

[129] 刘志彪、全文涛:双循环新发展格局视角下推进区域协调发展——论东北老工业基地振兴[J],江苏行政学院学报,2021(01),36-43。

[130] 刘志彪、全文涛:融入双循环,促进东北工业振兴[N],辽宁日报,2021年5月27日。

[131] 刘志彪、徐宁:东北经济"铁锈化"问题的根源与破解之道[J],中国国情国力,2019(12),10-12。

[132] 刘志彪、于明超:从GVC走向NVC:长三角一体化与产业升级[J],学海,2009(05),59-67。

[133] 刘志彪、张杰:从融入全球价值链到构建国家价值链:中国产业升级的战略思考[J],学术月刊,2009(09),59-68。

[134] 刘志彪、张杰:全球代工体系下发展中国家俘获型网络的形成、突破与对策——基于GVC与NVC的比较视角[J],中国工业经济,2007(05):21—33。

[135] 刘志彪:建设优势互补高质量发展的区域经济布局[J],南京社会科学,2019(10),18-26。

[136] 刘志彪:生产者服务业及其集聚:攀升全球价值链的关键要素与实现机制[J],中国经济问题,2008(01),3-12。

[137] 刘志彪:新冠肺炎疫情下经济全球化的新趋势与全球产业链集群重构[J],江苏社会科学.2020(4),16-24。

[138] 刘志彪:以国内价值链的构建实现区域经济协调发展[J],广西财经大学学报,2017(05),20-24。

[139] 陆大道:中国工业布局的理论与实践[M],科学出版社,1990。

[140] 吕越、包雅楠:国内价值链长度与制造业企业创新——兼论中国制造的"低端锁定"破局[J],中南财经政法大学学报,2019(03),118-127。

[141] 吕越、陈帅、盛斌:嵌入全球价值链会导致中国制造的"低端锁定"吗?[J],管理世界,2018(08),11-29。

[142] 吕越、黄艳希、陈勇兵:全球价值链嵌入的生产率效应:影响与机制分析[J],管理世界,2017(07),28-51。

[143] 吕越、罗伟、刘斌:异质性企业与全球价值链嵌入:基于效率和融资的视角[J],世界经济,2015(08),29-55。

[144] 吕越、吕云龙:全球价值链嵌入会改善制造业企业的生产效率吗——基于双重稳健-倾向得分加权估计[J],财贸经济,2016(03),109-122。

[145] 迈克尔·波特:竞争优势[M],华夏出版社出版,2005。

[146] 倪红福、夏杰长:中国区域在全球价值链中的作用及其变化[J],财贸经济,2016(10),87-101。

[147] 聂华林、马洪翰:中国区域经济格局和发展战略[M],中国社会科学出版社,2009。

[148] 潘文卿、李跟强:中国区域的国家价值链与全球价值链:区域互动与增值收益[J],经济研究,2018(03),171-186。

[149] 潘文卿:中国区域经济发展:基于空间溢出效应的分析[J],世界经济,2015(07),120-142。

[150] 潘文卿:中国沿海与内陆间经济影响的溢出与反馈效应[J],统计研究,2012(10),30-38。

[151] 邱斌、叶龙凤、孙少勤:参与全球生产网络对我国制造业价值链提升

影响的实证研究—基于出口复杂度的分析[J],中国工业经济,2012(01),57-67。

[152] 邵朝对、李坤望、苏丹妮:国内价值链与区域经济周期协同:来自中国的经验证据[J],经济研究,2018(03),187-201。

[153] 邵朝对、苏丹妮:国内价值链与技术差距——来自中国省际的经验证据[J],中国工业经济,2019(06),98-116。

[154] 沈剑飞:流通活动、市场分割与国内价值链分工深度[J],财贸经济,2018(09),89-105。

[155] 盛斌、苏丹妮、邵朝对:全球价值链、国内价值链与经济增长:替代还是互补[J],世界经济,2020(04),3-27。

[156] 苏丹妮、盛斌、邵朝对:国内价值链、市场化程度与经济增长的溢出效应[J],世界经济,2019(10),143-168。

[157] 苏庆义:中国省级出口的增加值分解及其应用[J],经济研究,2016(01),84-99。

[158] 孙少岩:东北振兴中的"项目怪圈"与政府转型[J],长白学刊,2004(06),76-79。

[159] 仝文涛、顾晓光:市场分割对制造业升级的影响效应研究[J],现代经济探讨,2019(11),106-112。

[160] 田纪云:沿海发展战略的形成与实施[J],炎黄春秋,2015(3),1-3。

[161] 田巍、余淼杰:中间品贸易自由化和企业研发:基于中国数据的经验分析[J],世界经济,2014(06),90-112。

[162] 田毅鹏:"典型单位制"对东北老工业基地社区发展的制约[J],吉林大学社会科学学报,2004(07),97-102。

[163] 王岚、李宏艳:中国制造业融入全球价值链路径研究——嵌入位置和增值能力的视角[J],中国工业经济,2015(02),76-88。

[164] 王岚:融入全球价值链对中国制造业国际分工地位的影响[J],统计研究,2014(05),17-23。

[165] 王利国:东北"项目怪圈"现象思考[J],吉林财税,2003(12),24-25。

[166] 王洛林、魏后凯:振兴东北地区经济的未来政策选择[J],财贸经济,2006(02),3-11。

[167] 王胜今:东北老工业基地振兴与东北亚区域合作[J],东北亚论坛,2004(03),3-6。

[168] 王玉燕、林汉川、吕臣:全球价值链嵌入的技术进步效应——来自中

国工业面板数据的经验研究[J],中国工业经济,2014(09),65-77。

[169] 魏后凯:东北振兴政策的效果评价及调整思路[J],社会科学辑刊,2008(01),60-65。

[170] 温忠麟、叶宝娟:中介效应分析:方法和模型发展[J],心理学报,2014(05),731-745。

[171] 温忠麟、张雷、侯杰泰、刘红云:中介效应检验程序及其应用[J],心理学报,2004(05),614-620。

[172] 文嫆、曾刚:嵌入全球价值链的地方产业集群发展——地方建筑陶瓷产业集群研究[J],中国工业经济,2004(06),36-42。

[173] 吴承明、董志凯:中华人民共和国经济史[M],社会科学文献出版社,2010。

[174] 吴艳玲:演化经济学视角下的东北老工业基地制度变迁[D],辽宁大学博士论文,2008。

[175] 徐宁、皮建才、刘志彪:全球价值链还是国内价值链——中国代工企业的链条选择机制研究[J],经济理论与经济管理,2014(01),62-74。

[176] 许宪春、刘起运:中国投入产出理论与实践[M],中国统计出版社,2002。

[177] 亚当·斯密:国富论[M],郭大力、王亚楠(译),商务印书馆,2015。

[178] 阎宇:东北老工业基地政府管理体制机制改革研究[M],吉林大学博士论文,2018。

[179] 杨振凯:老工业基地的衰退机制研究——兼论中国东北老工业基地改造对策[M],吉林大学博士论文,2008。

[180] 衣保中、富燕妮、赵儒煜、廉晓梅:中国东北区域经济[M],吉林大学出版社,2000。

[181] 衣保中、马伟:东北老工业基地衰退的历史根源及振兴对策[J],长春金融高等专科学校学报,2015(05),14-17。

[182] 余东华、田双:全球价值链嵌入、科技资源错配与制造业转型升级[J],财经问题研究,2019(10),35-43。

[183] 余泳泽、容开建、苏丹妮、张为付:中国城市全球价值链嵌入程度与全要素生产率——来自230个地级市的经验研究[J],中国软科学,2019(5),80-96。

[184] 张杰、郑文平:全球价值链下中国本土企业的创新效应[J],经济研究,2017(03),151-165。

[185] 张军、施少华、陈诗一：中国的工业改革与效率变化——方法、数据、文献和现有的结果[J]，经济学(季刊)，2003(01)，1－38。

[186] 张军、吴桂英、张吉鹏：中国省际物质资本存量估算：1952—2000[J]，经济研究，2004(10)，35－44。

[187] 张军、章元：对中国资本存量 K 的再估计[J]，经济研究，2003(07)，35－43＋90。

[188] 张军：增长、资本形成与技术选择：解释中国经济增长下降的长期因素[J]，经济学(季刊)，2002(01)，301－338。

[189] 张可云：东北老工业基地的振兴难点与重构思路[J]，中国发展观察，2016(02)，15－17。

[190] 张少军、刘志彪：产业升级与区域协调发展：从全球价值链走向国内价值链[J]，经济管理，2013(08)，30－40。

[191] 张少军、刘志彪：国内价值链是否对接了全球价值链——基于联立方程模型的经验分析[J]，国际贸易问题，2013(02)，14－27。

[192] 张少军、刘志彪：区域一体化是国内价值链的"垫脚石"还是"绊脚石"——以长三角为例的分析[J]，财贸经济，2010(10)，118－124。

[193] 张少军：全球价值链与国内价值链——基于投入产出表的新方法[J]，国际贸易问题，2009(04)，108－113。

[194] 张亚雄、齐舒畅：2002—2007 年中国区域间投入产出表年[M]，中国统计出版社，2012。

[195] 张亚雄、赵坤：区域间投入产出分析[M]，社会科学文献出版社，2006。

[196] 赵凌云：1979—1991 年间中国区域经济格局变化原因及其效应[J]，中国经济史研究，2001(2)。

[197] 赵儒煜、杨彬彬：论东北老工业基地新一轮振兴的几个问题[J]，经济纵横，2016(08)，62－66。

[198] 中国共产党第十一届中央委员会第三次全体会议公报，http://cpc.people.com.cn/GB/64162/64168/64563/65371/4441902.html。

[199] 中国社会科学院和中国档案馆合编：1949—1952 中华人民共和国经济档案资料选编：基本建设投资和建筑业卷[M]，中国城市经济出版社，1999。

[200] 中国社会科学院和中国档案馆合编：1949—1952 中华人民共和国经济档案资料选编：工业卷[M]，中国物资出版社，1996。

［201］ 中国社会科学院和中国档案馆合编：1953—1957 年中华人民共和国经济档案资料选编：工业卷［M］，中国物价出版社出版，1998。

［202］ 周黎安：晋升博弈中政府官员的激励与合作——兼论我国地方保护主义与重复建设问题长期存在的原因［J］，经济研究 2004（6），33－40。

［203］ 周三多：管理学，中国石化出版社［M］，2010。

图书在版编目(CIP)数据

价值链重构与东北工业振兴/仝文涛著. —上海：
上海三联书店,2024.12. —ISBN 978 - 7 - 5426 - 8677 - 0

Ⅰ.F427.3

中国国家版本馆 CIP 数据核字第 202463AL47 号

价值链重构与东北工业振兴

著　　者 / 仝文涛

责任编辑 / 宋寅悦
装帧设计 / 一本好书
监　　制 / 姚　军
责任校对 / 王凌霄

出版发行 / 上海三联书店

　　　　　(200041)中国上海市静安区威海路 755 号 30 楼
邮　　箱 / sdxsanlian@sina.com
联系电话 / 编辑部：021 - 22895517
　　　　　发行部：021 - 22895559
印　　刷 / 上海惠敦印务科技有限公司

版　　次 / 2024 年 12 月第 1 版
印　　次 / 2024 年 12 月第 1 次印刷
开　　本 / 710 mm×1000 mm　1/16
字　　数 / 240 千字
印　　张 / 14
书　　号 / ISBN 978 - 7 - 5426 - 8677 - 0/F·931
定　　价 / 78.00 元

敬启读者,如发现本书有印装质量问题,请与印刷厂联系 13917066329